"十三五"普通高等教育本科规划教材

（第二版）

初级会计学

主　　编　李　强　姜　明

副 主 编　岳　红　赵爱东　霍晓霞

编　　委　夏宝晖　张雅莉　林　青　王登海　胡万枝

主　　审　刘　迪

中国电力出版社

CHINA ELECTRIC POWER PRESS

内 容 提 要

本书为"十三五"普通高等教育本科规划教材,全书共分 13 章,主要内容包括总论、会计科目与账户、复式记账原理、复式记账原理的应用、会计凭证、会计账簿、成本计算、财产清查、编制财务会计报告前的准备工作、财务会计报告、会计核算组织程序、会计规范体系与会计工作组织、内部会计控制等。本书是根据最新企业会计准则及其应用指南编写的。本书以我国现行会计规范体系为依据,以制造业企业的基本经济业务为背景,主要阐述了会计核算的基本理论和方法,做到由浅入深、循序渐进、简明扼要、通俗易懂。

本书可作为高等院校会计及相关专业本科的教材,也可作为成人自学或广大财务会计工作者学习的参考书。

图书在版编目(CIP)数据

初级会计学/李强,姜明主编. —2 版 . —北京:中国电力出版社,2017.7(2020.1 重印)
"十三五"普通高等教育本科规划教材
ISBN 978-7-5198-0776-4

Ⅰ.①初… Ⅱ.①李… ②姜… Ⅲ.①会计学-高等学校-教材 Ⅳ.①F230

中国版本图书馆 CIP 数据核字(2017)第 114121 号

出版发行:中国电力出版社
地　　址:北京市东城区北京站西街 19 号 (邮政编码 100005)
网　　址:http://www.cepp. sgcc. com. cn
责任编辑:孙　静
责任校对:常燕昆
装帧设计:赵姗姗
责任印制:钱兴根

印　　刷:北京雁林吉兆印刷有限公司
版　　次:2007 年 8 月第一版　2017 年 7 月第二版
印　　次:2020 年 1 月北京第五次印刷
开　　本:787 毫米×1092 毫米　16 开本
印　　张:17.25
字　　数:417 千字
定　　价:**35.00 元**

前　言

　　初级会计学是高等院校会计专业的公共基础课和其他管理类及经济类专业的学科基础课。为了满足新《企业会计准则》(2006 版) 颁布后的高等院校会计及相关专业本科教学、成人自学，以及广大财务会计实务工作者学习参考的需要，编者在 2006 年下半年至 2007 年上半年根据新《企业会计准则》和《企业会计准则——应用指南》等统一会计规范，结合会计教学实践编写了这本《初级会计学》教材。

　　《初级会计学》教材从 2007 年 8 月出版至今已过去近十年，近期我们根据国家统一会计规范的变化，在保持教材原有体例和特点的基础上，结合会计教学和实践对《初级会计学》教材进行了全面修订。

　　本次修订由李强、姜明主编，岳红、赵爱东、霍晓霞任副主编。李强负责全书的统稿工作。各章的修订分工如下：

　　第一章、第十三章及附录由李强修订，第二章、第三章第二节由胡万枝修订，第三章第一节及第四章由姜明修订，第五章由张雅莉修订，第六章、第九章第三节由王登海修订，第七章由夏宝晖修订，第八章由霍晓霞修订，第九章第一、二、四节及第十章由岳红修订，第十一章由赵爱东修订，第十二章由林青修订。全书由沈阳建筑大学刘迪教授审定。

　　由于编者水平所限，书中难免存在不足之处，敬请广大读者批评指正。

编　者

2017 年 5 月

第一版前言

《初级会计学》是高等院校会计专业的公共基础课和其他管理类专业和经济类专业的学科基础课。为了满足高等院校会计及相关专业本科教学、成人自学以及广大财务会计实务工作者学习参考的需要，根据《会计法》、《企业财务会计报告条例》、《企业会计准则》和《企业会计准则——应用指南》等法律、法规和部门规章，结合会计教学实践编写了这本《初级会计学》教材。

《初级会计学》是一本会计学入门教材，根据学以致用的原则，本教材以我国现行会计规范体系为依据，以制造业企业的基本经济业务为背景，主要阐述了会计核算的基本理论和方法。通过本书的学习，使读者初步掌握会计基础知识，为进一步学习《中级会计学》《高级会计学》及相关课程打下坚实的基础。

本教材具有以下特点：

1. 新颖性

本教材紧跟财务会计理论研究和我国会计法律制度改革的步伐，在内容安排上与新《企业会计准则》和《企业会计准则——应用指南》的规定保持一致，充分体现了新会计准则体系的精神，做到了内容新颖。

2. 适用性

本教材根据会计教学的基本规律和教学惯例进行了结构和内容的安排，做到由浅入深、循序渐进、简明扼要、通俗易懂，适合高等院校会计及相关专业本科学生初学会计学的需要，也可作为成人自学以及广大财务会计实务工作者学习的参考用书。

本教材由李强、姜明主编，岳红、赵爱东、谢云天任副主编。李强负责全书统稿。各章的编写分工如下：

第一章、第十三章及附录由李强编写，第二章、第三章第二节由胡万枝编写，第三章第一节、第四章由姜明编写，第五章由谢云天编写，第六章、第九章第三节由王登海编写，第七章由夏宝晖编写，第八章由霍晓霞编写，第九章第一、二、四节及第十章由岳红编写，第十一章由赵爱东编写，第十二章由胡迅编写。

尽管做出了最大的努力，但由于作者水平有限，书中难免存在一些不足之处，敬请广大读者和各位同仁批评指正。

编 者

2007 年 3 月

目 录

第一章　总　　论

学习目的和要求：

1. 了解会计的产生与发展；
2. 熟悉会计的概念、对象及职能；
3. 熟悉财务会计报告的目标；
4. 掌握会计要素的含义及确认条件；
5. 熟悉会计核算的基本前提和会计信息质量要求；
6. 熟悉会计核算的基本程序和方法。

第一节　会计的基本概念

一、会计的产生和发展

会计是经济管理的重要组成部分，它是基于人类生产活动和对生产活动进行记录和管理的客观需要而产生和发展的。

物质资料的生产是人类社会存在和发展的基础，在人类社会的发展过程中，会计作为一种特殊的经济管理活动，与社会生产的发展有着不可分割的联系。人们进行物质资料生产，一方面要创造物质财富，取得一定的劳动成果；另一方面又要投入一定的财产物资和活劳动，发生一定的劳动耗费。为了能以尽可能少的劳动耗费取得尽可能多的劳动成果，人们很早就意识到在进行物质资料生产的同时有必要对生产过程的耗费和成果进行记录和计算。最初这种记录和计算只是凭头脑去记忆，后来逐渐发展到使用各种符号和标志，如"刻木记数"、"结绳记事"。在相当长的历史时期内，这种简单的记录和计算只是生产职能的附带部分，由人们在劳动之余将经济活动的过程和结果简单地记录下来。

随着社会生产力的发展，生产规模的扩大，特别是剩余产品出现后，需要记录和计算的内容越来越多，会计逐渐从生产职能中分离出来，成为一种特殊的、由专门人员从事的工作。这种变化初步改变了会计的地位，使会计成为具有一定独立性的工作，并逐渐承担起生产管理的任务，从而使会计成为经济管理的重要组成部分，为提高经济效益服务。

在我国，根据《周礼》记载，在西周奴隶社会时期，就已经建立了一套完整的会计工作组织，设有"司书"、"司会"等专门官职从事会计工作，掌握钱粮赋税开支，并进行会计监督。在会计技术方法方面，秦汉建立了以"入"、"出"作为记账符号的定式会计记录方法，并创立了记录会计事项的账簿。在唐宋时期，产生并逐步完善了"四柱结算法"，也称"四柱清册"。四柱是指旧管、新收、开除和实在，四者之间的数量关系为：旧管＋新收＝开除＋实在。明末清初，在"四柱结算法"的影响下，会计核算中出现了"龙门账"，即把账目分为"进"、"缴"、"存"、"该"四大类，它们之间的数量关系为：进－缴＝存－该，并以此为基础编制"进缴表"和"存该表"，以上两表计算出的盈亏数应当相等，称为合"龙门"。清代又发明了"四脚账"，即对每一笔经济业务通过记录"来账"和登记"去账"，来反映同一交易或事项的来龙去脉。这些中式会计记账方法演进和发展，形成了中国会计的特色。

在国外，根据考古资料，会计活动的历史可以上溯到四五千年以前，巴比伦、古埃及、罗马等古代文明对会计记录活动的产生和发展都具有重大的促进作用。进入中世纪后，欧洲大陆出现了以复式簿记为标志的现代会计的萌芽。根据会计史学家的考证，早期的复式簿记系统出现在12至13世纪意大利北部各城市的商人和银行家的账簿中，1211年佛罗伦萨银行已经使用借贷记账法记账，当时人们把这种记账方法称为"威尼斯簿记法"。1494年，意大利数学家卢卡·帕乔利在其著作《算术、几何与比例概要》一书中，第一次比较系统地介绍和论述了"威尼斯簿记法"，并结合数学原理从理论上加以概括，这是世界上第一部介绍和论述会计复式记账法的著作，是会计发展史上的重要里程碑，对欧洲各国的会计发展产生了重大的影响。随着18世纪末和19世纪初产业革命的发生，适应资本主义大企业经营形式的股份有限公司出现了。股份有限公司的基本特征是资产所有权和经营权相分离，股东作为企业资财的提供者并不直接参加企业的经营管理，而是由他们雇佣的管理人员进行日常经营管理。作为公司外部利害关系人的股东，希望有外部的会计师来检查他们雇佣的管理人员的工作，了解企业的财务状况和经营成果。于是，英国出现了一批经过政府资格确认的以查账为职业的独立会计师。1853年，苏格兰爱丁堡创立了第一个注册会计师的专业团体——爱丁堡会计师协会，该协会的成立，标志着注册会计师职业的诞生。从此，会计的服务对象扩大了，会计的内容发展了，会计的作用也得到了社会的承认。进入20世纪，会计的理论、方法和技术等有了突飞猛进的发展。会计由原来的簿记发展到现代会计，簿记只是会计的记录部分。20世纪50年代后，一方面电子计算技术在会计领域的推广应用，引起了会计工艺的彻底革命，使会计的性质、职能和作用发生了很大的变化；另一方面科学管理理论在企业管理领域的应用和推广，促使西方企业会计逐渐分化为财务会计和管理会计两个相对独立的会计分支。前者主要为企业外部利害关系人提供财务信息，后者主要为企业内部管理者进行管理决策服务。随着国际经济交往的广泛开展，会计逐渐跨越国家边界，成为国际通用的商业语言，现代会计出现了前所未有的繁荣。

20世纪初，以借贷复式记账法为主要内容的西方会计传入我国，这对改革中式簿记、推行现代会计、促进我国会计事业的发展起到了一定的作用，这是我国近代会计史上的第一次变革。新中国成立以后，我国在经济领域实行高度集中的计划经济体制，与此相适应，在会计领域我国引进了苏联的会计模式。苏联的会计模式的引进是对旧中国会计制度和方法的变革，我国会计在原有的基础上也有了一定程度的提高，这是我国近代会计史上的第二次变革。进入20世纪80年代，随着我国改革开放政策的实施，我国开始了近代会计史上的第三次变革，1992年进入高潮。为了适应建立社会主义市场经济体制和转换企业经营机制及会计国际化的需要，我国制定和实施了《企业会计准则》，这一举措使我国会计突破了原有的模式，初步建立了反映社会主义市场经济体制的会计模式，并与国际会计惯例靠拢。

综上所述，会计产生和发展的历史进程表明，会计是基于人们对生产活动进行管理的需要而产生和发展的，并随着社会经济的发展和科学技术的进步而不断地演进。任何社会的发展都离不开会计，经济越发展，人们对经济进行管理的要求越高，会计就越重要。正如马克思在《资本论》第二卷中指出的那样，"过程越是按照社会的规模进行，越是失去纯粹个人的性质，作为对过程控制和观念总结的簿记越是重要。"此外，会计的演进和发展，还受社会政治、经济制度的影响和制约。

二、现代会计的概念

（一）关于会计概念的几种认识

什么是会计？会计的本质是什么？不同的会计流派，由于研究问题的出发点不同、角度不同，各自提出了不同的看法，至今尚未形成统一的认识。其中比较有代表性的观点有以下几种：

1. 会计工具论

会计工具论学派强调会计在社会经济活动中的核算作用，认为会计是经济管理或者经济核算的工具。

2. 会计艺术论

会计艺术论学派强调会计工作的艺术性，将会计视为一种艺术，认为会计是会计人员运用货币形式，对具有或至少部分具有财务特征的交易和事项进行记录、分类和汇总，并报告和解释由此产生结果的一门艺术。

3. 信息系统论

会计信息系统论学派认为会计的本质特征是一个信息系统，并根据信息源、数据处理方法和服务对象的不同，将会计信息系统分为财务会计和管理会计两个子系统。前者在公认会计原则的指导下，为外部信息使用者提供有助于其经济决策的会计信息。后者则采用灵活多样的方法，直接为管理者提供有助于管理决策的会计信息。

4. 管理活动论

管理活动论学派将会计视为一种管理活动，认为会计不仅是管理经济的工具，而且其本身就具有管理职能，是会计人员以货币为主要计量单位，采用专门的方法，对经济活动进行组织、控制、调节和指导，旨在促使人们比较得失、权衡利弊，讲求经济效益的一种管理活动。

（二）现代会计的定义

上述分析表明，会计一词具有丰富的内涵，可以从各种意义上去理解。本书综合各家之长，将现代会计定义为：会计是经济管理的重要组成部分，它是以货币计量为基本形式，采用专门的方法，对会计主体的经济活动进行连续、系统和完整地核算和监督的一种管理活动，同时又是一个信息系统。这一定义具有以下含义：

1. 会计以货币计量为基本形式

现代会计是与商品经济紧密联系在一起的，在商品经济条件下，货币作为一般等价物具有价值尺度的职能，是一切商品价值的外在计量尺度。会计离不开计量，为了全面、综合地反映会计主体的经济活动，会计客观上需要一种统一的计量尺度。会计计量可以使用的计量尺度包括三类：一类是实物量度，如吨、公斤、米等；一类是劳动量度，如机器台时、工时、吨公里等；一类是货币量度，如人民币、美元、英镑等。由于实物量度和劳动量度本身有着不同的计量单位，计量结果无法进行综合和相互比较，具有一定的局限性，无法满足经济管理对会计信息的需要。这样，会计选择以货币作为主要计量单位，以货币计量为基本形式，从价值方面对经济活动的过程和结果进行反映，从而达到综合反映和评价各种不同的经济活动的目的。会计以货币计量为基本形式，并不排除对实物量度和劳动量度的使用，但即使根据客观需要已对经济活动进行了实物量度计量和劳动量度计量，最后仍须运用货币量度进行计量，以便综合反映经济活动的过程和结果。以货币计量为基本形式，从价值方面对经济活动进行管理，是现代会计的一大特征。

2. 会计以专门的方法为手段

在长期的会计实践中，为了能够有效地反映和监督会计主体的经济活动，逐步形成了一套专门的方法，这些方法相互联系、相互配合，形成了一个内在一致的完整的方法体系。现代会计以此为手段，对会计主体的经济活动进行全面、连续、系统地反映和监督。

3. 会计核算具有连续性、系统性和完整性

为了全面地反映和监督会计主体的经济活动的过程和结果，会计核算必须连续、系统、完整地进行。会计核算的连续性，是指会计核算必须按照经济业务发生的时间顺序连续进行，不能有任何中断；会计核算的系统性，是指会计核算要采用科学的方法对会计信息进行科学分类和加工处理，确保提供的会计资料能形成一个有序的整体，从而可以提示客观经济活动的规律；会计核算的完整性，是指对属于会计对象的全部交易和事项都必须毫不遗漏地加以记录，从而提供反映会计主体经济活动的完整的会计资料。

4. 会计以提高经济效益为最终目标

任何会计主体，无论是企事业单位，还是机关团体，为了自身的生存和发展，都必须讲求经济效益。会计是经济管理的重要组成部分，作为一种手段，它服务于会计主体的总目标，是以提高经济效益作为最终目标的。

5. 会计既是一种管理活动，又是一个信息系统

会计是一种管理活动。将会计界定为一种管理活动，简称会计管理，它完整地表达了会计的本质属性。会计管理作为经济管理的重要组成部分，在促进会计主体比较得失、权衡利弊、提高经济效益方面发挥着重要的作用。

会计又是一个信息系统。会计工作的基本目标是向各利益相关者提供有助于其作出经济决策的有用信息。信息是会计工作依照一定的原则和方法，经过数据的收集、分类、汇总等加工处理，最后以会计报告的方式提供给信息使用者的。从原始数据的获取到最终会计报告的形成和提供是一个完整的信息系统，因此，会计又是一个服务于经济管理的信息系统。

（三）现代会计的分类

以上讨论了现代会计的内涵，为了全面把握这一概念，还必须对其分类有所了解。现代会计，按其在空间领域的运行情况的不同，可分为宏观会计和微观会计。微观会计，按其服务主体性质的不同，又可分为企业会计和非企业会计。大多数国家的会计学者又将企业会计，按其提供信息作用范围的不同，进一步分为财务会计和管理会计。

财务会计，又称为对外报告会计，主要是通过定期的财务报告，为外部会计信息使用者提供信息服务的。以提供定期的财务报告为主要手段，以投资者、债权人、政府及其有关部门和社会公众为主要服务对象，是财务会计的重要特征。管理会计，又称为对内报告会计，主要是为企业内部经营管理服务的。采用灵活多样的方法和手段，为企业管理者进行决策提供有用的信息，是管理会计的重要特征。

现代会计一般以企业会计为主体，在接下来的章节中，将以企业财务会计为原型进行有关原理和方法的介绍。

第二节　会计对象和会计要素

一、会计对象

会计对象，是指会计所反映和监督的内容。马克思关于会计是对"过程的控制和观念总结"的论述中，将会计对象高度概括为"过程"，即社会再生产过程。社会再生产过程是由生产、分配、交换和消费四个相互联系的环节构成的，它包括各种各样的经济活动，有的经济活动能用货币表现，有的经济活动不能用货币表现。由于会计是以货币为主要计量单位，货币计量是会计的基本形式，因此，会计并不能反映和监督再生产过程中的全部经济活动，而只能反映和监督再生产过程中能用货币表现的各种经济活动。在商品经济条件下，社会再生产过程不仅表现为物资运动过程，而且还表现为价值运动过程。社会再生产过程中运动着的价值的货币表现就是资金，所以社会再生产过程中能用货币表现的经济活动，就表现为社会再生产过程中的资金运动。因此，从一般意义上讲，会计对象就是社会再生产过程中客观存在的资金运动。

在社会再生产过程中，无论是企业组织，还是非企业组织，都是从事社会再生产活动的基层单位，这些基层单位的个别资金运动的总和构成了社会总资金的运动。因此，各个企业和非企业组织的会计对象就是社会再生产过程中的个别资金运动，即各基层单位能以货币表现的经济活动。

二、会计要素

会计要素，是指从会计角度解释的、构成基层单位会计对象的必要因素。在前面的讨论中，将会计对象概括为各基层单位能以货币表现的经济活动，是对会计对象的一般描述，也比较抽象。为了便于会计确认、计量和报告，必须从会计的角度对构成会计对象的经济活动的必要因素作出解释，于是就形成了会计要素。会计要素是会计对象的具体化，根据《企业财务会计报告条例》和《企业会计准则——基本准则》的规定，我国将会计对象具体化分为资产、负债、所有者权益、收入、费用和利润六个会计要素，会计利用这六个要素，就可以从静态和动态两个方面来描述企业的经济活动。

（一）资产、负债和所有者权益

1. 资产

资产，是指企业过去的交易或者事项形成的，由企业拥有或者控制的，预期会给企业带来经济利益的资源。资产是企业从事生产经营的物质基础，它以不同的形态占用或分布在企业生产经营过程的不同方面。资产具有以下特征：

（1）资产是企业过去的交易或者事项形成的。企业过去的交易或者事项包括购买、生产、建造行为和其他交易或者事项。资产必须是过去的交易或事项的结果，预期在未来发生的交易或者事项不形成资产。

（2）资产是由企业拥有或控制的资源。作为资产确认的资源，企业要么享有该项资源的所有权，要么虽然不享有该项资源的所有权，但该资源能被企业所控制，否则就不能确认为企业的资产。也就是说，资产对于特定企业具有提供未来经济利益和服务的潜力，这种能力是排他的。

（3）资产能够以货币进行计量。货币计量是会计的基本形式，资产作为会计要素之一，必须是能以货币计量的资源。不能用货币计量的资源，即使对企业有用，也不能确认为资产。

（4）资产的实质是未来经济利益，即资产是单独或与其他资产结合在一起时具有的直接或间接导致现金和现金净流入企业的潜力，即资产具有有用性。如果一项资产失去了有用性特征，不能再为企业带来未来经济利益了，就不能再作为资产予以确认，而应作当期费用和损失处理。

一项经济资源符合以上资产的定义，并同时满足以下两个条件时，可确认为资产。一是与该资源有关的经济利益很可能流入企业；二是该资源的成本或者价值能够可靠地计量。

资产按其流动性的不同，可分为流动资产和非流动资产。流动资产，是指在一年或者超过一年的一个营业周期内变现或者耗用的资产，包括现金、银行存款、交易生产、金融资产、应收及预付款项、存货等；非流动资产，是指使用期超过一年或在超过一年的一个营业周期以上变现或者耗用的资产，包括固定资产、长期股权投资、无形资产等。

2. 负债

负债，是指企业过去的交易或者事项形成的，预期会导致经济利益流出企业的现时义务。负债是企业重要的资金来源，企业可以通过不同的筹资渠道，以负债的方式筹集资金。负债具有以下特征：

（1）负债是企业过去的交易或者事项形成的现时义务。现时义务，是指企业在现行条件下已承担的义务。负债作为现时义务，它存在于现在，是由企业过去的交易或者事项引起的。未来发生的交易或者事项形成的义务，不属于现时义务，不应当确认为负债。

（2）负债能够以货币进行计量。会计以货币为主要计量单位，负债作为企业将来需偿付的现时义务，必须能够以货币进行计量。通常，负债要有确定的到期值。也有一部分负债，虽无确切的金额，但可以用货币合理估计在未来特定日期支付的金额。

（3）负债偿付会导致经济利益流出企业。负债体现了企业对一个或更多的其他主体承担的责任，这一责任的消除是以企业交付一定的资产或提供一定的劳务为代价的，最终导致未来经济利益流出企业。

一项现时义务符合以上负债的定义，并同时满足以下两个条件时，可确认为负债。一是与该义务有关的经济利益很可能流出企业；二是未来流出的经济利益的金额能够可靠地计量。

负债按其偿还期的不同，可分为流动负债和非流动负债。流动负债，是指将在一年或超过一年的一个营业周期内偿还的负债，包括短期借款、应付票据、应付账款、应付职工薪酬、应交税费、预收账款等；非流动负债，是指偿还期在一年或者超过一年的一个营业周期以上的负债，包括长期借款、应付债券、长期应付款等。

3. 所有者权益

所有者权益，又称为股东权益，是指企业资产扣除负债后，由所有者享有的剩余权益。所有者权益具有以下特征：

（1）所有者权益表明企业的产权关系，反映了企业投资人对其净资产的要求权。

（2）所有者权益由投资者投入的资本、留存收益和直接计入所有者权益的利得和损失形成。

（3）所有者权益不是一个独立的要素，其非独立性表现在所有者权益的确认和计量依赖于资产和负债的确认和计量。在数量上，所有者权益等于企业全部资产减去全部负债后的净额。

4. 资产、负债和所有者权益三者之间的关系

企业的资产、负债和所有者权益实质上是企业再生产过程中运动着的价值的两个方面，资产表明企业拥有或控制的预期能给企业带来经济利益的资源，负债和所有者权益则表明企业拥有或控制的这些资源的权属。资产、负债和所有者权益三者相互依存，有一定数额的资产，必然有相应数额的负债或所有者权益，反之亦然。因此，三者在数量上存在以下关系：

资产＝负债＋所有者权益

企业经济活动的发生，只是引起资产、负债和所有者权益同一要素的不同项目之间或不同要素之间发生数量上的增减变化，但不会破坏资产、负债和所有者权益三者之间客观存在的平衡关系。因此，上述会计等式又称为会计恒等式，这一等式是复式记账的基础，也是资产负债表结构的理论基础。

（二）收入、费用和利润

1. 收入

收入，是指企业在日常活动中形成的、会导致所有者权益增加的、与所有者投入资本无关的经济利益的总流入。收入是与费用相对应的概念，是从动态角度对企业一定会计期间的经济利益的总流入所进行的描述。收入具有以下特征：

（1）收入是在企业日常活动中形成的。收入有广义和狭义两种理解，广义的收入是企业在日常经营活动和非经营活动中形成的经济利益的总流入。我国对收入作狭义界定，仅指企业在日常经营活动中形成的、会导致所有者权益增加的、与所有者投入资本无关的经济利益的总流入。企业在具有偶然性的非经营活动中形成的经济利益的流入，不确认为收入，而作利得处理。

（2）收入的形成代表企业一定会计期间经济利益的增加，这种经济利益的增加具体表现为企业资产的增加，或负债的减少，或二者兼有之。

（3）收入会导致企业所有者权益的增加。收入是从动态角度描述企业日常活动中经济利益总流入的会计要素，作为影响利润要素的增量，收入最终会导致所有者权益的增加。

（4）收入只包括本企业经济利益的流入，不包括代第三方收取的款项。企业代第三方收取的款项，如代收代缴的增值税，应当作负债处理，不应当确认为收入。

一项经济利益流入符合以上收入的定义，并同时满足以下两个条件时，可确认为收入。一是经济利益很可能流入，从而导致企业资产增加或负债减少；二是该经济利益的流入额能够可靠地计量。

2. 费用

费用，是指企业在日常活动中发生的、会导致所有者权益减少的、与所有者利润分配无关的经济利益的总流出。费用是企业为取得收入而付出的代价，是从动态角度对企业一定会计期间的经济利益的总流出所进行的描述。费用具有以下特征：

（1）费用是企业在日常活动中发生的经济利益的流出。费用有广义和狭义两种理解，广义的费用是企业在日常经营活动和非经营活动中发生的经济利益的总流出。与收入的界定相对应，我国对费用作狭义理解，仅指企业在日常活动中发生的、会导致所有者权益减少的、与所有者利润分配无关的经济利益的总流出。企业在具有偶然性的非经营活动中发生的经济利益的流出，不确认为费用，而作损失处理。

（2）费用的发生意味着企业一定会计期间的经济利益的减少，这种经济利益的减少具体

表现为企业资产的减少，或负债的增加，或二者兼有之。

（3）费用会导致企业所有者权益的减少。费用是从动态角度描述企业日常活动中经济利益总流出的会计要素，作为影响利润要素的负增量，费用最终会导致所有者权益的减少。

一项经济利益流出符合以上费用的定义，并同时满足以下两个条件时，可确认为费用。一是经济利益很可能流出，从而导致企业资产减少或负债增加；二是该经济利益的流出额能够可靠地计量。

3. 利润

利润，是指企业在一定会计期间的经营成果，是衡量企业经营业绩的重要指标。利润包括收入减去费用后的净额、直接计入当期利润的利得和损失等。

直接计入当期利润的利得，是指企业非日常经营活动中形成的，应当计入当期损益、会导致所有者权益增加的、与所有者投入资本无关的经济利益的流入，如罚款收入等；直接计入当期利润的损失，是指企业非日常经营活动中发生的，应当计入当期损益、会导致所有者权益减少的、与利润分配无关的经济利益的流出，如罚款支出等。

利润具有以下特征：

（1）利润基于企业实际发生的交易，是从动态的角度对企业一定期间经营业绩的描述。

（2）利润取决于企业收入和费用的正确配比，讲求合理的因果关系。

（3）利润不是一个独立的要素，其非独立性表现在利润的确认和计量依赖于收入和费用及应计入当期利润的利得和损失的确认和计量。在数量上，一定会计期间的利润是该期间企业全部收入减去全部费用后的净额，再加减应计入当期利润的利得和损失后的余额。

4. 收入、费用和利润三者之间的关系

如前面所述，我国对收入和费用是从狭义上界定的，收入和费用仅与企业的日常活动有关，而利润不仅包括企业日常活动形成的经营成果，还包括部分企业偶然发生的非经营活动形成的利得和损失，这样，收入减去费用后的净额，再加减应计入当期利润的利得和损失后的余额，才等于利润。在不考虑应计入当期利润的利得和损失的情况下，收入、费用和利润三者之间在数量上存在以下关系：

$$利润 = 收入 - 费用$$

这一会计等式表明了企业一定会计期间的经营成果与该期间收入和费用的关系，是利润表结构的理论基础。

第三节　会计职能和会计目标

一、会计职能

会计职能，是指会计在管理经济中所具有的功能或能够发挥的作用，是会计本质的体现。一般认为，会计具有反映和监督两大基本职能。

（一）会计反映

会计反映是会计的首要职能，主要是指通过确认、计量和报告，从价值方面反映会计主体已经发生或者已经完成的各项经济活动，从而构成全部会计管理工作的基础。记账、算账、报账是会计执行反映职能的主要形式，企业发生的一切经济业务，如款项和有价证券的收付、财产物资的收发与增减及使用、债权债务的发生和结算、资本和基金的增减及经费的收支、收入和费用及成本的计算、财务成果的计算和处理等，都必须通过记账、算账、报账，从价值量上连续、系统、完整地反映出来，形成综合反映企业财务状况、经营成果和财务状况变动情况的会计信息，为各有关方面进行科学决策提供必要的参考。

随着人们认识的深化和管理要求的提高，会计的反映职能不仅包括对经济活动进行事后的记账、算账、报账，还包括对未来经济活动的事前反映和正在进行的经济活动的事中反映，为加强经济活动的预见性和对经济活动进行有效的事中控制提供更多有用的信息。

（二）会计监督

会计监督是会计主体内部的一种自我约束机制，主要是指利用会计反映所提供的信息，对会计主体的经济活动进行指导和控制。通过会计监督，一方面要使会计主体的各项经济活动符合国家有关法律、法规和单位内部制度的要求，另一方面又要对会计主体的各项经济活动进行审查、控制，确保其符合客观经济规律和经营管理要求。

会计监督贯穿于经济活动的全过程，包括事前监督、事中监督和事后监督。事前监督是在经济活动开始前进行的监督，主要是指在参与各项计划的编制时，根据有关法令、政策的规定，对未来经济活动是否符合客观经济规律，在经济上是否可行进行审查；事中监督是对正在发生的经济活动进行的监督，主要是在日常会计工作中，通过对经济活动运行过程进行审查，对已发现的问题及时提出改进建议，促使有关部门合理组织经济活动；事后监督是在经济活动完成后进行的审查，主要是对已经发生或已经完成的经济活动的合法性、合理性和有效性进行检查、分析、考核和评价。

会计反映和会计监督是相辅相成的，会计反映是会计监督的前提，会计反映所提供的正确反映经济活动的数据资料，为会计监督提供了客观依据；会计监督反过来促进会计反映，只有搞好了会计监督，保证经济活动按计划顺利进行，才能更好地发挥会计反映的作用。

二、会计目标

会计目标是会计职能的具体化，是会计活动所期望达到的目的或境界。会计目标明确了会计活动的目的和方向，是会计人员从事会计管理工作的行动纲领。

关于会计目标，当前理论界主要有两种观点，一是受托责任观，二是决策有用观。

（一）受托责任观

在现代企业制度下，所有权和经营权分离，企业资源提供者不亲自参与企业的经营，而是将企业委托给职业经理人进行经营管理。资源提供者与职业经理人之间便形成了一种典型的委托代理关系。作为受托方的职业经理人，必须尽职尽责地管理好受托的资源，实现企业价值最大化。会计目标的受托责任观正是基于这样的委托代理关系所提出的，认为会计目标就是向企业资源提供者如实反映资源受托者对受托资源的管理和使用情况。这里所提到的资源提供者，是包括投资者、债权人以及社会公众在内的一切资源提供者。

（二）决策有用观

决策有用观是在证券市场日益扩大和规范的历史背景下，从会计信息使用者的角度出发所提出的。随着市场经济的发展，企业的股权结构日趋多元化，投资者进行投资决策需要大量的会计信息。会计目标的决策有用观正是基于包括投资者在内的信息使用者对决策有用信息的需要所提出的，认为会计目标就是向信息使用者提供对他们进行决策有用的信息。强调会计信息的相关性和可靠性，在相关性和可靠性的权衡中更偏向于相关性。

综上所述，受托责任观和决策有用观实际上是从不同的角度对会计目标进行的阐述。受托责任观是从描述会计是什么出发，从委托代理关系这一角度论述了会计目标应该是反映经营者的受托经济责任；决策有用观是从会计应当说明什么出发，从会计信息使用者的角度论述了会计目标应该是向所有信息使用者提供决策有用的信息。受托责任观和决策有用观并不互相排斥，是从不同角度对会计目标进行的不同表述。

我国《企业会计准则——基本准则》对会计目标的表述为："财务会计报告的目标是向财务会计报告使用者提供与企业财务状况、经营成果和现金流量等有关的会计信息，反映企业管理层受托责任履行情况，有助于财务会计报告使用者作出经济决策。"显然，我国对会计目标的界定，与国际会计准则保持了一致，即受托责任观和决策有用观同时并存，但在二者的关系上，受托责任观从属于决策有用观，委托人通过财务会计报告评价管理层受托责任的履行情况，目的仍在于作出是否继续维持或终止委托代理关系的决策。

第四节　会计核算的基本前提和会计信息质量要求

一、会计核算的基本前提

会计作为一种管理活动，总是在一定的时空环境下进行的，而且会计实务中存在诸多不确定因素，因此，会计人员在进行会计核算时往往要运用判断和估计。为了正常进行会计核算，会计人员有必要对会计核算所处的环境及条件作出合理的推断。会计核算的基本前提，又称为会计基本假设，它是会计人员对会计核算所处的时空环境，按照客观的正常情况或趋势所作出的合乎事理的推断，这些推断构成会计核算的基本条件。会计核算的基本前提为各单位确定会计核算对象、选择会计程序和方法提供了重要依据，也为构建科学的会计理论体系奠定了基础。目前，理论界对会计核算前提的具体内容尚未形成统一的认识，根据我国《企业会计准则——基本准则》的规定，会计核算的基本前提包括会计主体、持续经营、会计分期、货币计量。

（一）会计主体

会计主体，是指会计核算服务的对象，是从空间上对会计核算范围所作的界定。组织会计核算首先应明确为谁核算，也就是首先要从空间上对会计核算范围作出界定。因为每一个经济主体都是与其所有者或其他经济主体相独立的，会计核算总是站在特定主体的立场上进行的，只有明确了会计主体，资产、负债、所有者权益、收入、费用、利润等会计要素才有空间归属，才能划定会计所要处理的各项交易或事项的范围，把握会计处理的立场，从而使特定主体的财务状况、经营成果及财务状况的变动独立地反映出来。将会计主体作为会计核算的基本前提，通过对会计核算范围进行空间上的界定，使会计核算只对会计主体发生的交易和事项进行确认、计量和报告，而不反映其所有者或其他会计主体的交易和事项。这有利于正确反映一个主体的资产和负债情况，计算其经营收益或可能遭受的损失，从而提供准确的会计信息。

会计主体的基本形式是根据经济主体在实质上对它的经济活动和行政管理所担负的责任来界定的，而不是单纯地看经济主体的法律形式。会计主体可以是法人组织，如公司制企业、行政事业单位，也可以是非法人组织，如合伙企业、个人独资企业、企业内部独立核算的车间或分厂等。

（二）持续经营

持续经营，是指会计主体的生产经营活动将按照既定的目标持续不断地进行下去，在可预见的将来不会面临破产和清算，直到实现了它的计划和受托的责任为止。持续经营是从时间上对会计核算范围所作的界定，只有在持续经营的前提下，企业的再生产过程才能得以进行，企业资金才能正常的循环和周转，会计才能使用特有的程序和方法，对会计主体的经济活动进行连续、系统、完整地反映和监督，从而为相关利益者提供有用的会计信息。持续经营假设的提出是基于市场经济条件下，由于竞争的存在，会计主体经营的期间带有很大的不确定性，但从会计主体相关利益者的角度分析，大家都要求会计主体能够长期存在下去。正是基于这种愿望，提出了持续经营假设，要求会计确认、计量和报告应以持续经营为前提。

持续经营为会计主体进行资产计价、费用分配和收益确定提供了理论基础，也为设计和选择会计程序和方法提供了前提。只有在持续经营的前提下，会计主体所拥有的资产才能在正常的经营过程中被耗用或转让，所承担的债务才能按照正常经营情况下的信用条件予以清偿，收入和费用才能按照实现原则、配比原则进行确认和计量。需要注意的是，持续经营是基于人们的愿望，并结合会计主体的实际情况所作出的假定，实际经营中不能持续经营的可能性总是存在的。因此，要求会计主体定期对持续经营的基本前提进行分析和判断，如果有确切证据表明持续经营的基本前提不存在了，如企业即将进入破产程序、财务状况持续恶化等，就应当改变现行的会计核算原则，并在财务会计报告中进行恰当披露。

（三）会计分期

会计分期，又称为会计期间，是指将会计主体持续不断的生产经营过程划分为若干期间，分期结算账目和编制财务会计报告。会计分期是在持续经营假设的基础上提出的，是持续经营假设的必要补充。根据持续经营假设，会计主体的生产经营活动将持续不断地进行下去，但会计为了确定损益和编制财务会计报告，定期为相关利益者提供会计信息，就必须将持续不断的生产经营过程划分为若干期间，分期结算账目和编制财务会计报告，提供反映会计主体财务状况、经营成果和财务状况变动情况的信息。

会计分期分为年度和中期。在我国，会计年度采用公历制，即从 1 月 1 日至 12 月 31 日为一个会计年度。中期，是指短于一个完整的会计年度的报告期间。

（四）货币计量

货币计量，是指会计主体在会计核算中以货币作为计量单位，确认、计量和报告会计主体的经济活动。货币计量对会计计量尺度的规定，是会计长期发展的产物。由于会计在对会计主体的经济活动进行反映和监督时，会涉及到各种各样的经济活动，只有以货币为计量单位，从价值量上对经济活动进行综合反映和监督，才能达到综合反映会计主体的财务状况、经营成果和财务状况变动情况的目的。以货币计量为基本形式，以无差别的价值计量的外在尺度来衡量企业的资产、负债、所有者权益、收入、费用和利润，可确保会计信息具有可比性，满足信息使用者的需要。需要清楚的是，以货币量度作为统一计量单位，还包含一个重要的前提，即币值稳定。只有在币值稳定的条件下，才能对会计主体发生的经济活动进行连续、系统、完整地反映和监督，会计核算提供的不同时期的会计信息才具有可比性，会计信息才具有决策参考价值。

在我国，会计核算以人民币为记账本位币，业务收支以外币为主的会计主体，也可以选择某种外币作为记账本位币，但编制财务会计报告时应当折算为人民币来反映。我国在境外设立的企业，在向国内编报财务会计报告时，应当折算为人民币反映。

二、会计基础

会计基础是进行会计处理时，以何种标准确认、计量和报告会计要素的基础。会计基础有权责发生制和收付实现制两种。根据《企业会计准则——基本准则》的规定，我国企业会计的确认、计量和报告以权责发生制为基础。

企业收入和费用的发生都会引起现金流动，由于存在会计分期，现金实际收付的期间与收入和费用发生的期间可能不一致。这样在确认收入和费用时，就可能出现两种时间选择，一种是在实际收付现金的期间对收入和费用进行确认、计量和报告；一种是按收入和费用的实际影响期间来确认、计量和报告。前者称为收付实现制，后者称为权责发生制。

权责发生制，又称为应计制，是指会计核算中应根据收入和费用的实际影响期间来计量，确定其会计期间归属。企业会计的确认、计量和报告应以权责发生制为基础，凡是当期已实现的收入和已发生或应当负担的费用，不论款项是否收付，都作为本期的收入和费用处理；凡是不属于当期的收入和费用，即使款项已经在当期收付，也不作为当期的收入和费用处理。与收付实现制相比较，权责发生制能较真实地反映会计主体的财务状况和经营成果。

相对于权责发生制，收付实现制是目前我国行政单位会计所采用的会计基础，它是以收到或支付的现金作为确认收入和费用的依据。事业单位会计除经营业务可以采用权责发生制外，其他业务采用收付实现制。企业会计统一要求以权责发生制为会计基础。

三、会计信息质量要求

会计信息质量要求，是指会计人员向财务报告使用者提供与会计主体的财务状况、经营成果和现金流量等有关的会计信息时，为确保会计信息质量，应坚持的基本原则。会计信息质量要求与会计目标有着密切的关系，根据《企业会计准则——基本准则》的规定，会计信息质量要求包括客观性、相关性、可理解性、可比性、实质重于形式、重要性、谨慎性和及时性。

（一）客观性

客观性，是指企业应当以实际发生的交易或者事项为依据进行确认、计量和报告，如实反映符合确认和计量要求的各项会计要素及其他相关信息，保证会计信息真实可靠、内容完整。客观性是会计工作的基本要求，如果会计信息不能真实客观地反映企业实际发生的交易或者事项的实际情况，就无法满足相关利益者了解企业情况并进行决策的需要，甚至可能导致错误的决策。

（二）相关性

相关性，又称为有用性，是指企业提供的会计信息应当与财务会计报告使用者的经济决策需要相关，有助于财务会计报告使用者对企业过去、现在或者未来的情况作出评价或者预测。财务会计的目标是提供反映企业管理者受托责任和有助于财务报告使用者作出经济决策的信息，信息的价值在于其与决策相关，因此，会计在确认、计量和报告过程中必须充分考虑信息使用者的需求。

（三）可理解性

可理解性，是指企业提供的会计信息应当清晰明了，便于财务会计报告使用者理解和使用。只有提供明晰的会计信息，其使用者才能准确、完整地把握会计信息的内容，从而更好地加以利用。

（四）可比性

可比性，是指企业的会计核算必须按照规定的会计处理方法进行，会计指标口径应当一致、相互可比。为了保证财务会计报告前后期有关数据的可比，防止由于会计方法的变更而影响会计数据的真实性，要求同一企业不同时期发生的相同或相似的交易或者事项，应当采用一致的会计政策，不得随意变更。的确需要变更的，应当在附注中说明。为了保证不同会计主体之间会计指标可比，便于比较、分析，要求不同企业发生的相同或者相似的交易或者事项，应当采用规定的会计政策，确保会计信息口径一致、相互可比。在会计核算中坚持可比性原则，一方面可以提高会计信息的相关性，另一方面又可以制约和防止企业通过会计政策、会计估计变更弄虚作假，从而保证会计信息的客观性。

（五）实质重于形式

实质重于形式，是指企业应当按照交易或者事项的经济实质进行会计确认、计量和报告，不应仅以交易或者事项的法律形式为依据。实质重于形式原则要求企业在日常的会计核算中，应注重交易或者事项的经济实质，而不必完全拘泥于交易或者事项的法律形式，这样能够确保会计核算信息与客观经济事实相符，从而保证会计信息的决策的有用性。

（六）重要性

重要性，是指企业提供的会计信息应当反映与企业财务状况、经营成果和现金流量有关的所有重要交易或者事项。坚持重要性原则，要求会计人员在会计核算中对经济业务应区别其重要程度，采用不同的会计处理程序和方法。对于影响经营决策的重要经济业务，必须按照规定的会计程序和方法进行处理，并在财务会计报告中予以充分、准确地披露；对于次要的会计事项，在不影响会计信息客观性的情况下，可适当简化、合并反映。在会计核算中坚持重要性原则，有助于简化核算，提高会计工作效率。

（七）谨慎性

谨慎性，又称为稳健性，是指企业对交易或者事项进行确认、计量和报告应当保持应有的谨慎，不应高估资产或收益，低估负债或费用。市场经济条件下，企业的生产经营活动存在着风险和不确定性，为了避免损失发生时企业正常的生产经营受到严重影响，因此要求企业在进行会计核算时应保持应有的谨慎，对企业可能发生的损失和费用作出合理的估计，将可能发生的损失和费用预先估计入账，一旦损失和费用发生，企业有能力弥补，从而不会对企业的正常经营造成危害。需要强调的是，坚持谨慎性原则并不意味着企业可以设置秘密准备，由企业任意使用或歪曲使用，否则将影响会计信息的客观性，造成会计核算秩序的混乱。

（八）及时性

及时性，是指企业对于已经发生的交易或者事项，应当及时进行确认、计量和报告，不得提前或者延后。会计信息是具有时效性的，要保证会计信息对决策有用，就必须对已发生的交易或者事项及时进行确认、计量和报告。一方面要求交易或者事项的确认、计量和报告应在当期内进行，不得拖延；另一方面要求财务会计报告应在会计期间结束后，在规定的日期内报送。

第五节　会计核算的基本程序和方法

一、会计核算的基本程序

会计的目标是向财务报告使用者提供与企业财务状况、经营成果和现金流量等有关的会计信息，反映企业管理层受托责任的履行情况，有助于财务报告使用者作出经济决策。为了实现这一目标，完成由经济信息到会计信息的转换，需要经历一个非常复杂的过程，其中，确认、计量和报告是构成这一过程的基本环节，称为会计核算的基本程序。

（一）会计确认

会计确认，是指将符合会计要素定义并满足认定标准的某一项目作为资产、负债、收入、利润等正式地记录并列入会计报表的过程。会计确认包括对该项目的文字和货币金额的表述，其最终目标是进入会计报表，从而对报表的合计数产生影响。从具体的确认过程来看，会计确认包括初次确认和再次确认两个阶段。

1. 初次确认

初次确认，是指对于经济信息能够转换为会计信息进入会计系统的确认，其主要任务是根据会计目标及特殊规范性要求对经济信息进行筛选，主要解决什么经济数据通过转换可以进入会计核算系统的问题。一个符合会计要素定义的项目，如果同时具备以下两个条件时，该项目就应被确认并正式纳入会计核算系统进行核算。一是与该项目有关的未来经济利益很可能流入或流出企业；二是该项目的价值或成本能够以货币可靠地计量。

2. 再次确认

再次确认，是指对账簿系统输出的会计信息进行的确认，其主要任务是从满足财务报告使用者的需要出发，对经过会计处理的信息进行提纯加工，主要解决经过会计处理的哪些信息要列入会计报表、列入会计报表的什么项目、如何列入等问题。

会计确认的过程如图 1-1 所示。

图 1-1　会计确认的过程

（二）会计计量

会计计量，是指对符合确认条件的会计要素，根据其计量属性，按照一定的计量标准和计量方法确定其金额并登记入账，以及为在会计报表中确认和列示会计要素而确定其金额的过程。会计计量以会计确认为前提，是把已确认的会计要素加以定量化入账并列入会计报表的重要手段。会计核算离不开会计计量，其贯穿于会计核算的全过程，从这个意义上说，会计核算的过程也就是一个会计计量的过程。

会计计量主要由两个要素构成，一是计量单位；二是计量属性。计量单位和计量属性的不同组合构成了计量模式，实务中各种会计要素的计量总是在一定的计量模式下进行的。

1. 计量单位

计量单位，是指会计计量尺度的量度单位。前已述及，会计可使用的计量尺度包括实物量度、劳动量度和货币量度，由于实物量度和劳动量度本身的局限性，所以会计以货币为主要计量尺度，从价值量上对会计主体的经济活动进行连续、系统、完整地反映和监督。货币作为一种计量尺度，必须要有自身量度上的统一性，即要求货币单位统一、可比或者其量度单位在不同时期保持一致。现实生活中，由于通货膨胀或通货紧缩现象的客观存在，货币的量度单位，即货币的购买力是经常变动的。这样，货币作为主要的计量尺度，至少包括两种计量单位，一是名义货币单位，即各国主要流通货币的法定单位，如我国人民币的元、角、分；二是一般购买力单位，即以各国货币的一般购买力或实际交换比率为计量单位。由于不同时期的货币购买力是不断变动的，因而有必要进行调整。在具体操作上，是以一定时期的货币购买力（通常以一般物价指数近似地表示）为基础调整或折算不同时期的货币单位，从而使不同时期的货币保持在不变的计量基础上。

　　2. 计量属性

　　计量属性，是指资产、负债等会计要素可用货币单位计量的方面。由于交易或者事项可以从多个方面进行货币计量，因而有不同的计量属性。我国《企业会计准则——基本准则》规定的计量属性包括历史成本、重置成本、可变现净值、现值和公允价值。

　　（1）历史成本，是指企业取得一项资产时实际支付的现金或其他等值。在历史成本计量下，资产按照购置时支付的现金或者现金等价物的金额，或者按照购置资产时所付出的对价的公允价值计量。负债按照因承担现时义务而实际收到的款项或者资产的金额，或者承担现时义务的合同金额，或者按照日常活动中为偿还负债预期需要支付的现金或者现金等价物的金额计量。长期以来，由于历史成本是在交易发生时根据客观事实确定的，具有客观性、可验证性和可取得性的优点，所以它一直是会计计量中最基本的计量属性。但历史成本也存在一定的局限性，特别是在价格变动的情况下，历史成本信息的决策有用性会大大降低。

　　（2）重置成本，又称为现行成本，是指企业重新购置或重建与其拥有的某项资产相同或者功能相当的资产时所需支付的现金或者其他等值。在重置成本计量下，资产按照现在购买相同或者相似资产所需支付的现金或现金等价物的金额计量。负债按照现在偿付该项债务所需支付的现金或者现金等价物的金额计量。重置成本计量具有在价格变动时避免虚计收益和便于区分经营收益与持有收益等优点，但使用重置成本计量也有一定的局限性，如重置成本不能消除货币购买力变动的影响，而且确定也较为困难，这都会在一定程度上影响会计信息的可靠性。

　　（3）可变现净值，又称为预期脱手价值，是指在不考虑资金时间价值的情况下，通过计量资产在正常经营过程中的未来现金流入和将要支付的现金流出，所确定的二者的差额。在可变现净值计量下，资产按照其正常对外销售所能收到的现金或者现金等价物的金额扣减该资产至完工时估计将要发生的成本、估计的销售费用以及相关税金后的金额计量。可变现净值适用于预定期间将完成的交易，因而其适用无法包括全部资产。

　　（4）现值，是指通过计量企业在正常生产经营过程中的未来现金流入和现金流出，运用恰当的折现率予以折现所得到的净现金流入值。在现值计量下，资产按照预计从其持续使用和最终处置中所产生的未来净现金流入量的折现金额计量。负债按照预计期限内需要偿还的未来净现金流出量的折现金额计量。现值计量下，未来现金流量的估计和折现率的确定具有很大的主观性。

　　（5）公允价值，是指市场参与者在计量日发生的有序交易中，出售一项资产所能收到或者转移一项负债所需支付的价格。在公允价值计量下，资产和负债按照市场参与者在计量日发生的有序交易中，出售资产所能收到或者转移负债所需支付的价格计量。

公允价值计量所提供的会计信息具有很高的相关性，能够很好地满足决策需要，但在缺乏有序交易的情况下，公允价值的可靠性会大大降低。

企业在对会计要素进行计量时，一般应采用历史成本、重置成本、可变现净值、现值、公允价值计量，应保证所确定的会计要素金额能够取得并可靠计量。

3. 计量模式

计量模式，是指计量单位和计量属性的特定组合。计量单位和计量属性的不同组合，可构成不同的计量模式，如历史成本/名义货币、历史成本/不变购买力、公允价值/名义货币、公允价值/不变购买力等。会计计量总是在一定的计量模式下进行的，对同一会计要素选择不同的计量模式，会产生不同的计量结果。不同计量模式下的会计计量结果具有不同的相关性和可靠性，实务中究竟选择何种计量模式取决于会计信息使用者的决策需要、物价变动情况、计量手段的发展等多种因素。

（三）会计报告

会计的目标是向财务会计报告使用者提供反映企业管理层受托责任的履行情况和对决策有用的会计信息，这一目标是通过对企业发生的交易或者事项进行确认和计量，最终以向报告使用者提供财务会计报告的形式来实现的。根据报告使用者的要求，按照一定的格式，把会计确认和计量的结果加工成指标体系，以财务会计报告的形式向报告使用者提供的过程，称为会计报告。

财务会计报告是会计报告程序的最终结果，是企业对外提供的反映企业某一特定日期的财务状况和某一会计期间的经营成果、现金流量等会计信息的文件。根据我国《企业会计准则——基本准则》的规定，财务会计报告包括财务报表及其附注和其他应在财务会计报告中披露的相关信息和资料。财务报表至少应包括资产负债表、利润表、现金流量表等报表及其附注，小企业编制的会计报表可以不包括现金流量表。资产负债表是反映企业在某一特定日期财务状况的会计报表；利润表是反映企业在一定会计期间的经营成果的会计报表；现金流量表是反映企业在一定会计期间现金和现金等价物流入和流出的会计报表；附注是对财务报表中列示项目所作的进一步说明，以及对未能在这些财务报表中列示项目的说明等。

二、会计核算方法

会计核算方法，是指对会计主体的经济活动进行连续、系统、完整地反映所采用的专门方法，是实现会计目标的手段。会计核算方法是从会计实践中总结出来的，它经历了一个从简单到复杂、从不完善到逐步完善的发展过程。会计核算方法主要包括设置会计科目和账户、复式记账、填制和审核凭证、登记账簿、成本计算、财产清查和编制会计报表。

（一）设置会计科目和账户

设置会计科目和账户是对会计对象的具体内容进行分类核算的一种专门方法。该方法是在将会计对象具体化为资产、负债、所有者权益、收入、费用和利润等会计要素的基础上，根据会计对象的具体内容的特点和经济管理的要求，对会计对象做进一步的分类，确定会计分类核算的项目，并以此为依据在账簿中开设相应的户头，以便连续、系统、完整地记录各项经济业务。

（二）复式记账

复式记账是与单式记账对应的一种记账方法，是指对每一项经济业务，都要以相等的金额，同时在两个或两个以上相互关联的账户中进行记录。通过复式记账，一方面可以反映每笔经济业务的来龙去脉及其相互关系，另一方面可以通过账户之间的平衡关系检查账簿记录的正确性。

（三）填制和审核凭证

会计凭证，是指记录经济业务和明确经济责任的书面证明。会计主体每发生一项经济业务，都应取得或填制相应的原始凭证，以证明经济业务已经发生或已经完成。原始凭证经过审核无误后，以此为依据填制记账凭证，作为登记账簿的依据。填制和审核凭证是保证会计信息真实的必要手段，也是实行会计监督的重要方面。填制和审核凭证是保证会计核算客观、真实的必要手段和方法。

（四）登记账簿

账簿，是指用来记录经济业务的簿籍。登记账簿就是根据记账凭证，在账簿上连续、系统、完整地记录会计要素具体项目的增减变化。通过将会计主体的经济业务分门别类地登记到账簿中，并定期进行结账和对账，可以提供反映某一会计要素项目完整、系统的会计数据。

（五）成本计算

成本计算是对应计入一定会计对象的全部费用或价款进行归集、计算，确定该对象的总成本和单位成本的方法。作为一种会计核算方法，成本计算实质上是一种会计计量，它所要解决的是会计核算对象的货币计价问题。通过成本计算，一方面可以对各会计要素项目进行正确计价，另一方面也为整个会计核算系统的运行提供了必要的前提。

（六）财产清查

财产清查是通过盘点实物、往来款项的核对来检查账簿记录与实有数是否相符的一种方法。在会计主体的日常经营中，由于各方面的原因，经常会出现账簿记录与实有数不一致的情况，为了保证账实相符，会计主体需要定期或者不定期地进行财产清查。通过清查，发现财产物资的实有数与账面数不一致时，应查明原因，并进行相应的账务处理。

（七）编制财务会计报告

编制财务会计报告是根据会计日常核算资料，通过编制财务报表及报告附注等形式，综合地反映会计主体某一特定日期的财务状况和某一会计期间经营成果和现金流量情况的方法。编制财务会计报告是根据报告使用者的需要，对日常会计核算资料的再加工、再提纯。通过编制和报送财务会计报告，可以为财务报告使用者提供反映企业管理层受托责任的履行情况和对决策有用的会计信息。

会计核算程序和方法不是彼此孤立的，二者的有机结合构成了一个完整的会计信息加工处理体系。在这个体系中，会计核算方法融于会计核算程序中，并通过会计核算程序来实现。

本 章 小 结

本章是全书的总论部分，主要阐述了会计核算的基本理论，包括会计的产生与发展，会计的概念、对象和职能，财务会计报告的目标，会计要素的确认与计量，会计核算的基本前提，会计信息质量要求，以及会计核算的基本程序和方法等内容。

本章首先从历史沿革的角度，对会计产生和发展的过程进行了回顾，在此基础上介绍了现代会计的各种定义和会计的本质。指出现代会计是经济管理的重要组成部分，它既是一种经济管理活动，同时又是一个信息系统。然后结合会计的特点，对会计对象和会计要素的内容进行了介绍，从一般意义上指出了会计的对象就是社会再生产过程中客观存在的资金运动。而为了便于会计确认、计量和报告，从会计的角度对构成会计对象的经济活动的必要因素进行解释，就形成了资产、负债、所有者权益、收入、费用和利润等六大会计要素，并在此基础上介绍了会计要素的含义及确认条件。紧下来围绕会计的本质，介绍了会计的反映和监督两大职能及其相互关系，明确反映职能是会计最基本的职能。在此基础上，根据财务会计报告目标的两大观点，即决策有用观和受托责任观，结合《企业会计准则》介绍了我国财务会计报告的目标。最后，本章结合《企业财务会计报告条例》和《企业会计准则》等规范性文件，介绍了会计核算的基本前提、会计信息质量要求，以及会计核算的基本程序和方法等内容。通过学习这些基本理论，将会为后面各章内容的学习打下良好的理论基础。

复习思考题

1. 什么是会计？会计的本质是什么？
2. 如何理解现代会计的含义？
3. 什么是会计对象？从一般意义上讲，会计的对象是什么？
4. 什么是会计要素？为什么要划分会计要素？会计要素包括哪些内容？
5. 会计要素的确认标准是什么？
6. 什么是会计职能？会计的基本职能是什么？
7. 什么是财务会计目标？我国对财务会计目标是如何界定的？
8. 什么是会计核算的基本前提？具体包括哪些内容？
9. 什么是会计基础？企业会计的基础是什么？
10. 什么是会计信息质量要求？我国对会计信息质量要求是如何界定的？
11. 会计核算的基本程序是什么？
12. 什么是会计计量属性？会计计量属性包括哪些？
13. 会计核算的基本方法是什么？

第二章 会计科目与账户

学习目的和要求：

1. 了解设置会计科目的意义、作用和原则；
2. 熟悉会计科目的内容和级次以及制造业企业常用的会计科目；
3. 了解设置会计账户的意义和作用；
4. 熟悉会计账户的基本结构、数量关系和分类。

第一节 会 计 科 目

一、设置会计科目的意义和作用

（一）设置会计科目的意义

会计科目，是指对会计对象的具体内容进行分类核算的标志或项目。通过前面内容的学习，已经知道会计的对象是会计主体能以货币计量的经济活动，其进一步具体化为资产、负债、所有者权益、收入、费用、利润等会计要素。实际上，会计要素又是由许多复杂内容所构成的，如果仅以这六个会计要素作为会计信息的归类标准，不免过于笼统，难以满足会计信息使用者对会计信息的需要。而且由于不同的会计要素所反映的经济内容有很大的不同，并且在经营管理上也有不同的要求，因此，为了对会计对象的具体内容进行分类核算，就需要根据各个会计要素的特点，结合经济管理方面的要求，分门别类地确定具体的核算项目。

设置会计科目，就是根据会计对象的具体内容和经济管理的要求，事先规定分类核算的标志或项目的一种专门的方法。在每一个会计科目名称的下面，都要有明确的含义和核算范围。设置会计科目，不仅可对会计要素的具体内容进行科学的分类，而且还可以为会计信息的使用者提供科学、详细的分类指标体系。例如，为了反映和监督企业各项资产的增减变动，企业可以设置"库存现金"、"银行存款"、"应收账款"、"原材料"、"长期股权投资"和"固定资产"等会计科目；为了反映和监督负债和所有者权益的增减变动，企业可以设置"短期借款"、"应付账款"、"长期借款"、"实收资本"、"资本公积"、"盈余公积"和"利润分配"等会计科目；为了反映和监督企业收入、费用的发生以及利润的形成情况，企业可以设置"主营业务收入"、"主营业务成本"、"税金及附加"、"销售费用"和"管理费用"等会计科目。

为了全面、连续、系统地反映和监督企业各项经济业务发生时所引起的会计要素的增减变动情况，以满足企业财务会计报告使用者对会计信息的需要，每个会计主体在进行会计核算之前都必须根据《企业会计准则——应用指南》的规定设置相应的会计科目。

（二）设置会计科目的作用

设置会计科目在会计核算方法体系中占有重要的地位。在我国，会计科目是会计准则体系中的一项重要内容，由财政部以部门规章的形式制定并发布。通过设置会计科目，可以将复杂的经济业务加以科学分类，为后续的填制和审核凭证、设置和登记账簿以及编制财务会计报告奠定基础，也为最终向财务会计报告使用者提供相关、可靠的会计信息创造条件。具体讲，设置会计科目的作用包括以下几个方面：

1. 会计科目是组织会计核算的依据

会计科目作为会计准则体系中的一项重要内容，它规定了该科目的核算范围、具体内容、核算方法以及明细核算和登记账簿的要求等。在现行财务会计模式下，会计科目是会计工作顺利进行的基础条件，企业根据会计科目的具体规定在账簿中设置账户，对企业日常发生的交易或事项进行相应的会计处理。例如，某企业采购原材料7 000元，款项未付。这笔交易一方面应确认原材料增加7 000元，通过设置"原材料"会计科目予以反映；另一方面应确认结算过程中负债增加7 000元，通过设置"应付账款"会计科目予以反映。可见，会计科目是会计工作顺利进行的必备条件，是组织会计核算的依据。

2. 会计科目是进行会计管理的手段

有关会计科目的具体规定，构成了对日常经济活动进行控制的标准。比如，关于"库存现金"、"银行存款"和"其他货币资金"等会计科目的具体规定，在实际货币资金管理中，可以充分发挥控制货币资金收入和支出的作用，并且这种控制属于制度性的事前控制。设置合理、全面、具体的会计科目体系，对企业的经济活动具有很好的事前控制作用。同时，会计科目提供的信息，又构成会计监督、会计分析和会计考核的依据。

3. 会计科目是加强国民经济核算的工具

会计科目作为我国会计准则体系的重要内容，具有统一规定的名称、内容和核算方法，并且与统计指标、计划指标口径基本保持一致。通过设置会计科目，并以此为基础对企业的交易和事项进行会计核算所提供的资料，便于分析利用，也便于反映和监督全国或某个地区、部门的资金运动，这对于加强国民经济核算、保持国民经济综合平衡具有重要意义。

二、设置会计科目的原则

设置会计科目是会计核算的方法之一。为了更好地发挥财务会计的作用，使会计主体提供的会计信息口径一致，便于相互比较，易于理解，各会计主体在设置会计科目时，一般应遵循以下原则：

（一）设置会计科目必须结合会计对象的特点，全面反映会计对象的内容

所谓结合会计对象的特点，就是根据不同单位经济业务的特点，本着全面核算其经济业务的全过程及结果的目的，来确定应该设置哪些会计科目。设置会计科目首先应保证全面、系统地反映会计对象的全部内容，其次还必须反映会计对象的特点。除了设置各个行业具有共性的会计科目外，还应该根据各个行业会计对象的不同特点，设置相应的会计科目。例如，制造业企业的生产经营活动主要围绕制造产品展开，因而必须设置反映生产耗费的成本类会计科目，如"生产成本"、"制造费用"等；商品流通企业的基本经济活动是购销商品，因而必须设置反映商品采购、商品销售以及在购、销、存环节发生的各项费用的会计科目，如"库存商品"、"商品进销差价"等。

（二）设置会计科目必须符合经济管理的要求

所谓设置会计科目要符合经济管理的要求，一是要符合国家宏观经济管理的要求，根据宏观经济管理要求来划分经济业务的类别，设定分类的标识；二是要符合企业自身经济管理的要求，从为企业的经营预测、决策及管理提供会计信息出发，设置分类的项目；三是要符

合包括企业的投资者、债权人在内的各有关方面了解企业财务状况、经营成果和财务状况变动情况的要求。因此，在设置会计科目时要兼顾对外报告和企业内部经营管理的需要，并根据提供信息的详细程度，分别设置总分类科目和明细分类科目。

（三）设置会计科目要将统一性与灵活性结合起来

由于不同会计主体的经济业务差别很大，在设置会计科目，进而对会计要素的增减变动进行分门别类地核算时，需要将统一性与灵活性结合起来。所谓统一性，就是在设置会计科目时，要根据《企业会计准则——应用指南》的要求对一些主要会计科目的设置及其核算内容进行统一的规定，统一核算指标的计算标准、口径。所谓灵活性，就是在能够提供统一核算指标的前提下，根据《企业会计准则——应用指南》的规定，在不违反会计准则中有关确认、计量和报告规定的前提下，根据本单位的实际情况自行增设、分拆、合并会计科目。对于企业不存在的交易或者事项，则不设置相关的会计科目。例如，某些制造费用较少且管理上不要求对其考核的制造业企业，根据管理要求可将"生产成本"、"制造费用"两个会计科目合并为一个"制造成本"科目等。

（四）会计科目的名称要简单明确、字义相符、通俗易懂

会计科目作为分类核算的标识，要求名称简单明确、字义相符、通俗易懂，这有助于防止误解和消除混乱。简单明确是指根据经济业务的特点，要尽可能简洁明确地规定会计科目的名称；字义相符是指按照中文习惯，能够望文生义，不致产生误解；通俗易懂是指要尽量避免使用难懂的文字，便于大多数人正确理解。会计科目的名称除了要求简单明确、字义相符、通俗易懂之外，还要尽量采用在经济生活中习惯的名称，以避免不必要的误解。

（五）设置会计科目既要适应经济业务发展的需要，又要保持相对稳定性

会计科目的设置要适应社会经济环境的变化和本单位业务发展的需要。例如，为了反映和监督商品交易中因预收款或预付款而形成的债权债务关系，核算中应单独设置"预收账款"和"预付账款"科目，即把预收货款、预付货款的核算从"应收账款"和"应付账款"科目中分离出来。同时，为了便于不同时期会计指标的分析、比较，以及在一定范围内汇总核算指标，会计科目应保持相对稳定，不能经常变动会计科目的名称和核算口径，以保持不同时期会计信息的可比性。

三、会计科目的内容和级次

会计科目作为一个体系包括会计科目内容和会计科目级次。会计科目的内容反映会计科目之间的横向联系，会计科目的级次反映会计科目内部的纵向联系。

（一）会计科目的内容

会计科目的内容，是指制定《企业会计准则——应用指南》时所规定的会计科目应反映的经济内容和登记方法。会计科目的内容要依据会计要素各组成部分的客观性质来划分，同时兼顾国家宏观经济管理和微观经济管理的需要。根据《企业会计准则——应用指南》的规定，将会计科目按其所反映的经济内容的不同，将其划分为资产类、负债类、共同类、所有者权益类、成本类和损益类六个大类。

在实务中，为了便于掌握和运用会计科目，保证记账工作顺利进行，尤其是为了适应会计电算化的需要，应对会计科目按照一定的分类标准进行编号，并编制会计科目表。我国常用的会计科目编号一般为四位数字，其中第一位数字代表该账户的类别，如"1"代表资产类账户，"2"代表负债类账户，"3"代表共同类账户，"4"代表所有者权益类账户，"5"代

表成本类账户，"6"代表损益类账户。将企业的所有会计科目及其编号按一定标准编制而成的表格，就是会计科目表。2006年10月30日财政部发布的《企业会计准则——应用指南》中共设置了156个会计科目，见表2-1。

表 2-1 　　　　　　　　　会 计 科 目 表

序号	编号	会计科目名称	序号	编号	会计科目名称
		一、资产类	33	1408	委托加工物资
1	1001	库存现金	34	1411	周转材料
2	1002	银行存款	35	1421	消耗性生物资产
3	1003	存放中央银行款项	36	1431	贵金属
4	1011	存放同业	37	1441	抵债资产
5	1012	其他货币资金	38	1451	损余物资
6	1021	结算备付金	39	1461	融资租赁资产
7	1031	存出保证金	40	1471	存货跌价准备
8	1101	交易性金融资产	41	1501	持有至到期投资
9	1111	买入返售金融资产	42	1502	持有至到期投资减值准备
10	1121	应收票据	43	1503	可供出售金融资产
11	1122	应收账款	44	1511	长期股权投资
12	1123	预付账款	45	1512	长期股权投资减值准备
13	1131	应收股利	46	1521	投资性房地产
14	1132	应收利息	47	1531	长期应收款
15	1201	应收代位追偿款	48	1532	未实现融资收益
16	1211	应收分保账款	49	1541	存出资本保证金
17	1212	应收分保合同准备金	50	1601	固定资产
18	1221	其他应收款	51	1602	累计折旧
19	1231	坏账准备	52	1603	固定资产减值准备
20	1301	贴现资产	53	1604	在建工程
21	1302	拆出资金	54	1605	工程物资
22	1303	贷款	55	1606	固定资产清理
23	1304	贷款损失准备	56	1611	未担保余值
24	1311	代理兑付证券	57	1621	生产性生物资产
25	1321	代理业务资产	58	1622	生产性生物资产累计折旧
26	1401	材料采购	59	1623	公益性生物资产
27	1402	在途物资	60	1631	油气资产
28	1403	原材料	61	1632	累计折耗
29	1404	材料成本差异	62	1701	无形资产
30	1405	库存商品	63	1702	累计摊销
31	1406	发出商品	64	1703	无形资产减值准备
32	1407	商品进销差价	65	1711	商誉

续表

序号	编号	会计科目名称	序号	编号	会计科目名称
66	1801	长期待摊费用	100	2701	长期应付款
67	1811	递延所得税资产	101	2702	未确认融资费用
68	1821	独立账户资产	102	2711	专项应付款
69	1901	待处理财产损溢	103	2801	预计负债
		二、负债类	104	2901	递延所得税负债
70	2001	短期借款			三、共同类
71	2002	存入保证金	105	3001	清算资金往来
72	2003	拆入资金	106	3002	货币兑换
73	2004	向中央银行借款	107	3101	衍生工具
74	2011	吸收存款	108	3201	套期工具
75	2012	同业存放	109	3202	被套期项目
76	2021	贴现负债			四、所有者权益类
77	2101	交易性金融负债	110	4001	实收资本
78	2111	卖出回购金融资产款	111	4002	资本公积
79	2201	应付票据	112	4101	盈余公积
80	2202	应付账款	113	4102	一般风险准备
81	2203	预收账款	114	4103	本年利润
82	2211	应付职工薪酬	115	4104	利润分配
83	2221	应交税费	116	1201	库存股
84	2231	应付利息			五、成本类
85	2232	应付股利	117	5001	生产成本
86	2241	其他应付款	118	5101	制造费用
87	2251	应付保单红利	119	5201	劳务资本
88	2261	应付分保账款	120	5301	研发支出
89	2311	代理买卖证券款	121	5401	工程施工
90	2312	代理承销证券款	122	5402	工程结算
91	2313	代理兑付证券款	123	5403	机械作业
92	2314	代理业务负债			六、损益类
93	2401	递延收益	124	6001	主营业务收入
94	2501	长期借款	125	6011	利息收入
95	2502	应付债券	126	6021	手续费及佣金收入
96	2601	未到期责任准备金	127	6031	保费收入
97	2602	保险责任准备金	128	6041	租赁收入
98	2611	保户储金	129	6051	其他业务收入
99	2621	独立账户负债	130	6061	汇兑收入

续表

序号	编号	会计科目名称	序号	编号	会计科目名称
131	6101	公允价值变动损益	144	6511	赔付支出
132	6111	投资收益	145	6521	保单红利支出
133	6201	摊回保险责任准备金	146	6531	退保费
134	6202	摊回赔付支出	147	6541	分出保费
135	6203	摊回分期保费	148	6542	分保费用
136	6301	营业外收入	149	6601	销售费用
137	6401	主营业务成本	150	6602	管理费用
138	6402	其他业务成本	151	6603	财务费用
139	6403	税金及附加	152	6604	勘探费用
140	6411	利息支出	153	6701	资产减值损失
141	6421	手续费及佣金支出	154	6711	营业外支出
142	6501	提取未到期责任准备金	155	6801	所得税费用
143	6502	提取保险责任准备金	156	6901	以前年度损益调整

注 1. 根据《会计法》的规定，我国会计年度采用公历制，即从 1 月 1 日起至 12 月 31 日止，而实务中企业的一些跨期摊提费用的发生和处理往往会出现跨越不同会计年度的情形，为了便于对有关内容的讲解和读者全面理解和掌握基本会计实务，本书继续保留了"待摊费用"和"预提费用"两个会计科目，特此说明。

2. 根据财政部关于印发《增值税会计处理规定》的通知（财会〔2016〕22 号）"营业税金及附加"科目名称调整为"税金及附加"，相应地利润表中的"营业税金及附加"项目调整为"税金及附加"项目。

（二）会计科目的级次

会计科目的级次，是指在设置会计科目时要体现会计信息的不同详细程度，即要兼顾不同会计信息使用者的需要，对会计科目进行分级设置，以全面、多层次地反映会计主体的经营活动。企业的外部信息使用者有时只需要了解企业的一些总体情况，不需要知道更详细的信息，而对于企业经营管理者而言，有时则必须了解企业的具体情况。例如，对于企业的应收账款，企业财务会计报告的外部使用者通常通过阅读企业会计报表了解应收账款的总体情况，掌握应收账款总额及其在企业流动资产总额中所占的比例就可以了。而对于企业的经营者来说，尤其是对企业的销售主管人员来说，则需要了解企业应收账款的详细情况，如债务人是谁，各债务人赊欠的金额是多少，账龄如何等。

为了对会计对象进行不同详细程度的分类核算，通常将会计科目分为两个级次，即总分类科目和明细分类科目。

1. 总分类科目

总分类科目，是指对会计对象的不同经济内容所作的总括分类，它是提供总括性核算指标的会计科目。表 2-1 中所列示的各类会计科目都是总分类科目。

2. 明细分类科目

明细分类科目，是指对总分类科目所包含的经济内容做的进一步分类，它是提供详细核算指标的科目。例如，在设置"应付账款"总分类科目反映会计主体应付账款总体情况的情况下，为了提供会计主体应付账款更详细的情况，还应按各个债权人分别设置明细分类科目，如"应付账款——甲企业"、"应付账款——乙企业"等；又如在"原材料"总分类科目下可按具体材料类别分别设置明细分类科目"原材料——A 材料"、"原材料——B 材料"等。

为了适应经济管理工作的需要，当某些总分类科目下设置的明细科目太多，或即使设置了明细分类科目，但仍不足以详细描述经济业务时，还可以在明细分类科目下再增设更明细科目。在这种情况下，会计科目分为三个级次，其中，一级科目称为"总分类科目"，二级科目称为"明细分类科目"，而三级科目可以称为"明细项目"。如"应交税金——应交增值税（进项税额）"，其中"应交税金"是总分类科目；"应交增值税"是明细分类科目，"进项税额"则是明细项目。

在我国，为了保证会计核算指标的统一性和会计信息的可比性，总分类科目的名称及其核算内容由财政部在《企业会计准则——应用指南》中统一规定，企业可根据自身的经营活动选用合适的总分类科目，并且在不违反会计准则中确认、计量和报告规定的前提下，根据本单位的实际情况自行增设、分拆、合并会计科目。对于企业不存在的交易或者事项，可不设置相关的总分类会计科目。对于明细分类科目，企业可按照《企业会计准则——应用指南》附录中的规定自行设置。

第二节 会 计 账 户

一、设置会计账户的意义和作用

（一）设置会计账户的意义

会计账户，简称账户，是指根据会计科目在账簿中开设的，用来分类记录经济业务的内容，具有一定格式和结构的记账载体。通过前面内容的学习，可以知道会计科目的设置仅仅确定了会计分门别类核算的具体项目，但如何将经济业务发生时所引起的会计要素的各个具体项目的增减变化连续、全面、系统地记录下来，并集中反映它们在一定时期内的变动情况及其结果，就必须借助于会计账户。

在会计工作中，会计账户是根据会计科目设置的，用来对会计要素的具体项目的增减变化进行核算和监督，以提供动态和静态的核算指标。会计账户就像一个信息存储系统，它把需要输入的会计信息经过分析处理，分门别类地记入不同的账户，然后经过归集整理，形成系统化的会计信息资料，以满足不同会计信息使用者的需要。例如，为了反映企业各种资产的增减变动，可根据"库存现金"、"银行存款"、"应收账款"、"库存商品"、"固定资产"等总分类科目及相应的明细分类科目在账簿中设置相应的账户，以便连续、全面、系统地记录以上各项资产的增减变动及其结果。

（二）设置会计账户的作用

会计账户在会计核算中具有重要的作用，具体表现在以下几个方面：

1. 核算经济业务

通过会计账户，用来记录会计主体所发生的每一笔经济业务所引起的资金在数量上的增减变化，根据会计准则的规定分类核算资金的取得、使用、耗费、收回和分配情况。

2. 储存会计信息

会计账户作为一个信息储存系统，用来记录经济业务发生时所引起的资金的增减变化，既有反映资金总体情况的总分类账户，又有反映资金明细情况的明细分类账户；既能反映每一笔经济业务的情况，又能反映一定时期全部经济业务的情况；既能反映资产、负债和所有者权益等静态会计要素项目的增减变动情况及其结果，又能反映收入、费用和利润等动态会计项目的增减变动情况和结果，从而使每个账户都储存有丰富的会计信息。

3. 提供会计信息

对于每个账户所储存的会计信息，基于会计信息使用者对不同信息的需要，会计主体或者提供关于资金运动的总分类信息，或者提供某一方面的明细分类信息，或者提供某种具体的会计信息，以满足会计信息使用者多元化的信息需要。

（三）会计账户与会计科目的关系

会计账户与会计科目是既有区别，又有联系的两个不同的概念。

1. 两者的联系

（1）内容相同。会计账户是根据会计科目开设的，会计账户的名称就是会计科目。会计科目所包括的经济业务的内容也就是会计账户所要核算和监督的内容，二者在内容上是相同的。

（2）分类相同。会计科目的分类与账户的分类是相同的，某个会计科目所属的类别与相应账户所属的类别具有一致性，如"银行存款"会计科目属于资产类，"银行存款"账户也属于资产类。

（3）方法相同。会计科目的核算方法与账户的核算方法是相同的。如"固定资产"科目确定固定资产价值的方法，也就是"固定资产"账户确定固定资产价值的方法。

2. 两者的区别

（1）特征不同。会计科目是对会计要素的具体分类项目，具有静态特征；而会计账户不但能反映经济业务的具体类别，而且还能反映经济业务的增减变动过程及其结果，具有动态特征。

（2）形式不同。会计科目只是一个名称，没有具体的结构；而会计账户除了有名称以外，还具有一定的格式和结构。

（3）作用不同。会计科目作为会计准则体系的一项重要内容，除具有方法性和指导性外，还具有法规性，是企业组织会计核算和进行会计管理的依据；而账户只具有方法性和指导性，是在账簿中记录经济业务的具体形式。此外，会计科目主要用于填制凭证和开设会计账户，不能提供核算资料；而会计账户可用来记录经济业务，提供连续、分类、系统的日常核算，并为编制财务会计报告提供依据。

（4）制定权限不同。在我国，会计科目通常由国家财政部门统一制定，是会计准则体系的一项内容；而会计账户则是会计主体根据会计准则的规定，结合会计主体自身的经营管理需要自行在账簿中开设的。

由于会计账户是依据会计科目而设置的，两者名称完全一致，核算的内容也一样，因此，在会计实务中对会计科目和会计账户不加严格区分，可以互相通用。

二、会计账户的结构及数量关系

会计账户不仅具有便于记录会计要素各项目增减变化的特定结构，而且所记录的数量之间存在一定的关系。

（一）会计账户的结构

为了正确地在账户中登记各项经济业务，必须首先了解账户的结构。由于账户是用来记录和反映经济业务所引起的会计要素项目的增减变化，所以账户的结构设置要符合经济业务的变化情况。实务中，会计主体的各项经济业务虽然错综复杂，但从数量上看，经济业务的发生所引起的会计要素的变动，会存在两个相反的方向，即在原有的金额水平上增加和减少。因此，账户在结构上首先必须具有用来分别反映会计要素项目增加和减少的两个部分，同时为了反映会计要素项目在特定期间增减变动的结果，会计账户还要有反映结余数的部分。通常，账户的结构由以下几个部分组成，见表 2-2。

(1) 账户名称，即会计科目；

(2) 记录经济业务的日期；

(3) 经济业务的内容摘要；

(4) 所依据的记账凭证的编号；

(5) 增减变动金额及账户余额。

表 2-2   账 户 名 称

年		凭证编号	摘要	增加	减少	余额
月	日					

一般说来，账户的基本结构应该包括两个因素：一是账户的名称，它表明对经济业务按其经济内容进行的归类；二是记录会计要素具体项目的增加数、减少数和结余数的部分。为了便于说明，通常把账户的基本结构分为左、右两方，以简化的"丁"字形表示，其中的一方登记会计要素项目的增加额，另一方登记会计要素项目的减少额，见表 2-3。

表 2-3   账 户 名 称

记录增加（或减少）	记录减少（或增加）
余额	（或余额）

在会计实务中，由于记账方法和账户用途的不同，不同的账户会有不同的记录方向，至于哪一方记录增加数，哪一方记录减少数，则完全取决于所采用的记账方法和账户所记录的经济业务的内容。

(二) 账户的数量关系

由于会计主体经济业务的不断发生，某一会计要素项目在一定时期内会受到许多经济业务的影响，反映会计要素项目增减变化的账户中会记录下多笔经济业务的发生额，即会计要素项目的增加额或减少额。为了按会计期间提供会计信息，在会计期末，会计人员需要结出被影响账户的本期增加方发生额、本期减少方发生额和期末余额。其中，本期增加方发生额就是记录的本期增加的金额，本期减少方发生额就是记录的本期减少的金额。按照所处时期的不同，账户余额又可分为期初余额和期末余额。期初余额是指会计期初账户中的金额，即上期期末余额；期末余额是指会计期末账户中的金额。本期的期末余额结转至下期就成为下期的期初余额。

期初余额、本期增加方发生额、本期减少方发生额和期末余额四个金额要素之间存在以下数量关系：

$$期末余额＝期初余额＋本期增加方发生额－本期减少方发生额$$

在账户中，期初余额和期末余额的记录方向一般同增加额的记录方向一致。例如记录企业因赊销商品而形成的债权性资产的"应收账款"账户，债权增加在该账户的左方记录，则它的期初余额和期末余额一般也应记录在左方。出现在增加额记录方的余额，称为正常余额，反之，则称为非正常余额。例如，如果在核算中，"应收账款"账户的余额出现在记录减少额的右方，则表示在商品赊销往来中形成了对购买方的负债。

三、账户的分类

为了便于进一步了解账户及其性质，可以按不同的标准对账户进行分类。

（一）按经济内容分类

账户的经济内容，是指账户所反映的会计对象的具体内容。因为会计要素决定账户的经济内容和本质特征，所以账户按经济内容分类也就是按会计要素进行分类。会计对象的内容具体化为资产、负债、所有者权益、收入、费用和利润六个会计要素，因此账户按会计要素则应分为资产类、负债类、所有者权益类、收入类、费用类和利润类六大类账户。但是，由于企业在一定会计期间所取得的收入和发生的费用支出，最终都体现在当期损益中，因此可以将收入类账户和费用类账户归为一类，称为损益类账户。工业企业及其他制造业企业为计算产品的生产成本，需要专门设置核算产品成本的账户，即成本类账户。因此，账户按经济内容可分为资产类、负债类、所有者权益类、成本类和损益类五大类账户。在每一大类下，又可根据会计要素具体内容的不同，分别设置若干具体的账户。

（二）按核算的详细程度分类

会计科目根据分类核算的详细程度的不同，分为总分类会计科目和明细分类会计科目。账户是根据会计科目开设的，相应地，根据核算详细程度的不同，账户也分为总分类账户和明细分类账户。根据总分类会计科目开设的账户称为总分类账户，用来提供总括的会计信息，并对其所属的明细分类账户具有统驭和控制作用。如，根据"原材料"总分类科目设置的"原材料"总分类账户，用来核算企业全部原材料收、发、结、存情况，并提供企业原材料的总括核算指标。根据总分类会计科目所属的明细分类会计科目开设的账户称为明细分类账户，用来提供详细的会计信息，并对总分类账户起辅助和补充说明作用。如，根据原材料的品种、规格等所设置的"原材料——A材料"等明细分类账户，用来核算A材料的收、发、结、存情况，并提供企业有关A材料的详细核算指标。

（三）按是否定期结清分类

损益类账户只记录和累积某一会计期间的收入、费用或损益的发生情况，在会计期末，所记录的全部收入、费用或损益的发生额会被转出，经结转之后，这些账户的期末余额全部为零。随着下一个会计期间的到来，这些账户又用来记录本会计期间的收入、费用或损益的发生情况。由于这些账户只是暂时性地在某个会计期间记录属于本期间的收入额、费用额或损益额，到会计期末会被清空，不存在期初余额和期末余额，所以将这类账户称为暂时性账户或虚账户。将暂时性账户之外的账户，称为永久性账户或实账户。永久性账户主要用来记录反映会计主体财务状况的资产、负债和所有者权益的变动情况，也包括成本。成本类账户实质上属于特殊的资产类账户，其期末余额表示正在加工或生产中的在产品已占用的经济资源。这些账户不仅记录会计主体的资产、负债和所有者权益的增减变动情况，而且在会计期末通过期末余额来反映资产、负债和所有者权益的结存情况，期末余额会结转至下个会计期间，成为下个会计期间相应账户的期初余额，从而使各个会计期间经济业务的影响能够在这些账户中被永久地逐期累积下来。

（四）按用途和结构划分

账户的用途，是指设置和运用账户的目的，以明确账户所记录的经济内容和提供的经济指标。账户的结构是指账户的记录方向，即某些经济业务的发生额应该记在账户的左方还是右方。由于账户的记录方向与记账方法有关，账户按用途和结构分类将在第四章中结合借贷记账法的应用进行介绍。

本 章 小 结

本章围绕设置会计科目和账户这一会计核算方法，介绍了会计科目和会计账户的基本理论。本章首先介绍了设置会计科目的意义、作用和原则，明确了会计科目是对会计对象的具体内容进行分类的标志或项目，通过设置会计科目为财务会计进行分门别类核算提供了前提和基础。在此基础上，介绍了会计科目的级次和《企业会计准则——应用指南》规定的主要会计科目。紧接着介绍了设置会计账户的意义和作用，明确了会计账户就是根据会计科目在账簿中开设的具体户头，用来对会计对象具体项目的增减变化进行连续、系统、全面的记录。最后介绍了账户的结构、账户的数量关系及账户的分类等内容。这些内容都是财务会计初学者必须要了解和掌握的基本内容，通过这部分内容的学习，将为设置会计科目和建账，以及进行会计核算打下坚实的基础。

复习思考题

1. 什么是会计科目？为什么要设置会计科目？
2. 什么是会计科目的级次？为什么要进行会计科目级次的划分？
3. 会计主体进行会计核算应设置哪些会计科目？
4. 什么是会计账户？为什么要设置会计账户？
5. 会计科目与会计账户之间的关系是什么？
6. 什么是会计账户的结构？会计账户的基本结构由哪几部分构成？
7. 会计账户的数量关系是什么？
8. 会计账户有哪些基本分类？

第三章 复式记账原理

🎓 **学习目的和要求：**

1. 了解记账方法的概念和特点；
2. 掌握借贷记账法的理论基础、账户结构、记账符号、记账规则及试算平衡；
3. 熟悉总分类账户和明细分类账户平行登记的基本原理。

第一节 复式记账原理

一、记账方法概述

为了对会计要素进行核算与监督，在按一定原则设置了会计科目，并按会计科目开设了会计账户之后，就需要采用一定的记账方法将会计要素的增减变动登记到相应的账户中。所谓记账方法，是指在经济业务发生以后，如何将其记录在账户中的方法。记账方法分为两类，一类是单式记账法，另一类是复式记账法。

（一）单式记账法及其特点

顾名思义，单式记账法是对经济业务的发生所引起的会计要素的增减变动一般只在一个账户中进行登记的方法。例如，用现金购买原材料，仅在现金账上记录一笔现金的减少。也有同时在现金账与实物账之间记录的，但两个账户之间没有必然的联系。单位记账法具有以下特点：

（1）账户设置有限，一般只对货币资金的收付和债权债务的结算在有关的账户中进行登记。

（2）经济业务发生后，一般只在一个账户中进行单方面登记，即使在两个账户中进行登记，账户之间也不存在任何联系。

单式记账法造成了账户之间的记录没有直接的联系，没有相互平衡的关系，不能全面、系统地反映经济业务的来龙去脉，也不便于检查账户记录的正确性和真实性。目前，国内外企业很少使用单式记账法。

（二）复式记账法及其特点

复式记账法是单式记账法的对称，它是在每一项经济业务发生后需要记录时，同时在相互联系的两个或两个以上的账户中，以相等的金额进行登记的一种记账方法。与单式记账法相比较，复式记账法有如下两个特点：

（1）由于每一项经济业务都要在相互联系的两个或两个以上的账户中进行记录，根据账户记录结果，不仅可以了解每一项经济业务的来龙去脉，而且还可以通过会计要素的增减变动，全面、系统地了解经济活动的过程和结果。

（2）由于复式记账法要求以相等的金额在两个以上的账户中同时进行记录，因此可以对账户记录的结果进行试算平衡，以检查账户记录的正确性。正因为如此，复式记账法作为一种科学的记账方法得到了广泛的应用。目前，我国的企业和行政、事业单位所采用的记账方法，都属于复式记账法。

复式记账法是在长期的会计实践中逐步形成和发展起来的。在其他的会计核算方法，如填制和审核凭证、设置和登记账簿中，都必须运用复式记账原理进行相关反映，所以，复式记账法在会计核算方法体系中占有重要的地位。

复式记账法包括几种具体的方法，有借贷记账法、增减记账法、收付记账法等。其中，借贷记账法是世界各国普遍采用的一种记账方法，我国《企业会计准则——基本准则》第10条规定企业应采用借贷记账法记账，下面重点介绍借贷记账法的基本原理。

二、借贷记账法的基本原理

借贷记账法起源于13世纪的意大利。在这个时期，西方资本主义商品经济有了长足的发展，在商品交换中，为了适应商业资本和借贷资本经营者管理的需要，逐步形成了借贷记账法。"借"、"贷"二字的含义，最初是从借贷资本家的角度来解释的，借贷资本家以经营货币资金的借入和贷出为主要业务，对于借进的款项，记在贷主（creditor）名下，表示自身的债务增加；对于贷出的款项，则记在借主（debtor）名下，表示自身的债权增加。这样，"借"、"贷"二字分别表示债权（应收款）、债务（应付款）的变化。随着商品经济的发展，经济活动的内容日趋复杂化，记录的经济业务也不再仅限于货币资金的借贷业务，逐渐扩展到财产物资、经营损益和经营资本等的增减变化。这时，为了求得记账的一致，对于非货币资金借贷业务，也利用"借"、"贷"二字说明经济业务的变化情况。因此，"借"、"贷"二字逐渐失去了原来的字面含义，转化为记账符号，变成会计中的专门术语。到15世纪，借贷记账法逐渐完备，被用来反映资本的存在形态和所有者权益的增减变化。与此同时，西方国家的会计学者提出了借贷记账法的理论依据，即"资产＝负债＋资本"的平衡公式（亦称会计方程式）。根据这个理论确立了借贷的记账规则，使借贷记账法成为一种科学的记账方法，并被世界上许多国家广泛采用。由于世界各国普遍采用借贷记账法记账，使得会计信息成为一种国际信息，"借"和"贷"两字成为通用的国际商业语言。

所谓借贷记账法，是指以"借"、"贷"二字作为记账符号，记录会计要素项目增减变动情况的一种复式记账法。学习借贷记账法，应掌握它的理论基础、记账符号、账户结构、记账规则和试算平衡等五个方面的内容。

（一）理论基础

借贷记账法的对象是会计要素的增减变动过程及其结果，这个过程及结果可用方程式表示如下：

资产＝负债＋所有者权益   ①
收入－费用＝利润   ②
资产＝负债＋所有者权益＋（收入－费用）   ③
资产＋费用＝负债＋所有者权益＋收入   ④
资产－负债－所有者权益＝0   ⑤
资产－负债＝所有者权益   ⑥

上述方程式称为会计等式，通常将①式称为会计恒等式。会计恒等式主要揭示了三个方面的内容：

（1）会计主体内各会计要素之间的数量平衡关系。有一定数量的资产，就必然有相应数量的负债和所有者权益与之对应；反之，有一定数量的负债和所有者权益，就一定有相应数量的资产与之对应。

（2）各会计要素增减变化的相互联系。一个会计要素的项目发生变化时，则同一会计要素的其他项目，或其他会计要素的项目也必然发生增减变化，以维持等式的平衡关系。

（3）等式中各要素之间是对立统一的关系。资产、负债和所有者权益分别置于等式的两边，左边是资产，右边是负债和所有者权益，形成对立统一的关系。如果各会计要素均放在等式的一边，必须以负号表示，如⑤式。

这三个方面的内容贯穿于借贷记账法的始终。数量平衡关系要求每一次记账的借方、贷方金额是平衡的；一定时期账户的借方、贷方的金额是平衡的；所有账户的借方、贷方余额的合计数是平衡的。增减变化的相互联系要求在一个账户中记录的同时，必须要有另一个或一个以上账户的记录与之对应。对立统一关系要求按相反方向记账。从单个账户来看是相反方向记账，一方记录增加额，则另一方一定记录减少额。从等式两边的不同类型的账户来看，资产类账户是借方记录增加额，贷方记录减少额；与之相反，负债和所有者权益类账户是贷方记录增加额，借方记录减少额。会计恒等式对记账方法的要求，决定了借贷记账法的账户结构、记账规则、试算平衡的基本理论，所以，会计恒等式构成了借贷记账法的理论基础。此外，①式和⑥式还代表了不同的会计理论。

（二）记账符号

借贷记账法以"借"、"贷"二字作为记账符号。"借"、"贷"二字最初分别表示债权、债务的增减变化，随着商品经济的发展，借贷记账法得到广泛的运用，记账对象不再局限于债权、债务，而是扩大到全部会计要素的增减变化。"借"、"贷"二字作为纯粹的记账符号，其所代表的含义不外乎"增加"、"减少"两种，但在表示会计要素项目的增减变化时，其具体含义会随账户性质的不同而不同。

（三）账户结构

借贷记账法下账户的基本结构是每一个账户都分为借、贷两方，通常规定账户的左方为借方，右方为贷方。在账户的借方记录经济业务，可以称为借记"××科目"，在账户的贷方记录经济业务，可以称为贷记"××科目"。

采用借贷记账法记账时，账户的借、贷两方必须做相反方向的记录，即对于一个账户来说，如果规定借方登记增加额，则贷方就登记减少额；如果规定借方登记减少额，则贷方就登记增加额。究竟账户的哪一方用来登记增加额，哪一方用来登记减少额，取决于账户的性质，不同性质的账户，其结构是不相同的。账户余额通常在记录增加的一方。

1. 资产类账户

资产类账户的结构是账户的借方记录资产的增加额，贷方记录资产的减少额。一个会计期间（年、季、月）内，借方记录的合计数称为借方发生额，贷方记录的合计数称为贷方发生额，会计期末将借、贷方发生额相比较，其差额称为期末余额，期末余额一般在借方。期末余额结转至下一会计期间就形成该账户的期初余额。例如，"原材料"账户，其借方登记库存原材料的增加，贷方登记库存原材料的减少，期末借方余额表示库存原材料的结存数，本期期末余额就是下期的期初余额。

账户的数量关系用公式表示为：

期初余额＋本期借方发生额－本期贷方发生额＝期末余额

资产类账户的结构见表 3-1。

表 3-1

借方		账户名称	贷方	
期初余额	×××			
（1）增加额	×××	（1）减少额		×××
（2）增加额	×××	（2）减少额		×××
本期发生额	×××	本期发生额		×××
期末余额	×××			

2. 负债和所有者权益类账户

由会计恒等式"资产＝负债＋所有者权益"决定，负债及所有者权益类账户的结构与资产类账户的结构正好相反，其贷方记录负债及所有者权益的增加额，借方记录负债及所有者权益的减少额，期末余额一般应在贷方。例如"短期借款"账户，企业从银行取得短期借款时在该账户的贷方登记，偿还借款时则应记入该账户的借方，期末贷方余额表示企业尚未偿还的短期借款数额。又如"实收资本"账户，当收到投资者实际认缴的出资额时，在该账户的贷方记录，表示资本额的增加；企业法定减资时，在该账户的借方登记，表示资本额的减少，期末贷方余额表示企业实有资本额。

账户的数量关系用公式表示为：

$$期初余额＋本期贷方发生额－本期借方发生额＝期末余额$$

负债和所有者权益类账户的结构见表 3-2。

表 3-2

借方		账户名称	贷方	
		期初余额		×××
（1）减少额	×××	（1）增加额		×××
（2）减少额	×××	（2）增加额		×××
本期发生额	×××	本期发生额		×××
		期末余额		×××

3. 费用成本类账户

企业在生产经营中会发生各种耗费，有费用成本产生，在费用成本由收入补偿以前，可以将其看作一种资产。因此，费用成本类账户的结构与资产类账户的结构基本相同，账户的借方记录费用成本的增加额，贷方记录费用成本的转出额。由于费用类账户的本期借方发生额在会计期末都要从该账户的贷方转出，所以费用类账户期末余额为零。对于成本类账户，期末可能有借方余额，表示正在加工或生产中的在产品的结存数，也可能期末余额为零。

账户的数量关系用公式表示为：

$$期初余额＋本期借方发生额－本期贷方发生额＝期末余额$$

费用成本类账户的结构如表 3-3 所示。

表 3-3

借方		账户名称	贷方	
期初余额	×××			
（1）增加额	×××	（1）减少额		×××
（2）增加额	×××	（2）减少额		×××
本期发生额	×××	本期发生额		×××
期末余额	×××			

4. 收入类账户

收入类账户的结构与负债及所有者权益类账户的结构基本相同，收入的增加额记入该类账户的贷方，收入的减少或转出则记入该类账户的借方，由于本期贷方发生额在会计期末都要从该账户借方转出，所以收入类账户没有期末余额。

账户的数量关系用公式表示为：

$$期初余额＋本期贷方发生额－本期借方发生额＝期末余额$$

收入类账户的结构见表 3-4。

表 3-4

借方		账户名称		贷方
（1）转出额	×××	（1）增加额		×××
		（2）增加额		×××
本期发生额	×××	本期发生额		×××

综上所述，可以看出"借"、"贷"二字作为记账符号所表示的经济含义是不一样的。"借"字表示资产的增加、费用成本的增加、负债及所有者权益的减少及收益的转销；"贷"字表示资产的减少、费用成本的转销、负债及所有者权益的增加及收益的增加。用丁字账表示全部账户结构，见表 3-5。

表 3-5

借方	账户名称	贷方
资产增加、费用成本增加、负债及所有者权益减少、收益转销		资产减少、费用成本转销、负债及所有者权益增加、收益增加
期末余额：资产或成本余额		期末余额：负债及所有者权益余额

（四）记账规则

借贷记账法的记账规则可以概括为有借必有贷，借贷必相等。借贷记账法的记账规则是根据以下两个方面的原理来确定的：

（1）根据复式记账原理，对任何一项经济业务都必须以相等的金额，在两个或两个以上相互联系的账户中进行登记。

（2）根据借贷记账法账户结构的原理，对每一项经济业务都应当做借贷相反的记录。即借贷记账法要求对每一项经济业务都要按借贷相反的方向，以相等的金额，在两个或两个以上相互联系的账户中进行登记。具体说，就是在一个账户的借方登记，必须同时在另一个或几个账户的贷方登记；或在一个账户的贷方登记，必须同时在另一个或几个账户的借方登记，且记入借方的金额与记入贷方的金额必须相等。

在会计实务中，根据借贷记账法的记账规则记录经济业务时，一般按以下两个步骤进行：

（1）分析经济业务的内容，确定它所涉及的会计要素是增加还是减少，是资产要素的变化，还是负债或所有者权益要素的变化，哪些要素增加，哪些要素减少，抑或都增加或都减少等。

（2）根据上述分析，确定该项业务应记入相关账户的借方还是贷方及应记金额。凡是涉及资产及费用成本的增加、负债及所有者权益的减少、收入的减少或转销的，都应该记入各该类账户的借方；凡是涉及到资产及费用成本的减少或转销、负债及所有者权益的增加、收入的增加，都应该记入各该类账户的贷方。

为了说明借贷记账法的记账规则，举例说明如下。

【例 3-1】 冠华公司 2004 年 8 月 1 日收到光大集团公司追加投资 600 万元，款项存入银行，全部增加资本金。

这笔业务的发生引起资产和所有者权益的两个会计要素的项目发生变化。一方面收到新投资额应确认所有者权益增加，应该在"实收资本"账户的贷方记录；另一方面款项存入银行使得资产增加，应该在"银行存款"账户的借方记录，见表 3-6、表 3-7。

表 3-6

借	实收资本	贷
	6 000 000	

表 3-7

借	银行存款	贷
6 000 000		

【例 3-2】 2004 年 8 月 3 日，冠华公司从银行取得借款人民币 30 万元，银行通知款项已经划入银行存款户。

这笔业务的发生，引起资产类会计要素中的银行存款项目和负债类会计要素中的短期借款项目同时增加，应该在"短期借款"账户的贷方记录，表示短期借款增加；另一方面款项已划入本企业的银行存款账户，应在"银行存款"账户的借方记录，表示银行存款增加，见表 3-8、表 3-9。

表 3-8

借	银行存款	贷
300 000		

表 3-9

借	短期借款	贷
	300 000	

【例 3-3】 2004 年 8 月 7 日，冠华公司购入新机器设备 10 台，合计人民币 38 万元，设备不需要安装，款项以转账的方式付讫。

这笔业务引起企业资产类会计要素中的固定资产项目和银行存款项目发生此消彼长。一方面购入机器设备应确认固定资产增加，在"固定资产"账户的借方记录；另一方面付出款项应确认银行存款减少，在"银行存款"账户的贷方记录，见表 3-10、表 3-11。

表 3-10

借	银行存款	贷
	380 000	

表 3-11

借	固定资产	贷
380 000		

【例 3-4】　2004 年 8 月 10 日，冠华公司向某一工业企业销售产品一批 300 000 元，当即收到对方 100 000 元转账支票一张，其余款项未付。（不考虑对流转税的影响）

这笔业务引起企业资产类要素中的银行存款和短期债权项目以及收入类要素中主营业务收入的增加，应分别确认"银行存款"、"应收账款"和"主营业务收入"账户增加。所以一方面应在"银行存款"、"应收账款"账户的借方进行记录，另一方面应在"主营业务收入"的贷方进行记录，见表 3-12～表 3-14。

表 3-12

借	银行存款	贷
100 000		

表 3-13

借	应收账款	贷
200 000		

表 3-14

借	主营业务收入	贷
	300 000	

【例 3-5】　2004 年 8 月 10 日，冠华公司直接向银行借款 41 000 元，偿还到期欠款。

这笔业务引起负债类要素中的短期借款和应付账款两个项目发生增减变化。企业一方面应确认应付账款的减少，在"应付账款"账户的借方记录；另一方面应确认银行借款的增加，在"短期借款"账户的贷方记录，见表 3-15、表 3-16。

表 3-15

借	短期借款	贷
	41 000	

表 3-16

借	应付账款	贷
41 000		

【例 3-6】　2004 年 8 月 10 日，冠华公司结转已销售产品的生产成本 250 000 元。

这笔业务引起资产类会计要素中的库存商品项目和成本类会计要素中的主营业务成本项目发生此消彼长。应确认库存商品减少，在"库存商品"账户的贷方记录；同时应确认主营业务成本增加，在"主营业务成本"账户的借方记录，见表 3-17、表 3-18。

表 3-17

借	主营业务成本	贷
250 000		

表 3-18

借	库存商品	贷
	250 000	

【例 3-7】 2004 年 8 月 12 日，冠华公司接到银行通知，已用企业存款支付水电费 2 800元。

这笔业务引起资产类要素中的银行存款项目和费用成本类要素中的管理费用项目发生变化。一方面应确认银行存款的减少，在"银行存款"账户的贷方记录；另一方面应确认管理费用增加，在"管理费用"账户的借方记录，见表 3-19、表 3-20。

表 3-19

借	管理费用	贷
2 800		

表 3-20

借	银行存款	贷
	2 800	

【例 3-8】 冠华公司从银行提取现金 3 000 元。

这笔业务引起资产类要素中的库存现金和银行存款项目发生变化，导致资产类要素内部项目之间发生一增一减。一方面应确认银行存款减少，在"银行存款"账户的贷方记录；另一方面应确认库存现金增加，在"库存现金"账户的借方记录，见表 3-21、表 3-22。

表 3-21

借	银行存款	贷
	3 000	

表 3-22

借	库存现金	贷
3 000		

【例 3-9】 冠华公司从银行借款 50 万元，支付职工工资。

这笔业务引起负债类要素中的短期借款与应付职工薪酬项目发生变化，属于负债类要素内部项目的此消彼长。一方面应确认银行借款的增加，在"短期借款"账户的贷方记录；另一方面应确认应付职工薪酬的减少，在"应付职工薪酬"账户的借方记录，见表 3-23、表 3-24。

表 3-23

借	短期借款	贷
	500 000	

表 3-24

借	应付职工薪酬	贷
500 000		

【例 3-10】 冠华公司用银行存款 100 万元偿还已到期的银行借款。

这笔业务引起资产类要素中的银行存款项目和负债类要素中的银行借款项目发生变化。一方面应确认银行存款减少 100 万元，在"银行存款"账户的贷方记录；另一方面应确认短期借款减少 100 万元，在"短期借款"账户的借方记录，见表 3-25、表 3-26。

表 3-25

借	银行存款	贷
	1 000 000	

表 3-26

借	短期借款	贷
1 000 000		

通过上述举例，可以概括出运用借贷记账法进行记账可能遇到的情况，不管是资产类要素项目与负债及所有者权益类要素项目的同增或同减的业务，还是资产类要素或者负债及所有者权益类要素内部项目之间的此增彼减的业务，都普遍适用"有借必有贷，借贷必相等"的记账规则，如图 3-1 所示。

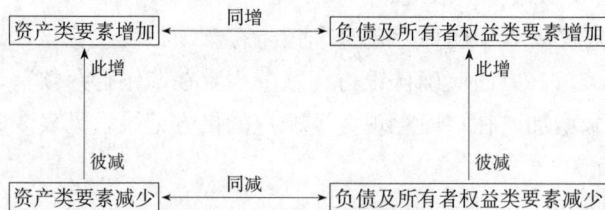

图 3-1　记账规则

经济业务发生后，在采用借贷记账法记账时，总会在有关账户之间形成应借、应贷关系。通常把账户之间应借、应贷的相互关系，称为账户之间的对应关系。把形成对应关系的账户，称为对应账户。掌握账户的对应关系很重要，通过账户的对应关系可以了解经济业务的内容及来龙去脉，检查经济业务的处理是否合理合法。

会计分录，是指用来表明某项经济业务应借、应贷账户的名称及其金额的记录。在各项经济业务登记到账户中之前，要先根据经济业务的内容，根据借贷记账法的记账规则，确定所涉及到的账户及应借、应贷的方向和余额。实务中，这项工作通过在记账凭证上编制会计分录来完成。

【例 3-11】 冠华公司购进材料 50 000 元，其中用银行存款支付 30 000 元，尚有 20 000元未支付（不考虑对流转税金的影响）。根据这笔业务，可以编制如下会计分录：

　　借：原材料　　　　　　　　　　30 000
　　　贷：银行存款　　　　　　　　　　　30 000
　　借：原材料　　　　　　　　　　20 000

　　贷：应付账款　　　　　　　　　　　20 000

　　会计分录根据对应账户的多少，分为简单会计分录与复合会计分录。将由两个账户，即一个借方账户和一个贷方账户组成的会计分录，称为简单会计分录，例 3-11 中编制的会计分录就属于简单会计分录。将由两个以上账户对应组成的会计分录，称为复合会计分录。复合会计分录可以由一个借方账户和两个以上的贷方账户，即一借多贷组成，也可以由两个以上的借方账户和一个贷方账户，即多借一贷组成。有时，一笔经济业务会涉及众多账户，出现若干个借方账户和若干个贷方账户，即多借多贷的情况，这种复合会计分录由于不能清晰地反映账户之间的对应关系，所以在实际会计工作中应尽量避免使用。复合会计分录实际上是由几个简单会计分录组合而成的。编制复合会计分录，可以集中、全面地反映某项经济业务的全面情况，并可以简化记账手续，但实务中不允许将几项经济业务合并编制复杂会计分录。

　　例 3-11 中的经济业务可编制如下复合会计分录：

　　借：原材料　　　　　　　　　　　　50 000
　　　　贷：银行存款　　　　　　　　　　30 000
　　　　　　应付账款　　　　　　　　　　20 000

（五）试算平衡

　　试算平衡，是指根据"资产＝负债＋所有者权益"的平衡关系，按照记账规则的要求，通过汇总计算和比较，来检查账户记录的正确性、完整性。

　　经济业务发生后，按照借贷记账法的记账规则进行记账，借贷双方的发生额必然相等。不仅每一笔会计分录的借贷方金额相等，而且一定会计期间（年、季、月）全部经济业务的会计分录都记入相关账户后，所有账户的借方发生额与贷方发生额的合计数也必然相等。以此类推，全部账户的期末借方余额与期末贷方余额的合计数也必然相等。因此，在借贷记账法下，会计人员可以根据借贷必相等的规则进行试算平衡，以检查每笔经济业务的记录是否正确，以及全部账户的本期发生额是否正确。通过前面账户结构内容的介绍，可以知道凡是有借方余额的账户都是资产类账户，凡是有贷方余额的账户都是负债或所有者权益类账户。由"资产＝负债＋所有者权益"的恒等性可知，所有账户借方余额的合计数也必然等于所有账户贷方余额的合计数。

　　在借贷记账法下，可以按以下公式进行试算平衡：

1. 会计分录试算平衡公式

借方科目金额＝贷方科目金额

2. 发生额试算平衡公式

全部账户借方发生额合计＝全部账户贷方发生额合计

3. 余额试算平衡公式

全部账户借方余额合计＝全部账户贷方余额合计

　　会计期末，在结出每个账户本期发生额和期末余额后，一般可通过编制试算平衡表的方式进行试算平衡。试算平衡表可按两种方式编制：一种是将本期发生额的试算平衡和期末余额的试算平衡分别列表编制，见表 3-27、表 3-28；另一种是将本期发生额和期末余额的试算平衡合并在一张表中进行，见表 3-29。

表 3-27　　　　　　　　　　　总分类账户期末余额试算平衡表　　　　　　　　单位：元

会计账户	借方余额	贷方余额
合计		

表 3-28　　　　　　　　　　总分类账户本期发生额试算平衡表　　　　　　　　单位：元

会计账户	借方发生额	贷方发生额
合计		

表 3-29　　　　　　　　总分类账户本期发生额和期末余额试算平衡表　　　　　　单位：元

会计账户	期初余额		本期发生额		期末余额	
	借方	贷方	借方	贷方	借方	贷方
合计						

　　通过试算平衡检查账簿记录是否正确并不是绝对的，也就是说，如果借贷不平衡，可以肯定账户记录或计算肯定有错误；但是，如果借贷平衡，却不能肯定账户记录或计算一定正确，这主要是因为有些错误并不影响借贷双方的平衡。例如，在有关账户中重记或漏记某些经济业务，或者将借贷方向弄反，这些错误都不能通过试算平衡予以发现，这对于正确理解试算平衡是十分重要的。

第二节　总分类账户和明细分类账户的平行登记

　　账户是根据会计科目开设的，会计科目有总分类会计科目和明细分类会计科目之分，相应地账户也就有总分类账户和明细分类账户。根据总分类会计科目开设的账户称为总分类账户，对某项经济业务通过总分类账户进行核算，称为总分类核算；根据总分类会计科目所属的明细分类会计科目开设的账户，称为明细分类账户，通过有关明细分类账户进行的核算，称为明细分类核算。由于总分类核算和明细分类核算是对同一经济业务进行的不同详细程度的核算，所以在对经济业务进行记录时，应坚持平行登记的原则。

　　所谓平行登记，是指对同一笔经济业务在总分类账户和明细分类账户中进行记录时，应按照同时期、同方向、同金额的原则进行记录。

一、总分类账户和明细分类账户的同时期登记

　　所谓同时期登记，是指根据会计分期假设，在对经济业务进行记录时，应保证会计期间

一致，即根据有关会计记账规则将有关金额在同一会计期间记入总分类账户及其所属明细分类账户。实际中，经常有人把"同时期登记"错误地理解为"同一时刻登记"，即在总分类账户和明细分类账户中同时进行记录。实务中，基于习惯、成本效益和不同会计核算组织程序等诸多原因，会计人员通常在业务发生之初就登记明细分类账户，而总分类账户的登记则是集中或分批进行的，这就使总分类账户和明细分类账户的登记并不在同一时刻完成。尽管如此，但根据会计分期假设，经济业务在哪个会计期间发生，总分类账户和明细分类账户就应该在哪个会计期间进行登记。

二、总分类账户和明细分类账户的同方向登记

所谓同方向登记，是指经济业务的发生引起会计要素项目发生增减变化后，在对某一会计要素项目的变动进行记录时，记入总分类账户和明细分类账户的方向应当相同。即如果在总分类账户中记入借方，则在明细分类账户中也应该记入借方；在总分类账户中记入贷方，则在明细分类账户中也记入贷方。这一原则有一例外，实务中基于方便使用等原因，有的明细账在结构上只设借方或只设贷方，假如企业管理费用明细账通常采用借方多栏格式，即明细账在结构上只有借方，且按具体的费用项目分别设置若干栏次。管理费用增加时，按费用项目在管理费用明细分类账户的借方进行登记，但当发生管理费用减少或结转时，则用红字按费用项目在管理费用明细分类账户借方的相应栏目内进行记录，作冲减管理费用处理。所以，对于总分类账户和明细分类账户的同方向登记，从更一般的意义上理解，应该是对同一笔经济业务在总分类账户和明细分类账户中按相同的变动方向进行登记。

三、总分类账户与明细分类账户的同金额登记

所谓同金额登记，是指对同一笔经济业务记入总分类账户中的金额应该等于记入所属各明细分类账户的金额之和。

通过平行登记，使总分类账户和明细分类账户的本期发生额和余额之间客观上存在一定的平衡关系，这也正是试算平衡方法存在的客观基础。实务中，会计人员可通过总分类账户与所属明细分类账户金额之间的平衡关系，对账户记录的正确性进行验证。

下面通过举例，说明总分类账户与明细分类账户之间的平行登记。

【例 3-12】 中成企业 2006 年 11 月 1 日的"原材料"总分类账户和明细分类账户的有关资料为："原材料"总分类账户的期初借方余额为 40 000 元，其所属明细分类账户余额见表 3-30。

表 3-30 　　　　　　　　　　　　所属明细分类账户余额表

明细分类账户	结存数量	单价（元）	金额（元）
原材料——A 材料	3 000 千克	6	18 000
原材料——B 材料	2 000 只	5	10 000
原材料——C 材料	1 500 件	8	12 000
合计			40 000

中成企业 2006 年 11 月发生如下业务：

（1）6 日，从甲单位购入 A 材料 1 000 千克，单价 6 元，合计 6 000 元，材料已验收入库。

（2）13 日，仓库为生产产品发出 A 材料 2 500 千克，单价 6 元，合计 15 000 元；发出 B 材料 1 000 只，单价 5 元，合计 5 000 元；发出 C 材料 500 件，单价 8 元，合计 4 000 元。

（3）20 日，向乙单位购入 B 材料 800 只，单价 5 元，合计 4 000 元，材料已验收入库。

（4）25 日，向丙单位购入 C 材料 1 000 件，单价 8 元，合计 8 000 元，材料已验收入库。

根据上述业务，按照平行登记的原理登记"原材料"总分类账户及其所属明细分类账户，具体结果见表 3-31～表 3-34。

表 3-31 原 材 料

期初余额	40 000		
（1）	6 000	（2）	24 000
（3）	4 000		
（4）	8 000		
本期发生额	18 000	本期发生额	24 000
期末余额	34 000		

表 3-32 原材料——A 材料

期初余额	18 000		
（1）	6 000	（2）	15 000
本期发生额	6 000	本期发生额	15 000
期末余额	9 000		

表 3-33 原材料——B 材料

期初余额	10 000		
（3）	4 000	（2）	5 000
本期发生额	4 000	本期发生额	5 000
期末余额	9 000		

表 3-34 原材料——C 材料

期初余额	12 000		
（4）	8 000	（2）	4 000
本期借方发生额	8 000	本期贷方发生额	4 000
期末余额	16 000		

通过上述平行登记后，"原材料"总分类账户与其所属明细分类账户的本期发生额与余额见表 3-35、表 3-36。

表 3-35 "原材料"总分类账户的本期发生额及余额

账户	期初余额	本期发生额		期末余额
		借方	贷方	
原材料	40 000	18 000	24 000	34 000

表 3-36 　　　　　　　　"原材料"明细分类账户的本期发生额及余额

账户	期初余额	本期发生额		借方
		借方	借方	
原材料——A	18 000	6 000	15 000	9 000
原材料——B	10 000	4 000	5 000	9 000
原材料——C	12 000	8 000	4 000	16 000
合计	40 000	18 000	24 000	34 000

本 章 小 结

　　本章主要围绕借贷记账法介绍了复式记账的基本原理，以及借贷记账法下总分类账户和明细分类账户平行登记的基本内容。首先，通过记账方法概念的介绍，明确了单式记账法与复式记账法的内涵及主要特点，指出由于复式记账法能够反映经济业务的来龙去脉，便于检查账户记录的正确性，所以现代会计主要以复式记账法为主。接着介绍了当前国际上通用的借贷复式记账法的基本原理，包括其理论基础、记账符号、账户结构、记账规则、会计分录和试算平衡等内容。最后介绍了借贷记账法下总分类账户和明细分类账户平行登记的内容，通过这部分内容的介绍，进一步加深对会计账户和复式记账原理的理解。

复习思考题

1. 什么是记账方法？根据记账原理的不同，记账方法分为哪两类？
2. 什么是单式记账法？其特点如何？
3. 什么是复式记账法？其特点如何？
4. 复式记账法为什么会成为现代会计的主流记账方法？
5. 什么是借贷记账法？其理论基础、记账符号、账户结构、记账规则如何？
6. 什么是会计分录？在借贷记账法下，如何编制会计分录？
7. 什么是试算平衡？在借贷记账法下，如何进行试算平衡？如何正确理解其结果？
8. 借贷记账法下，总分类账户和明细分类账户平行登记的内容是什么？如何理解？

第四章　复式记账原理的应用

学习目的和要求：

1. 了解制造业企业的基本经济业务及相应财务背景；
2. 掌握制造业企业进行基本经济业务核算应设置的账户；
3. 掌握制造业企业基本经济业务核算的账务处理过程；
4. 熟悉账户按用途和结构分类的内容及特点。

第一节　制造业企业主要经济业务的处理

为了熟练掌握账户和借贷记账法的运用，这一节将以制造业企业日常发生的主要经济业务为例，系统地介绍在借贷记账法下，如何建立一套完整的账户体系，如何利用这套账户体系进行日常的会计处理。

制造业企业的生产经营以生产过程为中心，实现供应过程、生产过程和销售过程三者的统一。企业生产经营过程的正常进行，需要有现金、银行存款、原材料、固定资产等各种资产，这些资产的资金主要来源于企业的债权人和所有者。企业利用债权人和所有者投入的资金购建各种资产，如原材料、固定资产等，将其投入生产过程与活劳动相结合，生产出符合质量要求的产品，通过销售形成销售收入。收入抵补各项费用后形成经营成果。经营成果如果表现为利润，就应缴纳企业所得税，然后在企业和投资者之间进行分配；如果表现为亏损，应当用以后所实现的利润进行弥补。同时，在购销过程中又可能形成各种债权债务关系，这些业务构成了制造业企业的主要经济业务。按照各类业务特点的不同，可将制造业企业的基本经济业务分为资金筹集业务、购进业务、生产业务、销售业务、利润形成及利润分配业务，下面将对这些主要经济业务的核算进行说明。

一、筹资业务的核算

（一）筹资业务

拥有一定量的资金是企业从事生产经营活动的前提，企业应根据生产经营活动的需要，通过各种可利用的筹资渠道和资金市场，运用有效的筹资方式筹集一定数量的资金。企业资金的筹措渠道主要有两种，一是由投资者投入，形成企业的自有资金；二是向债权人借入，形成企业的借入资金。投资者投入的资金可供企业长期使用，是企业的永久性资金，而债权人提供的资金，企业必须按期还本付息。由此可见，投资者和债权人对企业的资产都有要求权，债权人对企业资产的要求权形成了企业的负债，投资者对企业资产的要求权形成了企业的所有者权益，所有者权益实质上是企业资产扣除负债后由所有者享有的剩余权益。筹资业务的核算就是对不同渠道的资金来源，设置相应的账户，提供所有者权益和负债要素项目增减变动的信息。

（二）筹资业务核算应设置的账户

筹资业务的发生，一方面导致企业所有者权益或负债增加，另一方面伴随企业所有者权益或负债的增加，相应数量的资产会流入企业。为了全面、连续、系统地对筹资过程中的主要经济业务进行核算，企业应根据经济业务的具体内容设置两类账户。一类是反映所有者权益或负债变动情况的账户，如"实收资本"账户；一类是反映企业资产增加情况的账户，如"银行存款"、"固定资产"等账户。

1. 反映所有者权益或负债变动情况的账户

实收资本，是投资者按照企业章程、合同或协议的约定，实际投入企业的资本。为了总括地反映投资者实际投入企业并作为注册资本的资本增加，应设置"实收资本"总分类账户。"实收资本"账户属于所有者权益账户，其贷方登记投资者实际投入企业并作为注册资本的资本增加，借方登记企业按合同或法定程序批准减少的注册资本，期末余额在贷方，反映企业实收资本的总额。"实收资本"应按投资人设置明细分类账户，进行明细核算。

资本公积，是指由于资本（或股本）溢价、直接计入所有者权益的利得等原因形成的公积金。资本（或股本）溢价，是指企业收到的投资者的出资额超过其在注册资本或股本中所占份额的部分。为了总括地反映企业资本公积的增减变化，应设置"资本公积"账户。"资本公积"账户属于所有者权益账户，其贷方登记因资本（或股本）溢价、直接计入所有者权益的利得等原因而导致的资本公积的增加，借方登记因转增资本等原因而导致资本公积的减少，期末余额在贷方，反映企业资本公积的实有数额。"资本公积"账户应分别设置"资本溢价（股本溢价）"和"其他资本公积"明细账户，进行明细核算。

2. 反映企业资产增加情况的账户

为了总括地核算企业存放在银行的款项的货币资金的增减变化情况，应设置"银行存款"账户。"银行存款"账户属于资产类账户，企业收到款项存入银行时按实际存入银行的款项在借方登记，提取和支出存款时按实际提取或支出的金额在贷方登记，期末余额在借方，表示银行存款的实有数额。

固定资产，是企业为生产产品、提供劳务、出租或经营管理而持有的使用寿命超过一个会计年度的有形资产，它是企业进行生产经营活动所不可缺少的劳动资料。为了总括地核算固定资产的增减变动情况，应设置"固定资产"总分类账户。"固定资产"账户属于资产类账户，其借方登记增加固定资产的历史成本，贷方登记减少固定资产的历史成本，期末余额在借方，表示现有固定资产的历史成本。"固定资产"按其类别和项目进行明细核算。

（三）筹资业务的账务处理

冠华公司3月份发生如下的筹资业务。

【例4-1】　1日，根据股东大会决议，同意吸收张某为冠华公司的第四大股东，持股比例20%，并于当日收到张某的出资200万元，其中银行存款100万元，建筑物一幢作价100万元，已办理相关手续。经变更工商登记，冠华公司的注册资本为600万元。

该项筹资业务的发生，一方面引起了企业所有者权益项目的增加，根据持股比例，张某200万元的出资，只有150万元作增加"实收资本"处理，其余的50万元属于资本溢价，作增加"资本公积"处理；另一方面企业增加了200万元的资产，银行存款和固定资产各增加100万元。具体账务处理如下：

　　借：银行存款　　　　　　　　　　　1 000 000

```
        固定资产——房屋建筑物          1 000 000
      贷：实收资本——张某                     1 500 000
         资本公积——资本溢价                   500 000
```

【例 4-2】 3 日，冠华公司向银行申请一笔长期贷款 200 万元，手续办理完毕并收到银行的收款回执。

该项筹资业务的发生，一方面引起了企业负债项目的增加，应作增加"长期借款"处理；另一方面资产增加，应作增加"银行存款"处理。具体账务处理如下：

```
      借：银行存款                       2 000 000
      贷：长期借款——×××银行                 2 000 000
```

二、购进业务的核算

(一) 购进业务

制造业企业供应过程的主要经济业务是购进材料。购进材料时，企业要与供应单位或其他有关单位办理款项的结算，支付采购材料的货款和运输费、装卸费等各种采购费用。材料运抵企业后应由验收部门组织验收，并由仓库部门保管，以备生产车间或管理部门领用。购进过程中支付给供货单位的材料货款和发生的各项采购费用，构成了材料的采购成本。

企业所购进的材料已验收入库，或者虽然材料未到但已为该项材料支付货款后，企业就拥有了该项材料的所有权，该项材料应作为企业的一项资产加以确认。当生产车间或管理部门领用材料时，该项材料被作为一项费用加以确认。期末全部库存材料被作为资产负债表中的存货项目予以确认。根据购进材料是否支付货款和采购费用，可将购进业务分为以下几类：

(1) 购进材料时直接支付货款及采购费用。由于已支付货款，使企业资产类要素的不同项目之间的发生此消彼长。

(2) 购进材料但未付款，约定在未来的某一时间进行结算。这笔未结算的款项应作为一项负债加以确认，期末全部应付款作为资产负债表中的流动负债项目予以确认。

(3) 先预付货款，后取得材料。企业虽然先预付了款项，但并未取得材料，不能作材料增加处理。它实际上是向供货单位先提供了一笔商业信用，所以预付货款表现为企业债权性资产的增加，同时表现为企业银行存款的减少。

购进材料一般按历史成本进行初始计量，即按采购材料时实际支付的购买价款、相关税费、运输费、装卸费、保险费及其他可归属于材料采购成本的费用。根据《企业会计准则第 1 号——存货》的规定，材料按实际采购成本进行初始计量后，期末应根据成本与可变现净值孰低计量。可变现净值，是指日常活动中，材料的估计售价减去至完工时估计要发生的成本、估计的销售费用和相关税费后的余额。在企业的整个生产经营过程中，材料始终处于流动状态，原有的材料被领用耗费，新的材料陆续地补充进来，加上材料的产地、价格、运输距离等的不同，使同一种材料的每批采购成本往往不完全相等。因此，领用材料时需考虑其计价问题。领用材料的计价方法主要有先进先出法、加权平均法、个别计价法等。这里为说明方便，假设每种材料的实际采购成本相等，直接按各种材料的单位实际采购成本和发出数量来确定发出材料的成本。因赊购而形成的应付款项按购进材料时实际的应付金额计量。

(二) 购进业务核算应设置的账户

为了总括地对购进过程中的主要经济业务进行核算，应根据经济业务的具体内容分别设置两类账户，一类是反映库存材料收、发、结存情况的账户，如"原材料"账户；另一类是反映企业材料款项及采购费用款项结算情况的账户，如"库存现金"、"应付账款"等账户。

1. 反映原材料收、发、结存情况的账户

材料按实际采购成本进行初始计量，而实际采购成本又包括买价和运输费、包装费等采购费用。采购成本的各构成要素在支付时间上有先有后，为了能归集材料的采购成本，需要设置"在途物资"账户。"在途物资"账户属于资产类账户，该账户的借方用于归集材料的实际采购成本，待采购成本归集完毕，材料验收入库后，从贷方转入"原材料"账户，期末余额在借方，表示已付款但尚未验收入库的在途材料的实际成本。"在途物资"按材料的类别或种类设置明细账户，进行明细核算。

为了总括地核算库存材料的收、发和结存情况，应设置"原材料"账户。"原材料"账户属于资产类账户，材料验收入库时，按入库材料的实际采购成本在该账户的借方登记，领用或发出材料时按发出材料的实际采购成本在该账户的贷方登记，期末余额在借方，表示库存材料的实际成本。"原材料"按材料的类别或种类设置明细账户，进行明细核算。

2. 反映材料款项及采购费用款项结算情况的账户

为了总括地核算企业库存现金的收支情况，应设置"库存现金"账户。"库存现金"账户属于资产类账户，企业收到现金时应按实际收到的金额在该账户的借方登记，支出现金时按实际支出的金额在贷方登记，期末余额在借方，表示库存现金的实有数额。

为了总括地核算企业因购买材料而与供应单位发生债务的增减变动情况和结果，应设置"应付账款"账户。"应付账款"账户属于负债类账户，发生应付供货单位款项时，按实际应付款项在该账户的贷方登记，结算时按实际归还的金额在借方登记，期末余额通常在贷方，表示应付而未付供货单位的款项。"应付账款"按具体债权人设置明细账户，进行明细核算。

为了总括地核算企业因购买材料而预付的货款，以及与供应单位发生的债权结算情况和结果，应设置"预付账款"账户。"预付账款"账户属于资产类账户，发生预付供货单位款项时，按实际预付的金额在该账户的借方登记，收到供应单位提供的产品或劳务并冲销预付款项时，在该账户的贷方登记，期末余额一般在借方，表示尚未结清的预付款项。

（三）购进业务的账务处理

冠华公司 3 月份发生如下的材料购进业务。

【例 4-3】 6 日，向新华工厂购进甲材料 4 000 千克，每千克单价 20 元；向前进工厂购进乙材料 3 000 千克，每千克单价 15 元；向朝阳工厂购进丙材料 5 000 千克，每千克单价 30 元。上述材料均未验收入库，以银行存款支付甲、乙两种材料款，丙材料的款项尚未支付。

这项业务的发生使材料采购成本增加了 275 000 元（即 4 000×20＋3 000×15＋5 000×30），但它只是材料采购成本的一部分，相关的采购费用尚未归集，这时的采购成本还不全面，应先将其记入"在途物资"账户，待归集全面后再转入"原材料"账户。同时该项经济业务的发生使企业的银行存款减少了 125 000 元（即 4 000×20＋3 000×15），应付款项增加了 150 000 元。具体账务处理如下：

借：在途物资——甲材料　　　　　80 000
　　　　　　——乙材料　　　　　45 000
　　　　　　——丙材料　　　　　150 000
　　贷：银行存款　　　　　　　　　　　125 000

　　　　　　　应付账款 ——朝阳工厂　　　　　　　　150 000

【例 4-4】　8 日，以银行存款支付甲、乙、丙三种材料的运输费 12 000 元。

这项经济业务的发生，一方面使材料的采购费用增加了 12 000 元，由于采购费用是材料采购成本的一部分，应以重量作为分配依据在对三种材料进行分配的基础上，作借记"在途物资"处理；另一方面银行存款减少了 12 000 元，应贷记"银行存款"。具体账务处理如下：

　　　　　借：在途物资——甲材料　　　　　　　　4 000
　　　　　　　　　　——乙材料　　　　　　　　3 000
　　　　　　　　　　——丙材料　　　　　　　　5 000
　　　　　　　贷：银行存款　　　　　　　　　　　　12 000

【例 4-5】　8 日，以现金支付甲、乙、丙三种材料的搬运费 2 400 元。

这项经济业务的发生，一方面使材料的采购费用增加了 2 400 元；另一方面使企业的现金减少了 2 400 元，同时涉及"在途物资"、"库存现金"两个账户。采购费用作为采购成本的一部分，应作借记"在途物资"处理，现金的减少应作贷记"库存现金"处理。具体账务处理如下：

　　　　　借：在途物资——甲材料　　　　　　　　800
　　　　　　　　　　——乙材料　　　　　　　　600
　　　　　　　　　　——丙材料　　　　　　　　1 000
　　　　　　　贷：库存现金　　　　　　　　　　　　2 400

【例 4-6】　8 日，上述三种材料的采购成本归集完毕，材料已验收入库，结转三种材料的实际采购成本。

甲、乙、丙三种材料的采购成本全部归集完毕，其中：甲材料的采购成本为 84 800 元，乙材料的采购成本为 48 600 元，丙材料的采购成本为 156 000 元，此时应将实际采购成本从"在途物资"账户的贷方结转至"原材料"的借方。具体账务处理如下：

　　　　　借：原材料——甲材料　　　　　　　　84 800
　　　　　　　　　——乙材料　　　　　　　　48 600
　　　　　　　　　——丙材料　　　　　　　156 000
　　　　　　　贷：在途物资——甲材料　　　　　　　　84 800
　　　　　　　　　　　——乙材料　　　　　　　　48 600
　　　　　　　　　　　——丙材料　　　　　　　156 000

实务中，为了简化核算，企业通常在月末将本月全部购进并验收入库的材料的采购成本汇总起来一并进行结转。

【例 4-7】　9 日，企业以银行存款 10 000 元预付给本市红星工厂，用于购买材料。

这项经济业务的发生，一方面使企业的预付货款增加；另一方面使银行存款减少，同时涉及"预付账款"、"银行存款"两个账户。预付货款的增加应记入"预付账款"账户的借方；存款的减少应记入"银行存款"账户的贷方。具体账务处理如下：

　　　　　借：预付账款——红星工厂　　　　　　　10 000
　　　　　　　贷：银行存款　　　　　　　　　　　　10 000

【例 4-8】　25 日，企业收到向红星工厂订购的丁材料，并验收入库。该批材料的实际买价为 28 000 元，除冲销原预付货款的 10 000 元外，以银行存款支付其余款项，同时以现金支付采购费用 200 元。

这项经济业务的发生，一方面使库存材料增加了 28 200 元，另一方面使银行存款减少了 18 000 元，预付货款减少了 10 000 元，现金减少了 200 元。付款时按实际采购成本借记"在途物资"账户；银行存款减少，贷记"银行存款"账户；冲销预付货款，贷记"预付账款"账户；现金减少，贷记"现金"账户。具体账务处理如下：

```
借：在途物资——丁材料              28 200
    贷：预付账款——红星工厂                10 000
        银行存款                          18 000
        库存现金                             200
```

材料购买款项的支付和采购费用的支付同时发生，且材料验收入库时，结转材料实际采购成本。具体账务处理如下：

```
借：原材料——丁材料                28 200
    贷：在途物资——丁材料               28 200
```

【例 4-9】 26 日，企业以银行存款支付朝阳工厂材料款 150 000 元。

该项经济业务的发生，一方面使企业的债务减少了 150 000 元，应作借记"应付账款"处理，另一方面使银行存款减少了 150 000 元，应作贷记"银行存款"处理。具体账务处理如下：

```
借：应付账款——朝阳工厂     150 000
    贷：银行存款                150 000
```

三、生产业务的核算

（一）生产业务

制造业企业从材料投入生产过程开始，到产品完工入库为止的整个过程称为生产过程。这一过程中既有劳动资料和劳动对象的耗费，又有活劳动的耗费，生产过程首先是一个劳动耗费的过程；生产过程在发生各种劳动耗费的同时，最终又以生产产品告终，所以生产过程其次又是一个产品生产过程，因此，生产过程是劳动耗费过程与产品生产过程的统一。原材料在生产过程中或是一次被消耗掉，或是改变了其原有的实物形态构成产品实体，其价值全部转移到新产品的价值中，构成产品制造成本的一部分。固定资产是生产过程中不可缺少的劳动资料，它可以被长期地使用并保持其原有的实物形态，其价值随固定资产的损耗而逐渐地转移，其中为制造产品而损耗的固定资产价值是构成产品制造成本的重要部分，企业为组织和管理生产活动而损耗的固定资产价值作为期间费用，直接抵减当期损益。劳动者的活劳动使劳动对象得以改变其使用价值，并且创造出新价值，其中劳动者为自己的劳动所创造的那部分价值，企业以薪酬的方式支付给劳动者，分别构成产品制造成本和期间费用的一部分。此外，企业在组织和管理生产活动的过程中还会发生各种其他的费用，这些费用构成企业管理费用的一部分。通过上述分析可以看出，基于制造成本法将企业生产过程中的各种耗费根据其与产品生产是否直接相关，一方面将为制造产品发生的各种耗费，包括为制造产品而发生的直接材料、直接人工和制造费用归集为产品制造成本，并在产品实际销售时通过销售收入予以补偿；另一方面将企业为组织和管理生产而发生的材料费、人工费及劳动资料的耗费等归集为管理费用，直接计入当期损益。

产品制造成本和管理费用按其实际发生的耗费进行确认。首先，当经济业务发生时，根据成本费用的内涵或开支标准，判断此项支出是否属于成本费用的开支范围。若属于成本费用的开支范围，则将此项支出作为成本费用加以确认；若不属于成本费用的范围，则不能将其作为成本费用进行确认，如自然灾害造成的财产损失等应确认为损失。其次，对属于成本费用开支范围的各种耗费按其与产品生产是否直接相关予以确认，凡是为制造产品发生的人工费、材料和固定资产损耗等支出均作为制造成本加以确认；凡是为组织和管理生产经营活动而发生的费用，如工资、折旧费、税金等，这些耗费与产品生产没有直接联系，应作为某一时期被耗用的管理费用加以确认。产品制造完工，对于已确认并记入"生产成本"账户的各种耗费，按照直接配比或间接配比的原则，将耗费在当期完工产品和在产品之间进行分配，并随着产成品实物的流转，将完工产品的制造成本转出；对于已确认为管理费用的各种耗费，按期间配比的原则，将其视为与某一期间收入相关的期间费用，直接抵减当期的收入。综上所述，制造业企业生产过程的主要经济业务包括生产费用的归集、分配，产品制造成本的计算，产品制造成本和管理费用的结转等内容。

（二）生产业务核算应设置的账户

为了总括地对生产过程中的主要经济业务进行核算，应根据经济业务的具体内容，分别开设"生产成本"、"制造费用"、"累计折旧"、"应付职工薪酬"、"待摊费用"、"预提费用"、"管理费用"、"库存商品"等账户。

为了总括地归集和核算企业进行产品生产所发生的各项生产成本，包括直接材料、直接人工和制造费用等，为计算产成品的实际制造成本和确定产品价格提供依据，应设置"生产成本"账户。"生产成本"账户属于成本类账户，企业为生产产品所发生的各项生产费用直接记入该账户的借方，对于已验收入库的完工产品，按其实际成本从该账户的贷方转出，期末余额在借方，表示尚未完工的在产品已发生的制造成本。"生产成本"可按基本生产成本和辅助生产成本进行明细核算，基本生产成本应分别按照基本生产车间和成本核算对象设置明细账户，并按规定的成本项目设置专栏进行明细核算。

为了总括地归集和核算企业生产车间为生产产品和提供劳务而发生的各项间接费用，如车间管理人员的工资、厂房等固定资产折旧费等，应设置"制造费用"账户。"制造费用"账户属于成本类账户，生产车间为生产产品而发生物料消耗、支付生产车间管理人员的工资、生产车间计提的折旧等间接费用时，在该账户的借方登记；会计期末将已归集的制造费用分配给有关的成本计算对象时，应从该账户的贷方结转至"生产成本"账户的借方，经结转之后该账户无期末余额。"制造费用"可按不同的生产车间、部门和费用项目进行明细核算。

固定资产是企业进行生产经营活动不可缺少的劳动资料，基于经营管理方面的要求，在固定资产清理报废之前，"固定资产"账户要求保留固定资产的原值。而固定资产随着使用其价值被逐渐地转移，为了总括地核算固定资产的磨损和价值转移情况，并计算固定资产的净值，需要专门设置一个"累计折旧"账户来反映固定资产的磨损价值。计算固定资产因损耗而减少的价值时，贷记"累计折旧"科目，由于固定资产的减少而相应减少磨损价值时，借记"累计折旧"科目，期末余额在贷方，表示固定资产的累计磨损价值。固定资产的磨损价值又称为固定资产折旧额。将按历史成本登记的"固定资产"账户的借方余额减去按磨损价值登记的"累计折旧"账户的贷方余额，其差额就是固定资产的净值。固定资产折旧以折旧费的形式转出。凡是为生产产品而发生的固定资产折旧则构成产品生产成本的一部分，与生产产品无直接关系的固定资产折旧费则构成管理费用的一部分。"累计折旧"按固定资产的类别或项目设置明细账户，进行明细核算。

薪酬是企业根据有关规定支付给职工的各种劳动报酬，是活劳动耗费。其中支付给与生产产品直接相关的职工的薪酬，如直接生产工人和车间管理人员的工资、奖金、津贴、福利费等，是产品制造成本的组成部分；支付给与生产产品无直接关系的职工的薪酬，如行政管理人员的工资、奖金、津贴、福利费等，则构成管理费用的一部分。计算应支付给职工的薪酬时，应将薪酬按职工所从事的工作分别作生产成本、制造费用和管理费用处理。同时未支付的薪酬构成了企业与职工之间的债务债权关系。为了总括地反映企业与职工之间的薪酬支付及结算情况，应设置"应付职工薪酬"账户。"应付职工薪酬"账户属于负债类账户。企业按有关规定确认应记入产品制造成本和管理费用的应付职工薪酬，形成企业与职工之间的债务债权结算关系时，应贷记"应付职工薪酬"科目；在向职工直接或间接支付应付的薪酬时，应借记"应付职工薪酬"科目。如果每期实际薪酬额与应付薪酬额一致，则"应付职工薪酬"账户期末没有余额；如果每期实际薪酬额与应付薪酬额不一致，则"应付职工薪酬"账户期末余额在贷方，表示企业应付未付的职工薪酬。

为了总括地核算企业已经发生的款项支付，但根据权责发生制假设，应由本期和以后各期分别负担的、分摊期限在一年以内的各项费用，如企业预订报刊杂志费、预付保险费、包装物及低值易耗品返销等，应设置"待摊费用"账户。"待摊费用"账户属于资产类账户。企业预付各种费用时，在该账户的借方登记；分期摊销转入成本费用时，在该账户的贷方登记。期末余额通常在借方，表示已预付而尚未摊销的费用额。"待摊费用"按具体的费用项目设置明细账户，进行明细核算。

为了总括地核算企业根据权责发生制假设已经预先计入成本费用，但尚未发生款项支付的费用，如预提的短期借款利息、保险费、固定资产大修理基金等，应设置"预提费用"账户。"预提费用"账户属于负债类账户。企业预先计入成本费用的各种预提费用时，应在该账户的贷方登记；实际发生款项支付时，应在该账户的借方登记。期末余额一般在贷方，表示已经预提而尚未支付的费用额。"预提费用"按具体的费用项目设置明细账户，进行明细核算。

在企业生产经营过程中，行政管理部门为组织和管理企业的生产经营而发生的管理费用，包括企业在筹建期间内发生的开办费、董事会和行政管理部门在企业的经营管理中发生或者应由企业统一负担的公司经费（包括行政管理部门职工的工资、物料消耗、低值易耗品摊销、办公费和差旅费等）、工会经费、董事会费（包括董事会成员津贴、会议费和差旅费等）、聘请中介机构费、咨询费、诉讼费、业务招待费、房产税、车船使用税、土地使用税、印花税、技术转让费、研究费用和排污费等。为了总括地核算企业管理费用的发生情况，应设置"管理费用"账户。"管理费用"账户属于损益类账户。发生各项管理费用时，应在该账户的借方进行登记，期末将"管理费用"账户借方归集的费用额全部从贷方一次转出，经结转后该账户期末无余额。"管理费用"可按费用项目进行明细核算。

为了总括地核算完工产品的收、发和结存情况，应设置"库存商品"账户。"库存商品"账户属于资产类账户。产品完工并验收入库时，按入库产成品的实际制造成本借记"库存商品"科目；因销售而发出产成品时，应按发出产品的实际制造成本贷记"库存商品"科目。

期末余额在借方，表示尚待销售的库存产成品的实际制造成本。"库存商品"可按种类、品种和规格等进行明细核算。

（三）生产业务的账务处理

冠华公司3月份发生以下的生产业务。

【例4-10】　10日，仓库发出下列材料用于生产A、B两种产品和管理部门的一般耗用，见表4-1。

表4-1　　　　　　　　　　　　　　[例4-10] 附表　　　　　　　　　　　　单位：元

用途	甲材料		乙材料		丙材料		金额合计
	数量（千克）	金额	数量（千克）	金额	数量（千克）	金额	
制造产品耗用	2 000	40 000	1 000	15 000	4 000	120 000	175 000
A产品	1 000	20 000	600	9 000	2 500	75 000	104 000
B产品	1 000	20 000	400	6 000	1 500	45 000	71 000
管理部门耗用			500	7 500			7 500
合计	2 000	40 000	1 500	22 500	4 000	120 000	182 500

这项经济业务的发生，一方面使企业的库存材料减少了182 500元，另一方面生产产品耗用材料，使产品的制造成本增加了175 000元，而且管理部门消耗材料，使管理费用增加了7 500元。这项经济业务同时涉及到"生产成本"、"管理费用"和"原材料"三个账户。库存材料的减少，应记入"原材料"账户的贷方；材料费用按材料用途归集，生产产品耗用的材料，应借记"生产成本"科目；管理部门一般耗用的材料，应借记"管理费用"科目。具体账务处理如下：

　　　借：生产成本——A产品　　　　　　104 000
　　　　　　　　——B产品　　　　　　　 71 000
　　　　管理费用　　　　　　　　　　　　 7 500
　　　　贷：原材料——甲材料　　　　　　　　　　40 000
　　　　　　　　——乙材料　　　　　　　　　　　22 500
　　　　　　　　——丙材料　　　　　　　　　　 120 000

【例4-11】　11日，开出现金支票从银行提取现金15 000元，以备发放工资。

这项经济业务的发生，一方面使企业的现金增加了15 000元，另一方面使企业的银行存款减少了15 000元，同时涉及"库存现金"、"银行存款"两个账户。现金的增加应记入"库存现金"账户的借方；银行存款的减少，应记入"银行存款"账户的贷方。具体账务处理如下：

　　　借：库存现金　　　　　　　　　15 000
　　　　贷：银行存款　　　　　　　　　　　 15 000

【例4-12】　11日，以现金15 000元支付企业职工的工资。

这项经济业务的发生，一方面使企业的现金减少了15 000元，另一方面使应支付给职工的工资债务减少了 15 000 元，同时涉及"库存现金"和"应付职工薪酬"两个账户。实际支付的工资，应在"应付职工薪酬"账户的借方登记；现金的减少，应在"库存现金"账户的贷方登记。具体账务处理如下：

借：应付职工薪酬——工资　　　　　　　　　15 000

　　贷：库存现金　　　　　　　　　　　　　　　　15 000

【例 4-13】　20 日，以银行存款支付企业管理部门的办公费 3 000 元。

这项经济业务的发生，一方面使银行存款减少了 3 000 元，另一方面使管理费用增加了 3 000 元，同时涉及"管理费用"和"银行存款"两个账户。管理费用的增加，应在"管理费用"账户的借方登记；银行存款的减少，应在"银行存款"账户的贷方登记。具体账务处理如下：

借：管理费用　　　　　　　　　　　　　　3 000

　　贷：银行存款　　　　　　　　　　　　　　　3 000

【例 4-14】　25 日，以银行存款支付下季度的报刊杂志费 1 500 元。

这项经济业务的发生，一方面使企业的银行存款减少了 1 500 元，另一方面根据权责发生制假设，使应由下季度摊销的费用增加了 1 500 元，同时涉及"银行存款"和"待摊费用"两个账户。待摊费用的增加，应在"待摊费用"账户的借方登记；银行存款的减少，应在"银行存款"账户的贷方登记。具体账务处理如下：

借：待摊费用　　　　　　　　　　　　　　1 500

　　贷：银行存款　　　　　　　　　　　　　　　1 500

【例 4-15】　31 日，按规定预提企业行政管理部门使用固定资产的大修理费 4 000 元。

这项经济业务的发生，一方面根据权责发生制假设，使本月应负担的管理费用增加了 4 000元，另一方面由于本月并未发生实际的款项支付，形成企业的预提费用，导致负债增加，同时涉及"管理费用"和"预提费用"两个账户。管理费用的增加，应在"管理费用"账户的借方登记；预提费用的增加，应在"预提费用"账户的贷方登记。具体账务处理如下：

借：管理费用　　　　　　　　　　　　　　4 000

　　贷：预提费用　　　　　　　　　　　　　　　4 000

【例 4-16】　31 日，摊销企业行政管理部门租用办公用房的租金 1 000 元。

这项经济业务的发生，一方面使企业应负担的管理费用增加了 1 000 元，另一方面使企业的待摊费用减少了 1 000 元，同时涉及"管理费用"和"待摊费用"两个账户。管理费用的增加，应在"管理费用"账户的借方登记；待摊费用的减少，应在"待摊费用"账户的贷方登记。具体账务处理如下：

借：管理费用　　　　　　　　　　　　　　1 000

　　贷：待摊费用　　　　　　　　　　　　　　　1 000

【例 4-17】　31 日，结算本月应付职工的工资，其中制造 A 产品的职工工资 7 000 元，制造 B 产品的职工工资 3 800 元，车间管理人员的工资 2 000 元，企业行政管理人员的工资 4 200 元。

这项经济业务的发生，一方面使企业应付给职工的工资增加了 15 000 元，另一方面工资作为活劳动的耗费，使制造成本增加了 10 800 元，使管理费用增加了 4 200 元，该项业务同时涉及"生产成本"、"管理费用"和"应付职工薪酬"三个账户。应付给职工的工资作为工资费用按其用途归集，其中制造产品的工资费用，借记"生产成本"科目；为管理企业的生产经营活动的管理人员工资，借记"管理费用"科目；应付给职工的工资增加，贷记"应付职工薪酬"科目。具体账务处理如下：

借：生产成本——A产品　　　　　　　　　　7 000
　　　　　　——B产品　　　　　　　　　　3 800
　　制造费用　　　　　　　　　　　　　　2 000
　　管理费用　　　　　　　　　　　　　　4 200
　　贷：应付职工薪酬——工资　　　　　　　　　　17 000

【例 4-18】　31 日，按规定计提固定资产折旧额，其中车间使用固定资产应计提折旧20 000元，行政管理部门使用固定资产应计提折旧 10 000 元。

这项经济业务的发生，一方面使固定资产的价值减少了 30 000 元，另一方面使制造产品的间接费用增加了 20 000 元，企业的管理费用增加了 10 000 元，同时涉及"制造费用"、"管理费用"和"累计折旧"三个账户。折旧费用的增加，其中车间使用固定资产应计提的折旧额，借记"制造费用"科目，管理部门使用固定资产应计提的折旧额，借记"管理费用"科目；固定资产价值的减少，应贷记"累计折旧"科目。具体账务处理如下：

借：制造费用　　　　　　　　　　　　　20 000
　　管理费用　　　　　　　　　　　　　10 000
　　贷：累计折旧　　　　　　　　　　　　　　30 000

【例 4-19】　31 日，分配本月制造费用，其中 A 产品应负担 12 000 元，B 产品应负担10 000 元。

该项经济业务的发生，一方面使产品生产成本增加了 22 000 元，其中 A 产品生产成本增加了 12 000 元，B 产品生产成本增加了 10 000 元，另一方面使本月归集的制造费用减少了 22 000 元。生产成本的增加，应借记"生产成本"科目；制造费用的减少，应贷记"制造费用"科目。具体账务处理如下：

借：生产成本——A产品　　　　　　　　　12 000
　　　　　　——B产品　　　　　　　　　10 000
　　贷：制造费用　　　　　　　　　　　　　　22 000

【例 4-20】　31 日，结转已全部制造完工并验收入库的 A 产品的制造成本 123 000 元。

这项经济业务的发生，一方面使库存产成品增加了 123 000 元，另一方面使生产过程中的在产品成本减少了 123 000 元，同时涉及"库存商品"和"生产成本"两个账户。企业的产品制造完工后，应计算确定完工产品的实际制造成本（有关制造成本的计算详见《成本会计学》），随着产成品的验收入库，从"生产成本"账户的贷方转入"库存商品"的借方。具体账务处理如下：

借：库存商品——A产品　　　　　　　　123 000
　　贷：生产成本——A产品　　　　　　　　　123 000

四、销售业务的核算

（一）销售业务

制造业企业从生产完成的产成品验收入库时开始，到销售给购买方为止的过程称为销售过程。这一过程是产品价值的实现过程，即企业通过交换，将生产的产成品及时地销售出去，按产品的销售价格与购买方办理结算，收回销货款，实现销售收入。在产品销售过程中，企业为取得一定数量的销售收入，必须付出相应数量的产品，这些已销产品的生产成本构成产品销售成本。此外，企业为了销售产品还要发生一定的运输费、广告费等耗费。这些耗费与产品销售直接相关，构成了销售费用，直接计入当期损益。企业在取得销售收入的同时，应按国家税法规定的税率和实现的销售收入计算并缴纳流转税金。

企业销售产品会导致企业资产的增加或负债的减少，根据收入的确认原则，在企业日常经营活动中形成的经济利益总流入会导致企业资产增加或负债减少，未来经济利益很可能流入企业，并且能够可靠地加以计量时，就应确认为收入。收入的确认和计量主要解决收入的入账时间和入账金额。收入的入账时间是以销售为基础，即当产品已经发出，产品的所有权已经转移给购买方，并收到货款或取得收取货款的权利时，作为收入实现的入账时间。具体的入账时间包括销售前确认、销售时确认和销售后确认。收入的入账金额一般是按销售产品的售价确认，不包括增值税销项税额。

在确认和计量收入的同时，需要对产品销售成本和销售费用进行确认和计量，产品销售成本的确认和计量要依据收入与费用配比的原则。通常情况下，产品销售成本依据直接配比方式，将销售一定数量产品的生产成本与该产品的销售收入相配比。产品销售费用根据期间配比的方式，将一定期间发生的销售费用与该期间的收入相配比。此外，销售产品应按税法规定计算并缴纳的流转税金和教育费用附加，也构成一项费用，应以一定期间的收入为基础，并与之配比。

（二）销售业务核算应设置的账户

为了总括地核算销售过程中的主要经济业务，企业应设置两类账户，一类是核算收入实现和费用发生的账户，如"主营业务收入"、"主营业务成本"、"税金及附加"、"销售费用"、"其他业务收入"、"其他业务成本"等账户；另一类是反映销售过程中债权债务的增减变化的账户，如"应收账款"、"预收账款"等账户。

1. 核算收入实现和费用发生的账户

为了总括地核算制造业企业销售产品等主营业务的收入情况，应设置"主营业务收入"账户。"主营业务收入"账户属于损益类账户。企业销售产品实现了收入时，应记入该账户的贷方，期末将本期实现的收入从该账户的借方转入"本年利润"账户的贷方，经结转后，该账户没有期末余额。"主营业务收入"可按主营业务的种类进行明细核算。

为了总括地核算制造业企业销售产品等主营业务应结转的成本情况，应设置"主营业务成本"账户。"主营业务成本"账户属于损益类账户。企业结转销售产品等主营业务成本时，应记入该账户的借方，期末将本期发生的主营业务成本从该账户的贷方转入"本年利润"账户的借方，经结转后，该账户没有期末余额。"主营业务成本"可按主营业务的种类进行明细核算。

为了总括地核算制造业企业销售商品和材料、提供劳务的过程中发生的各种费用，包括保险费、包装费、展览费、广告费、商品维修费、预计产品质量保证损失、运输费、装卸费等，以及为销售本企业商品而专设的销售机构（含销售网点、售后服务网点等）的职工薪酬、业务费、折旧费等经营费用，应设置"销售费用"账户。"销售费用"账户属于损益类账户。以上各项费用发生时，应在该账户的借方进行登记；会计期末，将在本账户的借方归集的各项销售费用从本账户的贷方转入"本年利润"账户的借方。经结转后，本账户没有期末余额。"销售费用"可按费用项目进行明细核算。

为了总括地核算制造业企业除主营业务活动以外的其他经营活动实现的收入情况，应设置"其他业务收入"账户。"其他业务收入"账户属于损益类账户。企业在出租固定资产、出租无形资产、出租包装物和商品、销售材料等实现收入时，应记入该账户的贷方，期末将本期实现的其他业务收入从该账户的借方转入"本年利润"账户的贷方，经结转后，该账户没有期末余额。"其他业务收入"可按其他业务收入的种类进行明细核算。

为了总括地核算制造业企业除主营业务活动以外的其他经营活动发生的支出情况，应设置"其他业务成本"账户。"其他业务成本"账户属于损益类账户。企业发生出租固定资产的折旧费、出租无形资产的摊销费、出租包装物的成本或摊销额、销售材料的成本等时，应记入该账户的借方，期末将本期发生的其他业务成本从该账户的贷方转入"本年利润"账户的借方，经结转后，该账户没有期末余额。"其他业务成本"可按其他业务成本的种类进行明细核算。

为了总括地核算制造业企业经营活动中的消费税、城市维护建设税、资源税和教育费附加等相关税费的发生和缴纳情况，应设置"税金及附加"账户。"税金及附加"账户属于损益类账户。企业按规定计算确定与经营活动相关的税费时，应记入该账户的借方，期末将本期的税费从该账户的贷方转入"本年利润"账户的借方，经结转后，该账户没有期末余额。

2. 核算销售过程中债权债务增减变化的账户

为了总括地核算制造业企业因销售产品、提供劳务等经营活动应收取的款项的增减变化情况，应设置"应收账款"账户。"应收账款"账户属于资产类账户。企业因销售产品、提供劳务等应向购货方或接受劳务方收取的款项，应记入该账户的借方；收回应收的款项时，应记入该账户的贷方，期末余额通常在借方，表示应收取的款项。"应收账款"账户按债务人进行明细核算。

为了总括地核算制造业企业按照合同规定预收的款项，应设置"预收账款"账户。"预收账款"账户属于负债类账户。企业向购货单位预收货款时，应记入该账户的贷方；产品销售实现冲销"预收账款"时，应记入该账户的借方，期末余额一般在贷方，表示企业预收账款的实存数额。"预收账款"账户可按购货单位进行明细核算。

为了总括地核算制造业企业应按照税法等规定计算应交纳的各种税费，包括增值税、所得税等的增减变动情况，应设置"应交税费"账户。"应交税费"账户属于负债类账户。企业按规定计算出当期应交纳的各种税费时，应记入该账户的贷方；企业实际交纳税费时，应记入该账户的借方，期末余额一般在贷方，表示应交而未交的税费。"应交税费"按应交的税费项目进行明细核算。

（三）销售业务的账务处理

冠华公司 3 月份发生如下的产品销售业务。

【例 4-21】 16 日，按合同向红星工厂发出 A 产品 4 台，单位售价 19 000 元，合计 76 000 元。当即收回货款 18 000 元存入银行，其余货款尚未收回。

这项经济业务的发生，一方面使企业实现了销售收入 76 000 元，另一方面使企业的银行存款和应收账款分别增加了 18 000 元和 58 000 元，同时涉及"主营业务收入"、"银行存款"和"应收账款"三个账户。银行存款和应收账款的增加，应在"银行存款"和"应收账款"账户的借方登记；销售收入的增加，应在"主营业务收入"账户的贷方登记。具体账务处理如下：

> 借：银行存款　　　　　　　　　　18 000
> 　　应收账款——红星工厂　　　　58 000
> 　　贷：主营业务收入　　　　　　　　76 000

【例 4-22】　19 日，按合同规定预收南星工厂货款 10 000 元，存入银行。

这项经济业务的发生，一方面使企业的银行存款增加了 10 000 元，另一方面由于预收货款时，销售并未实现，应确认预收账款增加了 10 000 元，同时涉及"银行存款"和"预收账款"两个账户。银行存款的增加，应在"银行存款"账户的借方登记；预收货款的增加，应在"预收账款"账户的贷方登记。具体账务处理如下：

> 借：银行存款　　　　　　　　　　10 000
> 　　贷：预收账款——南星工厂　　　　10 000

【例 4-23】　26 日，按合同规定向南星工厂销售 A 产品 6 台，单位售价 19 000 元，合计 114 000 元。其中 10 000 元已预收，收到其余货款并存入银行。

这项经济业务的发生，一方面企业实现了销售收入 114 000 元，另一方面使银行存款增加了 104 000 元，同时预收账款减少了 10 000 元，同时涉及"主营业务收入"、"银行存款"和"预收账款"三个账户。银行存款的增加，应在"银行存款"账户的借方登记；预收账款的减少，应在"预收账款"账户的借方登记；销售收入的增加，应在"主营业务收入"账户的贷方登记。具体账务处理如下：

> 借：银行存款　　　　　　　　　　104 000
> 　　预收账款——南星工厂　　　　10 000
> 　　贷：主营业务收入　　　　　　　　114 000

【例 4-24】　28 日，以银行存款支付广告费 5 000 元。

这项经济业务的发生，一方面使企业的银行存款减少了 5 000 元，另一方面使销售费用增加了 5 000 元，涉及"银行存款"和"销售费用"两个账户。销售费用的增加，应记入"销售费用"账户的借方；银行存款的减少，应记入"银行存款"账户的贷方。具体账务处理如下：

> 借：销售费用　　　　　　　　　　5 000
> 　　贷：银行存款　　　　　　　　　　5 000

【例 4-25】　28 日，企业销售库存闲置不用的丁材料 2 吨，作价 50 000 元，款项收到并存入银行。

这项经济业务的发生，一方面使企业的银行存款增加了 50 000 元，另一方面使企业的其他业务收入增加了 50 000 元，涉及"银行存款"和"其他业务收入"两个账户。银行存款的增加，应在"银行存款"账户的借方登记；其他业务收入的增加，应在"其他业务收入"账户的贷方登记。具体账务处理如下：

> 借：银行存款　　　　　　　　　　50 000
> 　　贷：其他业务收入　　　　　　　　50 000

【例 4-26】　31 日，结转已销售的丁材料的采购成本 45 000 元。

这项经济业务的发生，一方面使企业的库存材料减少了 45 000 元，另一方面使应由当期收入补偿的成本增加了 45 000 元，涉及"原材料"和"其他业务成本"两个账户。由当期收入补偿的已销材料成本的增加，应在"其他业务成本"账户的借方登记；库存材料的减少，应在"库存材料"账户的贷方登记。具体账务处理如下：

借：其他业务成本　　　　　　　　　45 000
　　贷：原材料　　　　　　　　　　　　　　45 000

【例 4-27】 31 日，结转上述已售的 15 台 A 产品的生产成本，共计 100 000 元。

这项经济业务的发生，一方面使已销售产品的成本增加了 100 000 元，另一方面使企业的产成品减少了 100 000 元，涉及"主营业务成本"和"库存商品"两个账户。产品销售成本的增加，应在"主营业务成本"账户的借方登记；产成品的减少，应在"库存商品"账户的贷方登记。具体账务处理如下：

借：主营业务成本　　　　　　　　　100 000
　　贷：库存商品　　　　　　　　　　　　　100 000

【例 4-28】 31 日，计算企业销售 A 产品应交纳的消费税 20 000 元，城市维护建设税 2 800 元，教育费附加 1 200 元。

这项经济业务的发生，一方面导致企业的营业税金和费用增加了 24 000 元，另一方面由应交而未交税金所形成的企业负债增加了 24 000 元，涉及"税金及附加"和"应交税费"两个账户。按税法规定计算的营业税费的增加，在"税金及附加"账户的借方登记；由应交而未交税费引起的企业负债的增加，在"应交税费"账户的贷方登记。具体账务处理如下：

借：税金及附加　　　　　　　　　　24 000
　　贷：应交税费——消费税　　　　　　　20 000
　　　　　　——城市维护建设税　　　　2 800
　　　　　　——教育费附加　　　　　　1 200

五、利润形成及利润分配业务的核算

（一）利润形成及利润分配业务

利润是企业一定期间生产经营活动的最终财务成果，是一定期间的收入与费用相抵后的差额。收入大于费用，差额为正，形成盈余；收入小于费用，差额为负，则为亏损。为了准确地反映企业利润的形成过程，分析企业各项经营活动对利润的影响，可根据利润形成原因的不同，将利润分为营业利润、营业外收支净额和所得税费用三部分，相应的利润概念就包括营业利润、利润总额和净利润。营业利润是企业营业收入减去营业成本、税金及附加、销售费用、管理费用、财务费用、资产减值损失，再加上公允价值变动收益和投资收益的结果，它是构成利润的最主要的内容。营业外收支净额由营业外收入和营业外支出两部分构成，是营业外收入减去营业外支出后的净额。营业外收入是指由企业非日常经营活动所导致的经济利益总流入，主要包括非流动资产处置利得、非货币性资产交换利得、债务重组利得、政府补助、盘盈利得和捐赠利得等内容。营业外支出是指由企业非日常经营活动所导致的经济利益总流出，主要包括非流动资产处置损失、非货币性资产交换损失、债务重组损失、公益性捐赠支出、非常损失和盘亏损失等内容。营业外收支净额是构成企业利润的另一部分，这部分收支不像营业利润可以经常性、重复性地发生，所以它在利润中所占的比重不大。所得税费用是企业依据《中华人民共和国企业所得税法》及相关法律的规定，根据应税

所得和适用税率计算并向国家缴纳企业所得税而形成的费用。所得税费用是企业一定时期利润总额的抵减，是企业取得应税利润的一种必然开支，将其视为一种费用。

利润是企业经营活动效率与效益的综合表现，它不但是一个会计要素，而且是衡量企业经营成果和经济效益的综合尺度。正确地确认和计量利润，对于投资者、债权人、政府有关部门以及社会公众等利益相关者都有重要的意义。利润的确认和计量依赖于收入和费用的确认和计量，通过营业利润、营业外收支净额和所得税费用的确认和计量来表示利润的确认和计量。营业外收入并非由企业的各种耗费所产生，也不反映企业的经营成果，不必要也不可能通过收入与费用相配比来确认，应直接根据其性质和国家的有关规定确认。凡不属于企业经营活动所取得的利得，都应作为营业外收入加以确认，并以实际发生额进行计量。营业外支出是与企业经营收入没有直接联系的各项损失，不应作为由营业外收入补偿的部分，只能作为企业经营成果的抵减。营业外支出应根据其性质和国家的有关规定进行确认，凡不属于企业为取得营业收入而发生的各项损失，都应作为营业外支出加以确认，并以实际发生额进行计量。所得税费用的确认和计量则依据当期所得税和递延所得税费用或递延所得税收益的确认和计量。具体关系用公式表示如下：

1. 营业毛利润＝营业收入－营业成本
2. 营业利润＝营业毛利润－税金及附加－销售费用－管理费用－财务费用－资产减值损失＋公允价值变动收益＋投资收益
3. 利润总额＝营业利润＋营业外收支净额
其中：营业外收支净额＝营业外收入－营业外支出
4. 净利润＝利润总额－所得税费用
其中：所得税费用＝当期所得税＋递延所得税费用（或减递延所得税收益）
当期所得税＝应纳税所得额×适用税率
应纳税所得额＝利润总额±纳税调整
递延所得税费用（＋）＝递延所得税负债－递延所得税资产
递延所得税收益（＋）＝递延所得税资产－递延所得税负债

企业实现净利润后，应按规定进行分配。一部分以股利或利润的形式分配给投资者，作为投资者的收益；一部分以公积金的形式留归企业，用于转增资本或弥补亏损等专门用途；剩余的部分则以未分配利润的形式留在企业，以后年度可以继续分配。

（二）利润形成及分配核算应设置的账户

为了总括地反映企业利润的形成及利润分配的情况，应开设两类账户，一类是与利润形成有关的账户，如"本年利润"；另一类是与利润分配有关的账户，如"利润分配"。

1. 与利润形成有关的账户

为了总括地核算应从当期利润总额中扣除的所得税费用的发生情况，应设置"所得税费用"账户。"所得税费用"账户属于损益类账户。企业根据当期应交所得税和递延所得税费用或递延所得税收益，计算确定当期所得税费用时，应在该账户的借方登记，期末将在本账户借方归集的所得税费用从贷方转入"本年利润"账户的借方，经结转后，本账户没有期末余额。"所得税费用"可按"当期所得税费用"和"递延所得税费用"进行明细核算。

为了总括地核算企业各项营业外收入的发生情况，应设置"营业外收入"账户。"营业外收入"账户属于损益类账户。企业发生非流动资产处置利得、盘盈利得等营业外收入时，应在该账户的贷方登记，期末将在本账户贷方归集的营业外收入从本账户的借方转入"本年利润"账户的贷方，经结转后，本账户没有期末余额。"营业外收入"可按收入项目进行明细核算。

为了总括地核算企业各项营业外支出的发生情况，应设置"营业外支出"账户。"营业外支出"账户属于损益类账户。企业发生非流动资产处置损失、盘亏损失等营业外支出时，应在该账户的借方登记，期末将在本账户借方归集的营业外支出从该账户的贷方转入"本年利润"账户的借方，经结转后，本账户没有期末余额。"营业外支出"可按支出项目进行明细核算。

为了总括地核算企业为筹集生产经营所需的资金等而发生的筹资费用，包括利息支出（减利息收入）、汇兑损益以及相关的手续费，企业发生的现金折扣或收到的现金折扣等，应设置"财务费用"账户。"财务费用"账户属于损益类账户。以上各项费用发生时，应在该账户的借方进行登记；会计期末，将在本账户借方归集的各项财务费用从本账户的贷方转入"本年利润"账户的借方。经结转后，本账户没有期末余额。"财务费用"可按费用项目进行明细核算。

为了总括地核算企业当期实现的净利润或发生的净亏损，应设置"本年利润"账户。"本年利润"账户属于所有者权益类账户。企业期（月）末结转利润时，将各收入类账户的贷方发生额转入"本年利润"账户的贷方；将各费用类账户的借方发生额转入"本年利润"账户的借方，结平各损益类账户。结转后，本账户的贷方余额为当期实现的净利润；借方余额为当期发生的净亏损。年度终了，应将本年收入和支出相抵后的本年实现的净利润转入"利润分配"账户的贷方；如为净亏损则转入"利润分配"账户的借方。经结转后，本账户年末没有余额。

2. 与利润分配有关的账户

为了总括地核算企业利润的分配或亏损的弥补情况和历年分配或弥补后的余额，应设置"利润分配"账户。"利润分配"账户属于所有者权益类账户，是"本年利润"账户的备抵账户。它是在"本年利润"账户提供企业实现利润和发生亏损的原始指标的基础上开设的，用来反映企业利润分配或亏损弥补的情况，通过"利润分配"账户抵消企业实现利润或发生亏损的原始数额，最终反映企业分配利润或弥补亏损后的净损益情况。企业提取公积金、向投资者分配股利时，在该账户的借方登记；弥补亏损时，在该账户的贷方登记；期末的借方余额表示累计已分配的利润总额，贷方余额表示累计已弥补的亏损总额。年度终了，将"本年利润"账户的余额结转入"利润分配"账户后，如为贷方余额，表示未分配的利润；如为借方余额，表示未弥补的亏损。"利润分配"应按"提取法定盈余公积"、"提取任意盈余公积"、"应付现金股利或利润"、"转作资本的股利"、"盈余公积补亏"和"未分配利润"等进行明细核算。

为了总括地核算企业从净利润中提取的盈余公积，应设置"盈余公积"账户。"盈余公积"账户属于所有者权益类账户。企业从实现的净利润中提取盈余公积金时，应在该账户的贷方登记；经股东大会或类似机构决议，用盈余公积弥补亏损、转增资本或派送新股时，应在该账户的借方登记。期末余额在贷方，表示盈余公积的实有数额。"盈余公积"应分别按"法定盈余公积"、"任意盈余公积"进行明细核算。

为了总括地核算企业分配的现金股利或利润的情况，应设置"应付股利"账户。"应付

"股利"账户属于负债类账户。企业根据股东大会或类似机构审议批准的利润分配方案，确定应支付的现金股利或利润时，应在该账户的贷方登记；实际支付现金股利或利润时，应在该账户的借方登记。期末余额在贷方，表示企业应付而未付的现金股利或利润。

（三）利润形成及利润分配的账务处理

冠华公司3月份发生如下的利润形成及利润分配业务。

【例4-29】 24日，经批准，没收出租包装物的押金1 400元转作营业外收入。

这项经济业务的发生，一方面使企业的流动负债减少了1 400元，另一方面使企业的营业外收入增加了1 400元，同时涉及"其他应付款"、"营业外收入"两个账户。流动负债的减少，应在"其他应付款"账户的借方登记；与企业经营无直接关系的营业外收入的增加，应在"营业外收入"账户的贷方登记。具体账务处理如下：

```
借：其他应付款                    1 400
    贷：营业外收入                         1 400
```

【例4-30】 26日，企业违反合同，以现金支付罚款1 300元。

这项经济业务的发生，一方面使企业现金减少了1 300元，另一方面使与企业生产经营没有直接关系的营业外支出增加了1 300元，同时涉及"库存现金"、"营业外支出"两个账户。营业外支出的增加，应在"营业外支出"账户的借方登记；现金的减少，应在"库存现金"账户的贷方登记。具体账务处理如下：

```
借：营业外支出                    1 300
    贷：库存现金                          1 300
```

【例4-31】 28日，以银行存款支付短期银行借款利息20 000元。

这项经济业务的发生，一方面使企业的银行存款减少了20 000元，另一方面使企业的短期筹资费用增加了20 000元，同时涉及"银行存款"和"财务费用"两个账户。短期筹资费用的增加，应在"财务费用"账户的借方登记；银行存款的减少，应在"银行存款"账户的贷方登记。具体账务处理如下：

```
借：财务费用              20 000
    贷：银行存款          20 000
```

【例4-32】 31日，将各损益类账户的余额转入"本年利润"账户。

平时，收入或利得的增加分别在"主营业务收入"、"其他业务收入"、"营业外收入"等账户的贷方登记；期末，将这些账户贷方归集的收入额或利得额从其借方转入"本年利润"账户的贷方。平时，费用或损失的增加分别在"主营业务成本"、"其他业务成本"、"税金及附加"、"销售费用"、"管理费用"、"财务费用"、"营业外支出"等账户的借方登记；期末，将这些账户的借方归集的费用额或损失额从其贷方转入"本年利润"账户的借方。经结转后，损益类账户期末没有余额。具体账务处理如下：

```
借：主营业务收入          190 000
    其他业务收入           50 000
    营业外收入              1 400
    贷：本年利润                  241 400
借：本年利润              225 000
    贷：主营业务成本              100 000
```

其他业务成本	45 000
税金及附加	24 000
销售费用	5 000
管理费用	29 700
财务费用	20 000
营业外支出	1 300

【例 4-33】 31 日，计算并结转本月应交所得税 7 000 元。

这项经济业务的发生，一方面使应确认企业所得税费用增加了 7 000 元，另一方面使企业由应交而未交税金所形成的负债增加了 7 000 元，涉及"所得税费用"、"应交税金"两个账户。确认所得税费用时，应在"所得税费用"账户的借方登记；由应交而未交税金所形成的负债的增加，应在"应交税金"账户的贷方登记。同时，将"所得税费用"账户借方归集的所得税费用从该账户的贷方转入"本年利润"账户的借方。具体账务处理如下：

借：所得税费用　　　　　　　　　　　　7 000
　　贷：应交税费——应交所得税　　　　　　　　7 000
借：本年利润　　　　　　　　　　　　　7 000
　　贷：所得税费用　　　　　　　　　　　　　　7 000

【例 4-34】 31 日，结转可供分配的净利润 14 400 元。

根据管理需要，企业实现的净利润（或亏损）在分配（或弥补）前应从"本年利润"账户的借方（或贷方）转入"利润分配"账户的贷方（或借方），通过"利润分配"账户具体核算利润分配（或亏损弥补）情况。本例中，结转可供分配的净利润 14 400 元，涉及"利润分配"和"本年利润"两个账户。具体账务处理如下：

借：本年利润　　　　　　　　　　　　　9 400
　　贷：利润分配——未分配利润　　　　　　　　9 400

【例 4-35】 31 日，从企业实现的净利润中提取法定盈余公积金 1 440 元。

这项经济业务的发生，一方面使企业的盈余公积金增加了 1 440 元，另一方面提取盈余公积金是对实现净利润的分配，使企业可供分配的净利润减少了 1 440 元，涉及"利润分配"和"盈余公积"两个账户。对实现净利润的分配，应在"利润分配"账户的借方登记；盈余公积金的增加，应在"盈余公积"账户的贷方登记。具体账务处理如下：

借：利润分配——提取法定盈余公积　　　　1 440
　　贷：盈余公积——法定盈余公积　　　　　　　1 440

【例 4-36】 31 日，经决议向投资者分配利润 10 000 元。

这项经济业务的发生，一方面使企业可供分配的净利润减少了 10 000 元，另一方面由于此时还没有实际进行款项的支付，所以企业应付而未付的利润增加了 10 000 元，涉及"利润分配"和"应付股利"两个账户。对实现净利润的分配，应在"利润分配"账户的借方登记；应付而未付利润的增加，应在"应付股利"账户的贷方登记。具体账务处理如下：

借：利润分配——应付现金股利　　　　　10 000
　　贷：应付股利——×××投资者　　　　　　　10 000

根据以上［例 4-1］至［例 4-36］中全部经济业务编制的会计分录，登记有关账户见表 4-2。

表 4-2

借	库存现金		贷
期初余额	10 000		
(11)	15 000	(5)	2 400
		(8)	200
		(12)	15 000
		(30)	1 300
本期发生额	15 000	本期发生额	18 900
期末余额	6 100		

借	银行存款		贷
期初余额	300 000		
(1)	1 000 000	(3)	125 000
(2)	2 000 000	(4)	12 000
(21)	18 000	(7)	10 000
(22)	10 000	(8)	18 000
(23)	104 000	(9)	150 000
(25)	50 000	(11)	15 000
		(13)	3 000
		(14)	1 500
		(24)	5 000
		(31)	20 000
本期发生额	3 182 000	本期发生额	359 500
期末余额	3 122 500		

借	应收账款		贷
期初余额	342 000		
(21)	58 000		
本期发生额	58 000	本期发生额	0
期末余额	400 000		

借	预付账款		贷
期初余额	4 400		
(7)	10 000	(8)	10 000
本期发生额	10 000	本期发生额	10 000
期末余额	4 400		

借	在途物资		贷
期初余额	0		
(3)	275 000	(6)	289 400
(4)	12 000	(8)	28 200
(5)	2 400		
(8)	28 200		

续表

| 本期发生额 | 317 600 | 本期发生额 | 317 600 |

借	原材料		贷
期初余额	150 000		
(6)	289 400	(10)	182 500
(8)	28 200	(25)	45 000
本期发生额	317 600	本期发生额	227 500
期末余额	240 100		

借	库存商品		贷
期初余额	430 000		
(20)	123 000	(27)	100 000
本期发生额	123 000	本期发生额	100 000
期末余额	453 000		

借	固定资产		贷
期初余额	1 100 000		
(1)	1 000 000		
本期发生额	1 000 000	本期发生额	0
期末余额	2 100 000		

借	累计折旧		贷
		期末余额	300 000
		(18)	30 000
本期发生额	0	本期发生额	30 000
		期末余额	330 000

借	待摊费用		贷
期初余额	10 000		
(14)	1 500	(16)	1 000
本期发生额	1 500	本期发生额	1 000
期末余额	10 500		

借	预提费用		贷
		期初余额	
		(15)	4 000
本期发生额		本期发生额	4 000
		期末余额	4 000

借	生产成本		贷
期初余额	100 000		
(10)	175 000	(20)	123 000
(17)	10 800		
(19)	22 000		
本期发生额	207 800	本期发生额	123 000
期末余额	184 800		

借	制造费用		贷
期初余额	0		
(17)	2 000	(6)	22 000
(18)	20 000		
本期发生额	22 000	本期发生额	22 000
期末余额	0		

借	短期借款		贷
		期初余额	1 000 000
本期发生额	0	本期发生额	0
		期末余额	1 000 000

借	长期借款		贷
		期初余额	0
		(2)	2 000 000
本期发生额	0	本期发生额	2 000 000
		期末余额	2 000 000

借	应付账款		贷
		期初余额	50 000
(9)	150 000	(3)	150 000
本期发生额	150 000	本期发生额	150 000
		期末余额	50 000

借	预收账款		贷
		期初余额	0
(23)	10 000	(22)	10 000
本期发生额	10 000	本期发生额	10 000
		期末余额	0

借	其他应付款		贷
		期初余额	1 400
(29)	1 400		
本期发生额	1 400	本期发生额	0
		期末余额	0

借　　　　　　　　　　应付职工薪酬　　　　　　　　　　贷

		期初余额	15 000
(12)	15 000	(17)	17 000
本期发生额	15 000	本期发生额	17 000
		期末余额	17 000

借　　　　　　　　　　应交税费　　　　　　　　　　贷

		期初余额	0
		(28)	24 000
		(33)	7 000
本期发生额	0	本期发生额	31 000
		期末余额	31 000

借　　　　　　　　　　应付股利　　　　　　　　　　贷

		期初余额	0
		(36)	10 000
本期发生额	0	本期发生额	10 000
		期末余额	10 000

借　　　　　　　　　　实收资本　　　　　　　　　　贷

		期初余额	1 000 000
		(1)	1 500 000
本期发生额	0	本期发生额	1 500 000
		期末余额	2 500 000

借　　　　　　　　　　资本公积　　　　　　　　　　贷

		期初余额	0
		(1)	500 000
本期发生额	0	本期发生额	500 000
		期末余额	500 000

借　　　　　　　　　　盈余公积　　　　　　　　　　贷

		期初余额	50 000
		(35)	1 440
本期发生额	0	本期发生额	1 440
		期末余额	51 440

借　　　　　　　　　　主营业务收入　　　　　　　　　　贷

(32)	190 000	(21)	76 000
		(23)	114 000
本期发生额	190 000	本期发生额	190 000

借　　　　　　　　　　其他业务收入　　　　　　　　　　贷

(32)	50 000	(25)	50 000
本期发生额	50 000	本期发生额	50 000

借	营业外收入	贷	
(32)	1 400	(29)	1 400
本期发生额	1 400	本期发生额	1 400

借	主营业务成本	贷	
(27)	100 000	(32)	100 000
本期发生额	100 000	本期发生额	100 000

借	其他业务成本	贷	
(25)	45 000	(32)	45 000
本期发生额	45 000	本期发生额	45 000

借	税金及附加	贷	
(28)	24 000	(32)	24 000
本期发生额	24 000	本期发生额	24 000

借	销售费用	贷	
(26)	5 000	(32)	5 000
本期发生额	5 000	本期发生额	5 000

借	营业外支出	贷	
(30)	1 300	(32)	1 300
本期发生额	1 300	本期发生额	1 300

借	管理费用	贷	
(10)	7 500	(32)	29 700
(13)	3 000		
(15)	4 000		
(16)	1 000		
(17)	4 200		
(18)	10 000		
本期发生额	29 700	本期发生额	29 700

借	财务费用	贷	
(31)	20 000	(32)	20 000
本期发生额	20 000	本期发生额	20 000

借	所得税费用	贷	
(33)	7 000	(33)	7 000
本期发生额	7 000	本期发生额	7 000

借		本年利润		贷
		期初余额		0
(32)	225 000	(32)		241 400
(33)	7 000			
(34)	9 400			
本期发生额	241 400	本期发生额		241 400
		期末余额		0

借		利润分配		贷
		期初余额		30 000
(35)	1 440	(34)		9 400
(36)	10 000			
本期发生额	11 440	本期发生额		9 400
		期末余额		27 960

根据以上各账户的资料，编制总分类账户余额和发生额试算平衡表，见表 4-3。

表 4-3 　　　　　　　　　　　　总分类账户本期发生额和余额试算平衡表

×××年3月 　　　　　　　　　　　　　　　　　　　　单位：元

账户	期初余额		本期发生额		期末余额	
	借方	贷方	借方	贷方	借方	贷方
库存现金	10 000		15 000	18 900	6 100	
银行存款	300 000		3 182 000	359 500	3 122 500	
应收账款	342 000		58 000	0	400 000	
预付账款	4 400		10 000	10 000	4 400	
在途物资	0		317 600	317 600	0	
原 材 料	150 000		17 600	227 500	240 100	
库存商品	430 000		123 000	100 000	453 000	
固定资产	1 100 000		1 000 000	0	2 100 000	
累计折旧		300 000	0	30 000		330 000
待摊费用	10 000		1 500	1 000	10 500	
生产成本	100 000		207 800	123 000	184 800	
制造费用	0		22 000	22 000	0	
短期借款		1 000 000	0	0		1 000 000
长期借款		0	0	2 000 000		2 000 000
应付账款		50 000	150 000	150 000		50 000
预收账款		0	10 000	10 000		0
其他应付款		1 400	1 400	0		0
应付职工薪酬		15 000	15 000	17 000		17 000
应交税费		0	0	31 000		31 000
应付股利		0	0	10 000		10 000
预提费用		0	0	4 000		4 000

续表

账户	期初余额		本期发生额		期末余额	
	借方	贷方	借方	贷方	借方	贷方
实收资本		1 000 000	0	1 500 000		2 500 000
资本公积		0	0	500 000		500 000
盈余公积		50 000	0	1 440		51 440
本年利润		0	241 400	241 400		0
利润分配		30 000	11 440	9 400		27 960
主营业务收入			190 000	190 000		
其他业务收入			50 000	50 000		
营业外收入			1 400	1 400		
主营业务成本			100 000	100 000		
其他业务成本			45 000	45 000		
税金及附加			24 000	24 000		
销售费用			5 000	5 000		
管理费用			29 700	29 700		
财务费用			20 000	20 000		
营业外支出			1 300	1 300		
所得税费用			7 000	7 000		
合计	2 446 400	2 446 400	6 157 140	6 157 140	6 521 400	6 521 400

第二节　账户按用途和结构分类

　　账户的用途，是指通过账户的记录，能够提供哪些核算指标，也就是开设和运用账户的目的。例如，为了提供企业库存的各种材料，包括原料及主要材料、辅助材料、外购半成品、修理用备件、包装材料、燃料等的收、发和结存情况，企业开设"原材料"账户。通过该账户的记录，可以提供企业一定会计期间库存的各种材料的收、发、存情况的核算指标。账户的结构，是指在账户中应该怎样记录经济业务，才能取得各种必要的核算指标，也就是账户的借方和贷方登记的内容、余额的方向及其表示的内容。如"原材料"账户的借方记录企业的入库材料的计划成本或实际成本。贷方记录发出材料的计划成本或实际成本。期末余额在借方，表示结存的各种材料的计划成本或实际成本。账户按用途和结构分类是对账户按会计要素分类的补充，通过对账户按用途和结构进行分类，可以进一步加深对会计账户和借贷复式记账原理的理解。

　　根据用途和结构的不同，可将账户分为盘存账户、结算账户、期间账户、跨期摊提账户、成本计算账户、集合分配账户、资本账户、计价对比账户、财务成果账户、调整账户等十类账户。现以制造业企业常用的账户为例说明各类账户的特点。

一、盘存账户

　　盘存账户，是用来核算各种财产物资和货币资金的增减变动及其结存情况的账户。这类账户的借方登记各种财产物资或货币资金的收入或增加数，贷方登记其支出或减少数，期末余额在借方，表示各项财产物资或货币资金的实际结存数额。盘存账户的结构见表 4-4。

表 4-4

借方	盘存账户	贷方
期初余额：期初财产物资或货币资金的结存额 发生额：本期财产物资或货币资金的增加额	发生额：本期财产物资或货币资金的减少额	
期末余额：期末财产物资或货币资金的结存额		

实务中，属于盘存账户的有"库存现金"、"银行存款"、"原材料"、"库存商品"、"固定资产"等账户。盘存账户可以通过财产清查的方法，如实地盘点法、核对账目法等来检查有关财产物资实际结存的数量，并揭示其在经营管理上存在的问题。这类账户除货币资金账户外，其余账户的实物明细账均可以提供以实物量度和货币量度表示的两种核算指标。

二、结算账户

结算账户，是用来核算企业同其他单位或个人之间发生的债权、债务结算情况的账户。根据账户的用途和结构具体分类，结算账户又可分为债权结算账户、债务结算账户和债权债务结算账户三类。

（一）债权结算账户

债权结算账户，是专门用于核算企业同各个债务单位或个人之间结算业务的账户。这类账户的借方登记债权的增加数，贷方登记债权的减少数，期末余额一般在借方，表示期末债权的实有数。债权结算账户的结构见表 4-5。

表 4-5

借方	债权结算账户	贷方
期初余额：期初尚未收回的应收款项及尚未结算的预付款项 发生额：本期应收款项及预付款项的增加额	发生额：本期应收款项及预付款项的减少额	
期末余额：期末尚未收回的应收款项及尚未结算的预付款项		

实务中，属于债权结算账户的有"应收账款"、"其他应收款"、"预付账款"等账户。

（二）债务结算账户

债务结算账户，是专门用于核算企业同各个债权单位或个人之间结算业务的账户。这类账户的贷方登记债务的增加数，借方登记债务的减少数，期末余额一般在贷方，表示期末尚未偿还债务的实有数。债务结算账户的结构见表 4-6。

表 4-6

借方	债务结算账户	贷方
发生额：本期应付款项及预收款项的减少额	期初余额：期初的应付款项及未结算的预收款项的数额 发生额：本期应付款项及预收款项的增加额	
	期末余额：期末应付款项及未结算的预收款项的数额	

实务中，属于债务结算账户的有"短期借款"、"应付账款"、"应付职工薪酬"、"应交税费"、"应付股利"、"预收账款"和"其他应付款"等账户。

（三）债权债务结算账户

债权债务结算账户，是用于核算企业与某一单位或个人之间发生的债权和债务往来结算业务的账户。在实际工作中，与企业经常发生结算业务的往来单位，有时是企业的债权人，有时是企业的债务人。如企业向同一单位销售产品，有些款项是预收的，在预收款项时，该单位就是企业的债权人；有些款项是应收而未收的，这些应收而未收的款项就构成了企业的债权，这时该单位就是企业的债务人。为了集中反映企业同某一单位或个人所发生的债权和债务的往来结算情况，可以在一个账户中同时核算企业应收和应付款项的增减变动及余额。债权债务结算账户的借方登记债权的增加数和债务的减少数，贷方登记债务的增加数和债权的减少数，期末余额可能在借方，也可能在贷方。从明细分类账的角度看，借方余额表示期末债权的实有数，贷方余额表示期末债务的实有数；从总分类账的角度看，借方余额表示期末债权大于债务数的差额，贷方余额表示期末债务大于债权数的差额。债权债务结算账户的结构见表4-7。

表 4-7

借方 债权债务结算账户	贷方
期初余额：期初债权大于债务的差额	期初余额：期初债务大于债权的差额
发生额：本期债权的增加额或债务的减少额	发生额：本期债务的增加额或债权的减少额
期末余额：期末债权大于债务的差额	期末余额：期末债务大于债权的差额

实务中，当企业不单独设置"预收账款"账户时，可以用"应收账款"账户同时反映销售产品或提供劳务的应收款项和预收款项，"应收账款"账户便是债权债务结算账户；当企业不单独设置"预付账款"账户时，可用"应付账款"账户同时反映购进材料的应付款项和预付款项，"应付账款"账户也是债权债务结算账户；当企业将其他应收款和其他应付款的增减变动和结果都集中在"其他往来"账户中核算时，"其他往来"账户也是一个债权债务结算账户。债权债务结算账户须根据总分类账户所属的明细分类账户的余额方向来判断其账户的性质。

三、期间账户

期间账户，是用来归集企业生产经营过程中某个会计期间的收入和费用的账户。根据账户的用途和结构具体分类，期间账户又可分为期间收入账户和期间费用账户两类。

（一）期间收入账户

期间收入账户，是专门用于归集企业在经营过程中的各项收入的账户。这类账户的贷方登记一定会计期间发生的收入数，借方登记结转入"本年利润"账户的贷方的转出数。由于各项期间收入都要在期末结转至"本年利润"账户，所以这类账户期末一般没有余额。期间收入账户的结构见表4-8。

表 4-8

借方 期间收入账户	贷方
发生额：结转到"本年利润"账户的数额	发生额：归集本期各项收入的发生数

实务中，属于期间收入账户的主要有"主营业务收入"、"其他业务收入"、"营业外收入"等账户。

（二）期间费用账户

期间费用账户，是专门用于归集企业在生产经营过程中各项费用的账户。这类账户的借方登记一定会计期间发生的费用数，贷方记录转入"本年利润"账户借方的转出数。由于各期间费用在期末全部由这类账户的贷方结转至"本年利润"账户的借方，所以这类账户期末一般没有余额。期间费用账户的结构见表 4-9。

表 4-9

借方	期间费用账户	贷方
发生额：归集本期内各项费用的发生数		发生额：结转到"本年利润"账户的数额

实务中，属于期间费用账户的有"主营业务成本"、"税金及附加"、"其他业务成本"、"销售费用"、"管理费用"、"财务费用"、"营业外支出"、"所得税"等账户。

期间账户一般没有期末余额，由于这类账户的一方用来归集本期发生的收入或费用额，另一方登记本期归集的收入或费用额的全部转出额，所以这类账户具有明显的过渡性质。

四、跨期摊提账户

跨期摊提账户，是用来核算应由几个会计期间共同负担的费用，并将这些费用在各个会计期间进行分摊或预提的账户。在企业生产经营过程中，有些费用开支在某一个会计期间发生款项支付，但根据权责发生制会计假设，该项开支应由几个受益的会计期间共同负担，以便正确地计算各个会计期间的损益情况。按照权责发生制会计假设，为划清费用的受益期限，通常需要设置"待摊费用"、"预提费用"和"长期待摊费用"等账户。按会计要素分类，"待摊费用"和"长期待摊费用"账户属于资产类账户，"预提费用"账户属于负债类账户。这三个账户在用途和结构上有相同之处，其借方都用来登记费用的实际发生数，贷方都用来登记由各个会计期间负担的费用数。"待摊费用"和"长期待摊费用"账户的期末余额一般在借方，表示已支付而尚未摊销的费用数额。"预提费用"账户的期末余额一般在贷方，表示已预提而尚未支付的预提费用数额。跨期摊提账户的结构见表 4-10。

表 4-10

借方	跨期摊提账户	贷方
期初余额：期初已支付而尚未摊销的费用数额 发生额：本期费用的支付数		（或）期初余额：期初已预提而尚未支付的预提费用数额 发生额：本期费用的摊销或预提费用数额
期末余额：已支付而尚未摊销的费用数额		（或）期末余额：已预提而尚未支付的费用数额

五、成本计算账户

成本计算账户，是用来核算企业生产经营过程中某一阶段发生的全部费用，并据此计算该阶段各个成本计算对象的实际成本的账户。这类账户的借方汇集生产经营过程中某个阶段发生的、应计入成本的全部费用，贷方登记转出已完成的某个阶段生产的成本计算对象的实际成本，期末余额在借方，表示尚未完成的某个生产阶段的成本计算对象的实际成本。成本计算账户的结构见表 4-11。

表 4-11

借方	成本计算账户	贷方
期初余额：期初尚未完成的某个生产阶段的成本计算对象的实际成本 发生额：本期某个阶段发生的全部费用额		发生额：结转已完成的某个生产阶段的成本计算对象的实际成本
期末余额：尚未完成的该阶段的成本计算对象的实际成本		

实务中，属于成本计算账户的主要有"在途物资"、"生产成本"、"劳务成本"等账户。这类账户除设置总分类账户外，还应按各个成本计算对象分别设置明细分类账户进行明细分类核算，提供有关成本计算对象的实物量度和货币量度的核算指标。

六、集合分配账户

集合分配账户，是用来归集和分配企业在生产经营过程中某一阶段发生的某种费用的账户。这类账户的借方登记费用的发生数，贷方登记按照一定标准分配后计入各个成本计算对象的费用分配数。除季节性生产企业外，这类账户借方归集的费用一般在当期全部分配后计入相关成本，所以该类账户期末通常没有余额。集合分配账户的结构见表 4-12。

表 4-12

借方	集合分配账户	贷方
发生额：本期某种费用的发生额		发生额：本期某种费用的分配额

实务中，属于集合分配账户的有"制造费用"等账户。

七、资本账户

资本账户，是用来核算企业所有者权益的增减变动及其实有数额的账户。这类账户的贷方登记本期各项资本、公积金的增加数，借方登记其减少数，期末余额在贷方，表示各项资本、公积金的实有数额。资本账户的结构见表 4-13。

表 4-13

借方	资本账户	贷方
发生额：本期资本和公积金的减少额		期初余额：期初资本和公积金的实有额 发生额：本期资本和公积金的增加额
		期末余额：期末资本和公积金的实有额

实务中，属于资本账户的有"实收资本"、"资本公积"、"盈余公积"等账户。

八、计价对比账户

计价对比账户，是用来对某项经济业务按两种不同的计价进行核算对比，借以确定其业务成果的账户。这类账户的借方登记某项经济业务的一种计价，贷方登记该项业务的另一种计价，期末将两种计价对比，确定业务成果。计价对比账户的结构见表 4-14。

表 4-14

借方	计价对比账户	贷方
发生额：业务的第一种计价		发生额：业务的第二种计价
期末余额：第一种计价大于第二种计价的差额		期末余额：第二种计价大于第一种计价的差额

实务中，属于计价对比账户的有"本年利润"账户。"本年利润"账户的贷方登记各项收入，借方登记各项费用，将借、贷方发生额对比，以确定本期的经营成果。

九、财务成果账户

财务成果账户，是用来计算并确定企业在一定会计期间（月、季、年）内全部经营活动最终成果的账户。这类账户的贷方登记一定期间发生的各种收入数，借方汇集一定期间发生的、与收入相配比的各项费用数。期末贷方余额表示收入大于费用的差额，即企业实现的利润总额；如为借方余额，则表示收入少于费用的差额，即企业发生的亏损总额。财务成果账户的结构见表 4-15。

表 4-15

借方	财务成果账户	贷方
发生额：转入的各项费用	发生额：转入的各项收入	
期末余额：发生的亏损总额	期末余额：实现的利润总额	

实务中，属于财务成果账户的主要是"本年利润"账户。这类账户反映企业在一年内财务成果的形成，平时的余额为本年的累计利润总额或亏损总额，年终结转后该类账户无余额。

十、调整账户

调整账户，是指为调整某个账户的余额，以确定被调整账户的实际余额而开设的账户。在会计核算中，由于经营管理上的需要或其他原因，要求某些账户反映经济活动的原始数据。但实际中，该项经济活动的原始数据又往往会发生增减变化，如固定资产，由于使用其价值不断减少，但从经营管理的角度考虑，需要"固定资产"账户反映固定资产的原始价值。为了反映固定资产不断减少的价值，需开设"累计折旧"账户，通过"累计折旧"账户对"固定资产"账户进行调整，反映固定资产的净值。反映经济活动原始数据的账户，称为被调整账户，对被调整账户进行调整的账户，称为调整账户。调整账户按调整方式，又分为抵减账户、附加账户和抵减附加账户三类。

（一）抵减账户

抵减账户，亦称备抵账户，它是用来抵减被调整账户的余额，以确定被调整账户实际余额的账户。其调整方式，可用下列公式表示：

被调整账户余额－抵减账户余额＝被调整账户实际余额

抵减账户的余额与被调整账户的余额方向相反，如果被调整账户的余额在借方，调整账户的余额一定在贷方，如"固定资产"与"累计折旧"账户；如果被调整账户的余额在贷方，调整账户的余额一定在借方，如"本年利润"与"利润分配"账户。抵减账户与被调整账户的抵减方式，见表 4-16、表 4-17。

表 4-16

借方	被调整账户	贷方
余额：某项经济活动的原始数据		

借方	抵减账户	贷方
	余额：该项经济活动的抵减数额	

表 4-17

借方	被调整账户	贷方
	余额：某项经济活动的原始数据	

借方	抵减账户	贷方
余额：该项经济活动的抵减数额		

从表 4-16 可以看出，这类被调整账户与抵减账户的关系可表示为：

被调整账户的借方余额－抵减账户的贷方余额＝被调整账户的实际数额

从表 4-17 可以看出，这类被调整账户与抵减账户的关系可表示为：

被调整账户的贷方余额－抵减账户的借方余额＝被调整账户的实际数额

（二）附加账户

附加账户，是用来调增被调整账户的余额，以确定被调整账户实际余额的账户。其调整方式，可用下列公式表示：

被调整账户余额＋附加账户余额＝被调整账户实际余额

附加账户的余额与被调整账户的余额的方向一致，如果被调整账户的余额在借方，附加账户的余额也一定在借方；如果被调整账户的余额在贷方，附加账户的余额也一定在贷方。附加账户与被调整账户的附加方式，见表 4-18。

表 4-18

借方	被调整账户	贷方
借方余额：某项经济活动的原始数据	（或）贷方余额：某项经济活动的原始数据	

借方	附加账户	贷方
借方余额：该项经济活动的附加数额	（或）贷方余额：该项经济活动的附加数额	

从表 4-18 可以看出，这类被调整账户与附加账户的关系可表示如下：

被调整账户的借（贷）方余额－附加账户的借（贷）方余额＝被调整账户的实际数额

（三）抵减附加账户

抵减附加账户，是根据调整账户的余额方向的不同，用来抵减被调整账户余额，或者用来附加被调整账户余额，以确定被调整账户实际余额的账户。当调整账户的余额与被调整账户的余额方向相反时，该类账户起抵减账户的作用，其调整方式与抵减账户相同；当调整账户的余额与被调整账户的余额方向一致时，该类账户起附加账户的作用，其调整方式与附加账户相同，这类账户的具体运用将在《中级会计学》中阐述。

实务中，属于调整账户的有"累计折旧"、"利润分配"等账户。调整账户不能离开被调整账户而独立存在，有调整账户就一定有被调整账户，它们是相互联系、相互结合在一起的一组账户。调整账户与被调整账户所反映的经济内容是相同的，被调整账户反映原始数据，调整账户反映对原始数额的调整数额，二者结合起来使用，提供经营管理上所需要的某些特定指标。

账户按用途和结构分类的总体情况，如图 4-1 所示。

账户
- 盘存账户
  - "库存现金"账户
  - "银行存款"账户
  - "原材料"账户
  - "库存商品"账户
  - "固定资产"账户
- 结算账户
  - "应收账款"账户
  - "预付账款"账户
  - "其他应收款"账户
  - "短期借款"账户
  - "应付账款"账户
  - "预收账款"账户
  - "应付职工薪酬"账户
  - "应交税费"账户
  - "应付股利"账户
  - "其他应付款"账户
- 期间账户
  - "主营业务收入"账户
  - "其他业务收入"账户
  - "营业外收入"账户
  - "主营业务成本"账户
  - "税金及附加"账户
  - "销售费用"账户
  - "管理费用"账户
  - "财务费用"账户
  - "其他业务成本"账户
  - "营业外支出"账户
  - "所得税费用"账户

账户
- 跨期摊提账户
  - "待摊费用"账户
  - "长期待摊费用"账户
  - "预提费用"账户
- 成本计算账户
  - "在途物资"账户
  - "生产成本"账户
- 集合分配账户——"制造费用"账户
- 资本账户
  - "实收资本"账户
  - "资本公积"账户
  - "盈余公积"账户
- 计价对比账户——"本年利润"账户
- 财务成果账户——"本年利润"账户
- 调整账户
  - "累计折旧"账户
  - "利润分配"账户

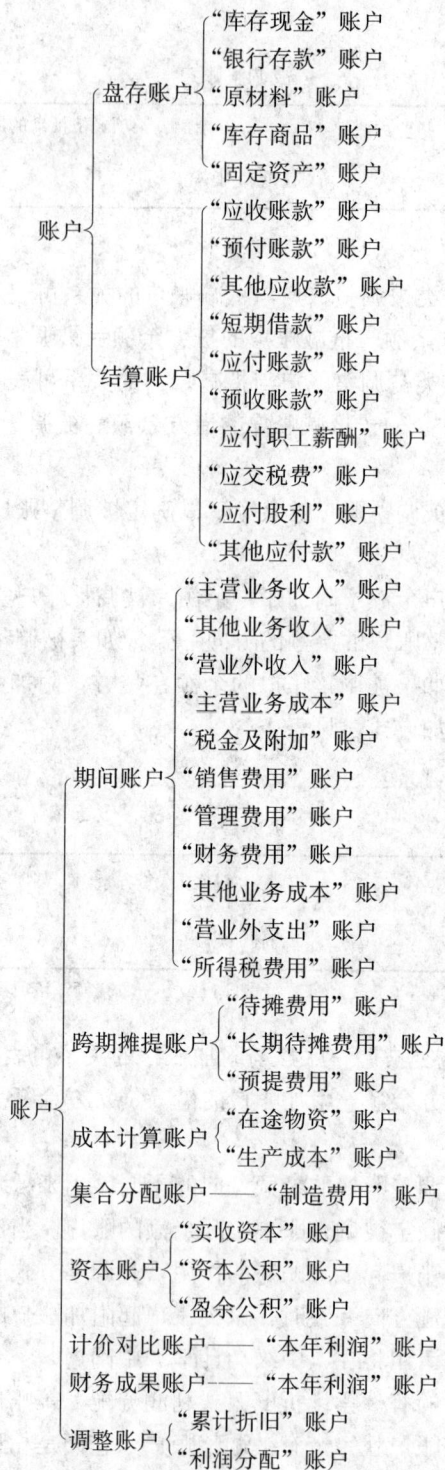

图 4-1　账户分类的总体情况

　　研究账户按用途和结构分类，目的在于理解和掌握各类账户所提供的指标及其种类、账户结构的规律性，以便准确地运用账户，为经济管理提供有用的会计核算指标。

本 章 小 结

　　本章主要以制造业企业的基本经济业务为背景，以借贷复式记账法为例，介绍了复式记账原理的具体应用。首先以制造业企业的基本经济业务为背景，以《企业会计准则》及其应用指南为规范，介绍了如何设置账户体系及具体经济业务的会计处理。通过这一章内容的学习，使财务会计初学者能够对财务会计实务有一个相对完整的认识，为学习后面的内容和进一步学习中级财务会计打下良好的基础；并在此基础上介绍了借贷记账法下账户按用途和结构的分类，这有助于正确理解和运用账户体系。

复习思考题

1. 筹资业务包括哪些内容？应设置哪些账户？如何进行账务处理？
2. 购进业务包括哪些内容？应设置哪些账户？如何进行账务处理？
3. 生产业务包括哪些内容？应设置哪些账户？如何进行账务处理？
4. 销售业务包括哪些内容？应设置哪些账户？如何进行账务处理？
5. 利润形成与利润分配业务包括哪些内容？应设置哪些账户？如何进行账务处理？
6. 账户按用途和结构分类的意义是什么？
7. 以制造业企业为例，说明账户按用途和结构如何分类。
8. 结算类账户按用途和结构如何分类？
9. 什么是债权债务结算账户？其特点如何？
10. 调整账户的作用是什么？
11. 什么是抵减账户？举例说明抵减账户与被调整账户的关系。
12. 什么是附加账户？举例说明附加账户与被调整账户的关系。
13. 什么是计价对比账户？其结构如何？

第五章 会 计 凭 证

学习目的和要求：

1. 掌握会计凭证的概念和分类，了解会计凭证的作用；
2. 熟悉原始凭证的基本要素，掌握原始凭证的填制方法；
3. 熟悉记账凭证的基本要素，掌握记账凭证的填制方法；
4. 熟悉原始凭证、记账凭证审核的内容和要求；
5. 了解会计凭证传递和保管的基本要求。

第一节 会 计 凭 证 概 述

一、会计凭证的概念

（一）会计凭证的含义

会计凭证，是指用来记录经济业务，明确经济责任，并作为登记账簿依据的书面证明。

会计主体每发生一项经济业务，都必须按照规定的程序和要求办理凭证手续，由执行或完成该项经济业务的有关人员取得或填制会计凭证，用来记录经济业务的有关内容，并在凭证上签名或盖章，以对其真实性、正确性负责。取得或填制的会计凭证，经有关人员审核，确保凭证所反映的内容真实合法、手续齐备后，方可作为登记账簿的依据。

（二）会计凭证的分类

实务中，会计凭证的种类很多，可以按照不同的标准进行分类。其中，按照用途和填制程序的不同，可将会计凭证分为原始凭证和记账凭证。原始凭证是用来记录、证明经济业务已经发生或已经完成，并作为记账原始依据的会计凭证。记账凭证是根据审核无误的原始凭证填制的，作为直接记账依据的会计凭证。

二、填制和审核会计凭证的意义

填制和审核会计凭证是会计核算的专门方法之一，也是会计核算工作的起点和基础。通过填制和审核会计凭证可以真实地反映经济业务的内容，监督经济活动的合法性、合理性，对于保证会计核算资料的真实性、合法性和完整性，提高会计信息质量具有重要的意义。

（一）记录经济业务，传导经济信息

会计凭证是经济信息的载体，它较为详尽地记录了经济业务发生的时间、内容、数量、金额等重要信息，有关部门和人员可以凭借会计凭证，来了解经济业务的内容和结果，也为日后复核和跟踪检查经济业务活动提供了书面凭据。

（二）明确经济责任，落实岗位责任制

会计凭证除了具有会计上的意义，即记载经济业务的基本内容外，还要由有关部门和人员签名或盖章，这主要是从法律的角度，要求有关部门和人员对会计凭证所记录内容的真实性、合法性负责。经济业务发生后，通过填制和审核会计凭证，由有关部门和人员签名或盖章，有助于明确经济责任，使岗位责任制的落实体现在书面上。

（三）为会计核算提供依据

会计管理是价值管理，经济业务发生后，通过填制和审核会计凭证，将经济业务及其引起的会计要素在价值量上的增减变化以书面的形式予以记录，并按一定的方法对其进行分类、汇总和审核，从而为会计核算提供真实、可靠的凭据。真正意义上的会计核算是从填制和审核会计凭证开始的。

（四）为会计监督提供依据

会计事后监督最初是从审核会计凭证开始的，会计凭证为会计事后监督提供了依据。通过审核会计凭证，一方面可以查明经济业务的执行是否合理、合法，判断经济活动是否按照规定的要求进行；另一方面可以为一些潜在问题的调查提供必要的线索和依据。正是有了会计凭证，才使会计监督能够在合理的基础上进行，并发挥了积极的作用。

第二节 原 始 凭 证

一、原始凭证的概念

（一）原始凭证的含义

原始凭证，是指在经济业务发生或完成时取得或填制的，用以记录、证明经济业务已经发生或已经完成，明确经济责任，并作为记账原始凭据的书面证明。

原始凭证是会计核算的原始凭据，具有法定证明力，是编制记账凭证、登记账簿的原始依据。凡是不能证明经济业务发生或完成情况的各种单证，如购销合同、催款通知单等，都不能作为原始凭证。各单位在经济业务发生或完成时，必须依法取得或填制原始凭证，并在履行必要的审批手续后，及时将该原始凭证送交会计部门，保证会计核算工作顺利进行。

（二）原始凭证的分类

1. 原始凭证按其来源的不同，可分为外来原始凭证和自制原始凭证

（1）外来原始凭证。外来原始凭证是在经济业务发生或完成时，业务经办人员从企业外部的有关单位或个人取得的原始凭证，如购买商品时取得的购货发票（见表5-1）与其他单位进行款项结算开具的收款收据（见表5-2）等。

（2）自制原始凭证。自制原始凭证是在经济业务发生或完成时，由本单位内部有关部门或人员填制的原始凭证，如本单位职工借款时填制的借款单（见表5-3）、材料入库单（见表5-4）、销售产品时开出的提货单（见表5-5）、差旅费报销单（见表5-6）、领料单（见表5-7）等。

2. 原始凭证按其填制方法的不同，可分为一次性凭证、累计凭证和汇总凭证等

（1）一次性凭证。一次性凭证是指填制手续一次完成的原始凭证。外来原始凭证一般都属于一次性凭证，自制原始凭证中的借款单、提货单、入库单、差旅费报销单等都属于一次

性凭证。

表 5-1　　　　　　　　　　　增 值 税 专 用 发 票
（发票联）

开票日期：　年　月　日　　　　　　　　　　　　　　　　　　　No.

购货单位	名称		纳税人登记号	
	地址电话		开户银行及账号	

货物或应税劳务名称	计量单位	数量	单价	金额									税率（%）	税额									
				百	十	万	千	百	十	元	角	分		百	十	万	千	百	十	元	角	分
合　计																						

价税合计（大写）		¥

销货单位	名　称		纳税人登记号	
	地址电话		开户银行及账号	

表 5-2　　　　　　　　　　×××市统一收款收据
年　　月　　日　　　　No. 00125480

今收到＿＿＿＿＿＿＿＿＿＿＿＿＿＿＿＿＿＿＿＿＿＿＿＿＿＿＿＿
交　来＿＿＿＿＿＿＿＿＿＿＿＿＿＿＿＿＿＿＿＿＿＿＿＿＿＿＿＿
人民币（大写）＿＿＿＿＿＿＿＿＿＿＿＿＿＿＿＿¥＿＿＿＿＿
收款单位财务章　　收款人：　　经办人：
本收据适用于发票之外的各种往来款项业务。

（收据联）

表 5-3　　　　　　　　　　　借 款 单
年　月　日

单位. 项目	代码 No.	姓名		汇款	收款单位	
			共　人		开户银行及账号	

借款事由：	
出差地点：	往返日期：　　月　日至　月　日
借款金额（大写）：	¥
领导批示：　　　　　　单位负责人：	借款人：
备注：	借款单一式三联，请用双面复写纸套写

表 5-4 入 库 单

供货单位：

仓库号： 年 月 日 No.

类 别	品种	规格	等级	品名	单位	数量	单价	金额	包装数量	件数

验收人： 复核人： 记账人： 制单人：

表 5-5 提 货 单

购货单位：

仓库号： 年 月 日 No.

产品编号	产品名称	规格	等级	单位	数量	单价	金额	备注

销售部门负责人： 发货人： 提货人： 制票人：

表 5-6 差 旅 费 报 销 单

单位		出差事由										
姓名		出差日期 自 月 日至 月 日 共 天										
日期	车次	发站	到站	单价	张数	金额	补助费	开支项目	天数	人数	标准	金额
								住勤补助				
							其他费	住宿费				
		小 计						小 计				

报销金额合计（大写） ￥

表 5-7 领 料 单

领料部门： No.

领料用途： 年 月 日 仓库号：

材料编号	材料名称	规格	计量单位	数量 请领	数量 实领	单价	金额	备注

供应部门负责人： 发料人： 领料人： 制票人：

（2）累计凭证。累计凭证是指一定时期内，在一张原始凭证上多次记录重复发生的同类经济业务，直到会计期末填制手续才完成的原始凭证。使用累计凭证连续记录一定时期内的同类经济业务，一方面可以动态反映某类经济业务的累计发生额，随时掌握定额、预算的执行情况，控制费用支出；另一方面可以减少原始凭证的数量，简化会计核算手续。如限额领料单（见表5-8）。

（3）记账编制凭证。企业的各种自制原始凭证，一般都是以实际发生或者完成的经济业务为依据，由经办人员在业务发生或者完成时填制的，但有些自制原始凭证则是根据账簿记录的结果，对特定事项进行归类、整理的基础上编制而成的，这样的自制原始凭证称为记账编制凭证。如月末结转已销产品的生产成本时编制的已销售产品成本计算表（见表5-9）等。

表 5-8   限 额 领 料 单

领料部门：　　　　　　　　　　　　　料单号：　　　　　　　　　　　　　领料用途：

仓库号：　　　　　　　　　　　　　　　年　月　　　　　　　　　　　　　No.

材料类别	材料编号	材料名称及规格	计量单位	领用限额	单价	全月实领	
						数量	金额

供应部门负责人（签章）：　　　　　　　　　　　生产计划部门负责人（签章）：

日期	领　用				退　料			限额结余数量
	请领数量	实发数量	发料人	领料人	退料数量	退料人	收料人	
合计								

表 5-9   销售产品生产成本计算表

产品	计量单位	数量	单位成本	总成本	备注
甲产品					
乙产品					
……					
合　计					

会计部门负责人：　　　　　　　　　　　　　　　　　　　　制表人：

（4）汇总凭证。汇总凭证，又称原始凭证汇总表，是指按一定标准将一定时期内记录同类经济业务的若干张一次性凭证或累计凭证归类汇总填制的原始凭证。汇总凭证将同类业务的原始凭证合并在一起，据以编制记账凭证，有助于简化会计核算手续。如发出材料汇总表（见表 5-10）、工资结算汇总表、收货汇总表等。

表 5-10
发 出 材 料 汇 总 表
年　月　日

会计科目	领料部门	领用材料			
		甲材料	乙材料	……	合　计
基本生产	一车间				
	二车间				
	……				
	小计				
辅助生产	供热车间				
	供电车间				
	……				
	小计				
制造费用	一车间				
	二车间				
	……				
	小计				
管理费用	行政部门				
合　计	……				

会计负责人：　　　　　　复核人：　　　　　　制表人：

二、原始凭证的填制

（一）原始凭证的基本要素

会计实务中，由于各种经济业务的内容和管理要求不尽相同，记录这些经济业务的原始凭证的名称、格式和内容是多种多样的。尽管如此，但每一种原始凭证所包括的基本内容是一致的，这些基本内容构成原始凭证的基本要素，是真实反映经济业务、明确经济责任的必备因素，也是原始凭证审核的重点。原始凭证的基本要素包括以下六个部分。

1. 原始凭证的名称

原始凭证的名称表明该凭证所记录的经济业务的类别和凭证的用途，如"收款收据"、"借款单"、"工资发放表"等。

2. 接受凭证单位的名称或者个人的姓名

此项要素适用于外来原始凭证，用来表明经济业务的来龙去脉。

3. 原始凭证的填制日期

一般情况下，原始凭证的填制日期是业务发生或完成的日期。在业务发生或完成时，因故未能及时填制的，以实际填制日期作为原始凭证的填制日期。

4. 原始凭证的编号

每一张原始凭证都应有一个连续的编号，用来对凭证进行身份识别。

5. 经济业务的基本内容

经济业务的基本内容包括经济业务的名称、规格、计量单位、数量、单价、金额等基本内容。

6. 填制单位和经办人员签章

实际中，可结合经济业务的实际情况和经营管理的需要，在上述基本要素之外增加一些其他的内容。

（二）原始凭证的填制要求

原始凭证的填制有三种方式，一是根据实际发生或完成的经济业务，由经办人员直接填制，如各种发票、借款单等；二是根据已入账的有关经济业务，由会计人员根据账簿资料加工整理填制，如各种记账编制凭证；三是根据同类经济业务定期汇总编制原始凭证汇总表。为了保证原始凭证能够真实、完整、有效地记录经济业务，明确经济责任，确保会计核算工作的顺利进行，必须正确地填制原始凭证。原始凭证的填制应符合下列要求：

1. 记录真实

原始凭证所记录的内容和数字必须符合有关经济业务的实际情况，实事求是，不得弄虚作假，这是填制原始凭证最基本的要求。

2. 内容完整

原始凭证必须按照规定的项目和格式填写，项目填写必须齐全，不得遗漏。

3. 手续完备

为明确经济责任，确保原始凭证合法、有效，填制的原始凭证必须要由经办业务的部门和人员签章。从外单位取得的原始凭证，必须加盖填制单位的公章；从个人取得的原始凭证，必须要有填制人员的签名或者盖章；自制原始凭证必须由经办业务部门负责人或其指定人员签名或者盖章；对外开出的原始凭证，必须加盖本单位公章。一式几联的原始凭证，应当注明各联次的用途，只能以一联作为报销凭证；购买实物的原始凭证，必须有验收证明；支付款项的原始凭证，必须有收款单位或收款人的收款证明；发生销货退回的，除填制退货发票外，退款时，必须取得对方的收款收据或汇款银行的汇出凭证，不得以退货发票代替收据；职工公出借款凭据，必须附在记账凭证上，收回借款时，应另开收据或退还借据副本，不得退还原借款收据；经上级有关部门批准办理的经济业务，应将批准文件作为原始凭证的附件，若批准文件需单独归档的，应在原始凭证上注明该文件的批准机关、日期和文件字号等。

4. 书写规范

原始凭证应使用蓝色或黑色笔按规定的要求逐项填写，做到文字和数字工整，书写规范，易于辨认。不使用未经国家公布的简化汉字；凡涉及同时书写大小写金额的，大写和小写金额必须相符；一式几联的发票和收据，应使用双面复写纸（发票和收据本身具有套写功能的除外）一次套写完成。数字、金额的填写应符合下列要求：

（1）阿拉伯数字应当一个一个地写，不得连笔写。阿拉伯金额数字前面应当书写货币币种符号或者货币名称简写和币种符号，如人民币"￥"、英镑"£"、美元"US＄"等。币种符号与阿拉伯金额数字之间不得留有空白。凡阿拉伯数字前写有币种符号的，数字后面不再写货币单位。

(2) 所有以元为单位（其他货币种类为货币基本单位，下同）的阿拉伯数字，除表示单价等情况外，一律填写到角分；元角分的，角位和分位可写"00"，或者符号"——"；有角无分的，分位应当写"0"，不得用符号"——"代替。

(3) 汉字大写数字金额，如零、壹、贰、叁、肆、伍、陆、柒、捌、玖、拾、佰、仟、万、亿等，一律用正楷或者行书体书写，不得用 0、一、二（两）、三、四、五、六、七、八、九、十等代替，不得任意自造简化字。大写金额数字到元或者角为止的，在"元"或者"角"字之后应当写"整"字或者"正"字；大写金额数字有分的，"分"字后面不写"整"或者"正"字。

(4) 大写金额数字前未印有货币名称的，应当加填货币名称，货币名称与金额数字之间不得留有空白。

(5) 阿拉伯金额数字中间有"0"时，汉字大写金额要写"零"字；阿拉伯数字金额中间连续有几个"0"时，汉字大写金额中可以只写一个"零"字，如￥12 008.99，汉字大写金额应写成人民币壹万贰仟零捌元玖角玖分；阿拉伯金额数字元位是"0"，或者数字中间连续有几个"0"，元位也是"0"，但角位不是"0"时，汉字大写金额可以只写一个"零"字，也可以不写"零"字，如￥12 000.99，汉字大写金额应写成人民币壹万贰仟零玖角玖分，或壹万贰仟玖角玖分。

5. 连续编号、顺序使用

各种原始凭证要连续编号，顺序填制使用。对于发票、支票等重要的原始凭证，作废时应加盖"作废"戳记，连同存根一起妥善保存，不得撕毁。

6. 不得随意涂改、刮擦、挖补

各种原始凭证不得随意涂改、刮擦、挖补，若填写错误，应按规定的方法予以更正，并在更正处加盖开出单位的公章。对于重要的原始凭证，如发票、支票及各种结算凭证，如出现填写错误，应重新开具，不得在原始凭证上更正。

7. 填制及时

各种原始凭证应在经济业务发生或者完成时及时填写，并按规定的程序及时送交会计机构进行会计核算。

三、原始凭证的审核

原始凭证是会计核算的原始凭据，为了确保原始凭证真实、有效地反映经济业务的实际情况，明确经济责任，充分发挥会计监督的职能，会计人员在根据原始凭证编制记账凭证前，必须对原始凭证从形式和实质两个方面进行审核。

形式审核主要是审核原始凭证的格式是否符合规定的要求，凭证项目是否填写齐全，内容是否完整，数字计算是否正确，大小写金额是否相符，有关人员的签章是否齐全，凭证联次是否正确，书写错误是否按正确的方法更正，有无随意涂改、刮擦、挖补的情况，凭证的填写和传递是否及时等。

实质性审核主要是对原始凭证所记录的经济业务的真实性、合规性和合理性进行审核。首先要保证原始凭证所记录的经济业务符合实际情况，记录客观真实；其次要根据国家有关法律、法规、制度和企业的计划、合同等，审核原始凭证所记录的经济业务是否合法、合规，有无违法、违规行为，经济业务是否按规定的程序和要求进行办理等；最后要从合理性的角度，对原始凭证所记录的经济业务是否符合生产经营需要，是否符合计划要求，有关费用开支是否符合成本开支范围等进行审核。

对审核过程中发现的问题，应按不同的情况分别进行处理。对于实质上真实、合法、合理，但在形式上存在手续不完备、项目填写不齐全或存在填写错误等问题的原始凭证，应退还给有关经办部门或人员，待补充完整、更正错误或重新开具后，再予以受理；对于不真实、不合法的原始凭证，会计人员有权不予受理；对于违法乱纪、伪造冒领的原始凭证，应予以扣留，并按有关规定进行严肃处理。

第三节 记 账 凭 证

一、记账凭证的概念

（一）记账凭证的含义

记账凭证，是指会计人员根据审核无误的原始凭证或原始凭证汇总表编制的，用以对经济业务的内容进行归类、整理，并确定会计分录的会计凭证，是登记账簿的直接依据。

实务中，由于所记录的经济业务和管理要求的不同，原始凭证的种类和格式多种多样，而且未能直接反映应记入的账户和方向，因此，不便于作为登记账簿的直接依据。为了便于登记账簿，确保账簿记录的正确性，必须对原始凭证所记录的经济业务按其性质加以归类、整理，运用复式记账方法填制记账凭证，明确应记入账户的名称、方向和应记金额。这样，不仅可以简化记账工作，提高会计核算工作的效率，而且还便于核对账目，减少记账差错，提高会计核算工作的质量。

（二）记账凭证的分类

1. 记账凭证按其用途和格式的不同，可分为通用记账凭证和专用记账凭证

（1）通用记账凭证。通用记账凭证是指不区分经济业务的类型，统一使用的、具有相同格式的记账凭证，其格式见表5-11。

表 5-11

记 账 凭 证

年 月 日 凭证第 号

摘 要	借方科目		贷方科目		金额	记账符号
	总账科目	明细科目	总账科目	明细科目		
合 计						

附件 张

会计主管： 复核： 记账： 制单： 出纳：

（2）专用记账凭证。专用记账凭证是指根据经济业务类型的不同，分别使用的、具有不同格式的记账凭证。专用记账凭证按其所反映的经济内容是否与货币资金有关，可分为收款凭证、付款凭证和转账凭证。

收款凭证是根据审核无误的货币资金收入业务的原始凭证编制的，用以反映货币资金收入业务的记账凭证，格式见表5-12。

表 5-12 收 款 凭 证

借方科目：现金或银行存款等 年 月 日 收字第 号

摘 要	贷方科目		金 额	记账符号	
	总账科目	明细科目			
					附件
					张
合 计					

会计主管： 复核： 记账： 制单： 出纳：

付款凭证是指根据审核无误的货币资金支出业务的原始凭证编制的，用以反映货币资金支出业务的记账凭证，格式见表 5-13。

表 5-13 付 款 凭 证

贷方科目：库存现金或银行存款等 年 月 日 付字第 号

摘 要	借方科目		金 额	记账符号	
	总账科目	明细科目			
					附件
					张
合 计					

会计主管： 复核： 记账： 制单： 出纳：

实务中，有些经济业务既是货币资金收入业务，又是货币资金支出业务，如现金与银行存款之间的划转业务。为了避免记账重复，对于这类业务一般只编制付款凭证，不编制收款凭证。如将现金送存银行，只编制现金付款凭证；从银行提取现金，只编制银行存款付款凭证。

转账凭证是指用于记录与货币资金收支无关的转账业务的会计凭证，格式见表 5-14。

表 5-14 转 账 凭 证

年 月 日 转字第 号

摘 要	借方科目		贷方科目		金 额	记账符号	
	总账科目	明细科目	总账科目	明细科目			
							附件
							张
合 计							

会计主管： 复核： 记账： 制单： 出纳：

2. 记账凭证按其填制方式的不同，可分为复式记账凭证和单式记账凭证

（1）复式记账凭证。复式记账凭证是把一项经济业务所涉及的所有会计科目都在一张记账凭证上集中反映，前面提到的记账凭证都属于复式记账凭证。

运用复式记账凭证，将一项经济业务所涉及的所有会计科目都集中反映在一张记账凭证上，便于完整地反映经济业务的全貌和会计科目之间的对应关系，减少记账凭证的使用数量。但采用复式记账凭证，不便于同时汇总每一个会计科目的发生额，也不利于会计人员分工记账。

（2）单式记账凭证。单式记账凭证是按一项经济业务所涉及到的每一个会计科目单独编制记账凭证，每张记账凭证只反映一个会计科目。填列借方科目的单式记账凭证称为借项记账凭证，填列贷方科目的单式记账凭证称为贷项记账凭证。

运用单式记账凭证，将一项经济业务所涉及到的会计科目及其对应关系，通过借项记账凭证和贷项记账凭证分别予以反映，便于同时汇总每一个会计科目的发生额，也便于会计人员分工记账。但运用单式记账凭证，不便于反映经济业务的全貌和会计科目之间的对应关系，记账凭证的使用数量也较多，一般适用于业务量较大、会计部门内部分工较细的会计主体。单式记账凭证的格式见表 5-15、表 5-16。

表 5-15   借 项 记 账 凭 证
年 月 日   记字   号

摘要	总账科目	明细科目	账页	金额

对应总账科目：

会计主管：   记账：   复核：   制单：   出纳：

表 5-16   贷 项 记 账 凭 证
年 月 日   记字   号

摘要	总账科目	明细科目	账页	金额

对应总账科目：

会计主管：   记账：   复核：   制单：   出纳：

二、记账凭证的填制

（一）记账凭证的基本要素

根据审核无误的原始凭证编制的记账凭证是登记账簿的直接依据，是对经济业务进行分类核算的凭证。会计实务中，记账凭证有多种形式，但作为确定会计分录、登记账簿的直接依据，记账凭证必须反映经济业务归类核算的项目、填制依据等基本内容，这些基本内容构成了记账凭证的基本要素。记账凭证的基本要素包括以下七个方面：

（1）记账凭证的名称，如"借项记账凭证"、"贷项记账凭证"等。

（2）记账凭证的填制日期。

（3）记账凭证的编号。

（4）经济业务摘要。

（5）经济业务所涉及的会计科目、记账方向及记账金额。

（6）所附原始凭证的张数。

（7）会计主管人员、复核人员、记账人员、制单人员和出纳人员的签名或盖章。

（二）记账凭证的填制要求

记账凭证是登记账簿的直接依据，正确地填制记账凭证是保证账簿记录正确的前提。填制记账凭证，除了要符合原始凭证的填制要求外，还应遵循以下基本要求：

（1）以审核无误的原始凭证为依据。会计人员填制记账凭证时，首先必须对原始凭证进行审核，然后根据审核无误的原始凭证填制记账凭证。

（2）内容完整。记账凭证的基本要素应当填制齐全，以自制原始凭证或者原始凭证汇总表代替记账凭证的，也必须具备记账凭证的基本要素。

（3）连续编号。填制记账凭证时，应对记账凭证进行连续编号。采用专用记账凭证的，记账凭证可以按收款凭证、付款凭证和转账凭证分别编号；也可以按现金收入、现金付出、银行存款收入、银行存款付出和转账业务分别编号。采用通用记账凭证的，按经济业务发生的先后顺序连续编号。一笔经济业务需要填制两张以上记账凭证的，可以采用分数编号法编号，如 10 号会计事项需要填制两张记账凭证，其编号可为 $10\frac{1}{2}$ 号、$10\frac{2}{2}$ 号。无论采用哪种编号方法，都应按月顺序编号，即每月都从 1 号编起，顺序编至本月最后一张记账凭证为止，并且应在最后一张记账凭证的编号后加注"全"字，以免凭证散失。

（4）除结账和更正错误的记账凭证外，其他记账凭证必须附有原始凭证。所附原始凭证张数的计算，一般以原始凭证的自然张数为准。凡是与记账凭证中的经济业务记录有关的每一张证据，都应作为原始凭证的附件。如果记账凭证中附有原始凭证汇总表，也应将其计入附件张数之内。类似报销差旅费等零散票券，可以粘贴在一张贴存单上，作为一张原始凭证。如果一张原始凭证涉及几张记账凭证，可以把原始凭证附在一张主要的记账凭证后面，并在其他记账凭证上注明附有该原始凭证的记账凭证的编号或者附原始凭证复印件。一张原始凭证所列支出需要由几个单位共同负担的，应将其他单位负担的部分，给对方开具原始凭证分割单，进行结算。原始凭证分割单必须具备原始凭证的基本要素，包括凭证名称、填制凭证的日期、填制凭证单位的名称或者填制人的姓名、经办人的签名或者盖章、接受凭证单位的名称、经济业务的内容、数量、单价、金额和费用分摊情况等。

（5）记账凭证可以根据每一张原始凭证填制，或者根据若干张同类原始凭证汇总填制，也可以根据原始凭证汇总表填制。但不得将不同内容和类别的原始凭证汇总填制在一张记账凭证上。

（6）记账凭证填制错误时，应当重新填制。已经登记入账的记账凭证，在当年内发现填写错误时，可以用红字填写一张与原内容相同的记账凭证，在摘要栏注明"注销某月某日某号凭证"字样，再用蓝字重新填制一张正确的记账凭证，注明"更正某月某日某号凭证"字样。如果会计科目没有错误，只是金额错误，也可以将正确数字与错误数字之间的差额，另编一张调整记账凭证，调增金额用蓝字，调减金额用红字。发现以前年度的记账凭证有错误的，应当用蓝字填制一张更正的记账凭证。

（7）记账凭证填制完经济业务后，如有空行，应当在自金额栏最后一笔金额数字下的空行处至合计数以上的空行处划线注销。

（8）实行会计电算化的单位，对于机制记账凭证，应做到会计科目使用正确、数字准确无误。打印出的机制记账凭证应由制单人员、审核人员、记账人员及会计机构负责人、会计主管人员签字或者盖章。

（三）记账凭证的填制方法

1. 收款凭证的填制

收款凭证是根据审核无误的现金和银行存款收入业务的原始凭证编制的记账凭证。由于这类业务只涉及"库存现金"和"银行存款"两个借方科目，所以收款凭证又分为现金收款凭证和银行存款收款凭证，这两种凭证一般分别以"现收字"和"银收字"按月连续编号。收款凭证左上角的"借方科目"，按实际收款的方式分别填写"库存现金"或"银行存款"。凭证填制日期为实际填制凭证的日期。凭证内的"摘要"栏填写所记录经济业务的简要说明；"贷方科目"栏内的"总账科目"和"明细科目"栏分别填写与"库存现金"或"银行存款"借方科目相对应的一级会计科目和二级会计科目；"金额"栏填写该项经济业务的实际发生额；"记账符号"栏供记账人员在将该记账凭证内容登入账簿后打"√"，作记账标记使用，防止重复记账。"附件"填写本记账凭证所附原始凭证的张数。最后根据内部控制要求和凭证传递路线依次由有关人员签字或者盖章，以明确经济责任。

【例 5-1】 2006 年 6 月 18 日，企业收到开户银行转来的电汇收款通知，已收到广元集团前欠货款人民币150 000元。根据电汇收款通知及企业给广元集团开具的收款收据的记账联等原始凭证填制收款凭证，见表 5-17。

表 5-17 收 款 凭 证

借方科目：银行存款　　　　2006 年 6 月 18 日　　　　收字第 00258 号

摘　要	贷方科目		金额	记账符号
	总账科目	明细科目		
收到广元集团前欠货款	应收账款	广元集团	150 000.00	
合　计			150 000.00	

附件 2 张

会计主管：　　　复核：　　　记账：　　　制单：　　　出纳：

2. 付款凭证的填制

付款凭证是根据审核无误的现金和银行存款付出业务的原始凭证编制的记账凭证。这类业务只涉及"库存现金"和"银行存款"两个贷方科目，所以付款凭证又分为现金付款凭证和银行存款付款凭证，这两种凭证一般分别以"现付字"和"银付字"按月连续编号。收款凭证左上角的"贷方科目"，按实际付款的方式分别填写"库存现金"或"银行存款"。凭证填制日期为实际填制凭证的日期。凭证内的"摘要"栏填写所记录经济业务的简要说明；"借方科目"栏内的"总账科目"和"明细科目"栏分别填写与"库存现金"或"银行存款"贷方科目相对应的一级会计科目和二级会计科目；"金额"栏填写该项经济业务的实际发生额；"记账符号"栏供记账人员在将该记账凭证内容登入账簿后打"√"，作记账标记使用，防止重复记账。"附件"填写本记账凭证所附原始凭证的张数。最后根据内部控制要求和凭证传递路线依次由有关人员签字或者盖章，以明确经济责任。

【例5-2】 2006年6月21日，张林借差旅费3 000元，现金支付。根据张林填制的借款单这一原始凭证填制付款凭证，见表5-18。

表5-18　　　　　　　　　　付 款 凭 证

贷方科目：库存现金　　　　　　2006年6月21日　　　　　　　付字第00365号

摘　要	借方科目		金额	记账符号	
	总账科目	明细科目			附件1张
张林借差旅费	其他应收款	张林	3 000.00		
合　计			3 000.00		

会计主管：　　　复核：　　　记账：　　　制单：　　　出纳：

3. 转账凭证的填制

转账凭证是根据审核无误的、不涉及现金和银行存款收付的转账业务的原始凭证编制的记账凭证。转账凭证一般以"转字"按月连续编号。凭证填制日期为实际填制凭证的日期。凭证内的"摘要"栏填写所记录经济业务的简要说明；"借方科目"和"贷方科目"栏内的"总账科目"和"明细科目"栏分别填写经济业务所涉及的借方科目和贷方科目相对应的一级会计科目和二级会计科目；"金额"栏填写该项经济业务的实际发生额；"记账符号"栏供记账人员在将该记账凭证内容登入账簿后打"√"，作记账标记使用，防止重复记账。"附件"填写本记账凭证所附原始凭证的张数。最后根据内部控制要求和凭证传递路线依次由有关人员签字或者盖章，以明确经济责任。

【例5-3】 2006年7月31日，预提当月贷款利息12 000元。会计人员根据自制的记账编制凭证"预提贷款利息表"这一原始凭证填制转账凭证，见表5-19。

表5-19　　　　　　　　　　转 账 凭 证

2006年7月31日　　　　　　　转字第00269号

摘　要	借方科目		贷方科目		金额	记账符号	
	总账科目	明细科目	总账科目	明细科目			附件1张
预提贷款利息	财务费用	贷款利息	预提费用	×××银行利息	12 000.00		
合　计					12 000.00		

会计主管：　　　复核：　　　记账：　　　制单：　　　出纳：

4. 通用记账凭证的填制

通用记账凭证的填制方法与转账凭证基本相同，所不同的是在记账凭证的编号上，应按照经济业务发生的先后顺序连续编号。

5. 单式记账凭证的填制

单式记账凭证的填制方法是每一项经济业务涉及几个会计科目，就编制几张记账凭证。根据记账凭证所记录的是借方科目还是贷方科目，单式记账凭证可分为借项记账凭证和贷项记账凭证两种。但无论是哪种凭证，都应填列对方科目的名称，以便相互对照。在对单式记账凭证编号时，既要按经济业务发生的顺序编总号，还要按该项经济业务涉及的记账凭证的数量编分号。如某项经济业务是本月发生的第 20 笔业务，涉及三个会计科目，需要编制三张单式记账凭证，则借项记账凭证和贷项记账凭证的编号分别为 $20\frac{1}{3}$、$20\frac{2}{3}$、$20\frac{3}{3}$。凭证填制日期为实际填制凭证的日期。凭证内的"摘要"栏填写所记录经济业务的简要说明；"借方科目"或"贷方科目"栏内的"总账科目"和"明细科目"栏分别填写经济业务所涉及的某个借方科目或贷方科目相对应的一级会计科目和二级会计科目；"金额"栏填写应记入某账户的金额；"记账符号"栏供记账人员在将该记账凭证内容登入账簿后打"√"，作记账标记使用。最后根据内部控制要求和凭证传递路线依次由有关人员签字或者盖章。

【例 5-4】 2006 年 8 月 1 日，企业从×××银行贷款人民币 3 000 000 元，已收到银行进账通知。根据进账单和企业给银行开具的收款收据等原始凭证编制单式记账凭证，见表5-20、表 5-21。

表 5-20

借 项 记 账 凭 证

2006 年 8 月 1 日　　　　　　　　　　　　　　　　记字 $3\frac{1}{2}$ 号

摘要	总账科目	明细科目	账页	金额
×××银行贷款	银行存款			3 000 000
对应总账科目：短期借款				

会计主管：　　　记账：　　　复核：　　　制单：　　　出纳：

表 5-21

贷 项 记 账 凭 证

2006 年 8 月 1 日　　　　　　　　　　　　　　　　记字 $3\frac{2}{2}$ 号

摘要	总账科目	明细科目	账页	金额
×××银行贷款	短期借款	×××银行		3 000 000
对应总账科目：银行存款				

会计主管：　　　记账：　　　复核：　　　制单：　　　出纳：

三、记账凭证的审核

记账凭证是登记账簿的直接依据，为了确保账簿记录的正确性，提高会计核算工作的质量，在记账之前应由专门人员对记账凭证进行审核。只有经审核无误的记账凭证，才能作为记账的依据。记账凭证的审核主要包括以下内容：

1. 内容是否真实

主要审核记账凭证是否是以审核无误的原始凭证为依据编制的，所记录的内容是否与所附原始凭证的内容相一致。

2. 会计分录的编写是否正确

主要审核应借、应贷账户的名称、记账方向及记账金额是否正确，账户之间的对应关系是否明确。

3. 项目填写是否齐全

主要审核记账凭证的项目填写有无遗漏，填写是否规范，所附原始凭证张数是否正确，有关人员是否签字或者盖章。

审核中，如果发现记账凭证的填制有问题，应根据不同的情况分别进行处理。属于记账凭证的内容填制不完整的，应要求有关人员补充完整；属于记账凭证填制有差错的，应查明原因予以重新填制或更正，并由更正人员在更正处签字或者盖章。

第四节 会计凭证的传递与保管

一、会计凭证的传递

会计凭证的传递，是指会计凭证从取得或填制起，经过审核、整理、记账，直至归档保管的全过程。它包括两方面的内容：一是会计凭证在单位内部有关部门及人员之间传递的程序和路线；二是会计凭证在各个环节传递和停留的时间。

实务中，由于经济业务的内容和管理要求的不同，会计凭证的种类和格式是多种多样的，而且不同的会计凭证往往涉及不同的部门和人员，需要办理的手续和时间也不尽相同。为了充分发挥会计凭证的作用，确保会计核算正常、有序、及时地进行，必须为各种会计凭证规定一个科学、合理的传递程序。一般说来，合理组织会计凭证传递应从凭证传递程序和路线、凭证传递时间以及凭证交接手续三个方面着手进行。

（一）确定合理的凭证传递程序和路线

一项经济业务的完成通常需要单位内部几个部门的密切配合，在确定会计凭证的传递路线时，应综合考虑经济业务的特点、经营管理的要求、单位内部机构的设置和人员配备等多种因素，合理确定会计凭证的联次和传递程序。在具体传递路线的选择上，既要保证各有关部门和人员通过会计凭证了解经济业务的需要，又要符合内部控制的要求，确保会计凭证按规定的程序进行审批和处理，同时又要尽量避免经过不必要的环节，影响凭证传递的速度，降低会计核算工作的效率。

（二）确定合理的凭证传递时间

凭证传递时间包括凭证在某一环节的停留时间和从一个环节到另一个环节的转移时间。在确定凭证传递时间时，应结合凭证处理各环节内部控制的具体要求、应办理的手续、传递路线的长短等因素，合理确定会计凭证在某一环节的停留时间和不同环节之间的转移时间。既要防止时间太紧而影响经济业务的完成和会计手续的办理，又要防止因时间过于宽松而影响会计核算工作的效率。

（三）建立完善的凭证交接手续制度

会计凭证是会计核算的基础资料，为了保证会计凭证的安全、完整，防止出现凭证丢失、手续不清的情况，在会计凭证传递过程中，必须建立完善的凭证交接手续制度，做到各环节紧密衔接、手续完备、简便易行、责任明确。

会计凭证传递办法是一项重要的内部会计制度，也是单位内部控制的重要组成部分，应由会计部门同其他有关部门在调查研究的基础上共同制订，报经单位领导批准后，在单位内部严格执行。对执行过程中暴露出的问题，应进行认真研究并及时予以修订。

二、会计凭证的保管

会计凭证的保管，是指会计凭证记账后的整理、装订、归档存查工作。会计凭证作为记账的依据和基础，是重要的会计核算资料，也是重要的经济档案和历史资料。任何单位在完成经济业务手续和记账之后，都应按规定的会计凭证立卷归档制度，妥善保管会计凭证，以便日后随时查阅。会计凭证的保管应遵循以下基本要求：

（1）会计凭证登记完毕后，应当按照分类和编号顺序保管，不得散乱丢失。

（2）各种记账凭证连同所附的原始凭证或原始凭证汇总表，按照编号顺序，折叠整齐，加具封面、封底，按期装订成册，并在装订线上加贴封签，由装订人在装订线封签处签名或者盖章。

（3）会计凭证封面上应注明单位名称、年度、月份和起讫日期、凭证种类、起讫号码、凭证张数、会计主管人员、装订人员等事项，会计主管人员和保管人员应在封面上签章。

（4）记账凭证所附原始凭证的数量较多的，为了装订方便，也可另行装订保管，但应该在其封面及有关记账凭证上加注说明；各种经济合同、存出保证金收据以及涉外文件等重要的原始凭证，为便于日后随时查阅，也可单独装订保管，但应编制目录，并在原记账凭证上注明另行保管，以便查核。

（5）会计凭证装订成册后，应由专人负责保管，年终应登记归档。重新启用时，应按规定办理相应的手续。

（6）原始凭证不得外借，其他单位如因特殊原因需要使用原始凭证时，经本单位会计机构负责人、会计主管人员批准，可以复制。向外单位提供的原始凭证复制件，应当在专设的登记簿中登记，并由提供人员和收取人员共同签名或者盖章。

（7）从外单位取得的原始凭证如有遗失，应取得原开出单位盖有公章的证明，并注明原来凭证的号码、金额和内容等，由经办单位的会计机构负责人、会计主管人员和单位领导人批准后，才能代作原始凭证。如果确实无法取得证明的，如火车票、飞机票等凭证，由当事人写出详细情况，由经办单位的会计机构负责人、会计主管人员和单位领导人批准后，代作原始凭证。

会计凭证的保管期限和销毁手续，应遵守会计制度的有关规定，任何人无权自行随意销毁。根据规定，会计凭证的保管期限至少是 10 年，重要的会计凭证应永久保管。对于保管期限届满、需要销毁的会计凭证，必须列出清单，报上级主管部门批准后方可销毁。

本 章 小 结

本章主要对填制和审核会计凭证这一会计核算方法的相关内容进行了介绍。首先从会计凭证的概念入手，介绍了会计凭证的内涵、种类和作用。通过这部分内容的介绍，使读者对会计凭证作为会计核算的直接依据，其在整个财务会计核算方法体系中的地位和作用有了一个较为全面的理解。其次，为了熟悉会计凭证的填制，结合财政部发布的《会计工作基础规范》的要求，分别介绍了原始凭证和记账凭证的基本要素及填制方法。并在此基础上从会计实务的角度，介绍了原始凭证和记账凭证审核的内容和要求。最后对会计凭证传递和保管的基本要求进行了介绍。

复习思考题

1. 什么是会计凭证？为什么要填制会计凭证？

2. 根据用途和填制依据的不同，会计凭证分为几类？各包括哪些内容？

3. 原始凭证的基本要素包括哪些？如何正确填制原始凭证？

4. 记账凭证的基本要素包括哪些？如何正确填制记账凭证？

5. 原始凭证审核的内容和要求是什么？

6. 记账凭证审核的内容和要求是什么？

7. 会计凭证的传递和保管应遵循哪些基本要求？

第六章 会 计 账 簿

学习目的和要求：

1. 了解会计账簿的内涵、分类和作用；
2. 掌握各种会计账簿的设置与登记方法；
3. 熟悉会计账簿的启用、登记规则，掌握错账的更正方法；
4. 了解会计账簿的更换与保管。

第一节 会 计 账 簿 概 述

一、会计账簿的概念

（一）会计账簿的含义

在日常的会计核算工作中，企业所发生的各项经济业务都必须取得或填制原始凭证，经审核无误后编制记账凭证，将大量的经济信息转化为会计信息，从而反映经济业务的发生和完成情况。但由于会计凭证数量众多、格式不一，而且比较零散，每张凭证只能记录个别经济业务的情况，不能对企业在一定时期内所发生的全部经济业务进行全面、系统、连续地反映。因此，为了全面、系统地反映和监督企业的经济活动，提供完整的会计核算资料，就有必要依据会计凭证，按照一定规则，对企业发生的经济业务在会计账簿中进行登记。

所谓会计账簿，简称账簿，是指由一定格式、相互联系的账页所组成的，以会计凭证为依据，用以全面、系统、连续、分类地记录和反映各项经济业务的会计簿籍。设置和登记会计账簿，是会计核算的一种专门方法，也是会计工作的重要环节。

（二）会计账簿的分类

在会计核算中，使用的账簿是多种多样的。不同种类的账簿，其形式、用途、结构与登记方法各不相同，为了正确地设置和登记会计账簿，就需要对账簿进行科学的分类。

1. 按用途分

会计账簿按其用途的不同，分为序时账簿、分类账簿和备查账簿。

（1）序时账簿

序时账簿，又称日记账，是指按照经济业务发生的时间的先后顺序，逐日逐笔连续登记经济业务的账簿。在实际工作中，序时账簿是按照记账凭证的编号顺序逐日逐笔登记的。序时账簿按其所记录的经济业务内容的不同，又可以分为普通日记账和特种日记账两种。

1）普通日记账，也称为通用日记账，是用来登记会计主体全部经济业务发生情况的日记账。在账簿中，要按照每日发生的所有经济业务的先后顺序，逐项编制会计分录，并予以全面连续地登记，因而这种日记账也称为分录日记账。由于普通日记账需要逐笔登记，并逐笔过入分类账，工作量较大，又不利于记账分工，难以比较清晰地反映各类经济业务的情况。因此，它适用于账簿组织发展的早期，以及规模小、业务简单的企业。目前，我国各单位一般都不设置普通日记账。

2）特种日记账，是专门用来记录某一特定项目经济业务发生情况的日记账。将该类经济业务，按其发生的先后顺序记入账簿中，以反映这一特定项目的详细情况。如在会计实务中，为了加强对现金和银行存款的管理，及时反映其增、减变动和结余情况，各单位都要设置"现金日记账"和"银行存款日记账"，以有效保护货币资金的安全完整。特种日记账是基于经济业务纷繁复杂和分工记账的需要而设置的。

（2）分类账簿

分类账簿，是指对各项经济业务按照账户进行分类登记的账簿。按其反映经济业务的详细程度的不同，分类账簿可分为总分类账和明细分类账两种。

1）总分类账，简称"总账"，是指根据总分类会计科目开设账户，用来登记全部经济业务，进行总分类核算，以提供总括核算资料的分类账簿。总分类账用以对各项资产、负债、所有者权益、收入、费用和利润等会计要素的具体项目进行总括的反映和监督。

2）明细分类账，简称"明细账"，是根据明细分类会计科目开设账户，用来登记某一类经济业务，进行明细分类核算，提供明细核算资料的分类账簿。明细分类账用以对某一类资产、负债、所有者权益、收入、费用和利润等会计要素的具体项目进行详细的反映和监督。它是对总分类账的补充和具体化，并受总账的控制。

（3）备查账簿

备查账簿，也称辅助账簿，是指对某些在序时账簿和分类账簿中未能记载或记载不全的经济事项进行补充登记的账簿。备查账簿主要用来记录一些供日后查考的有关经济事项，如"代销商品登记簿"、"受托加工材料登记簿"、"租入固定资产登记簿"等。备查账簿只是对其他账簿记录的一种补充，但与其他账簿之间不存在严格的依存和勾稽关系。

2. 按外表形式分

会计账簿按其外表形式的不同，分为订本式账簿、活页式账簿和卡片式账簿。

（1）订本式账簿

订本式账簿，是指在启用之前就将一定数量的印有专门格式的账页按顺序编号固定装订成册的账簿，简称订本账。一般具有统驭性和重要的账簿，如总分类账、现金日记账、银行存款日记账等都采用订本账。采用订本账可以避免账页散失，防止任意抽换账页。但是该种账簿在同一时间内只能由一人登记，不利于分工记账。同时，由于账页固定后，不能根据记账需要增减账页，这样必须为每一账户预留空白账页。若账页预留过多，会造成浪费，若预留不足，会影响账簿记录的连续性。

（2）活页式账簿

活页式账簿，是指在启用时账页不装订成册而置放于活页账夹内，可根据记账内容的变化而随时增加或减少部分账页的账簿，简称活页账。这种账簿可根据实际需要，随时加入或抽出账页，使用灵活，便于分类计算和汇总，也利于分工记账。但由于账页没有固定，容易造成散失或被人为抽换。因此，在使用时要对账页进行编号，并在账页上加盖有关人员印章，以明确责任。在年度终了要装订成册、存档，由专人保管。活页账主要用于各种明细分类账。

（3）卡片式账簿

卡片式账簿，是指将一定数量的卡片式账页存放于专设的卡片箱中，账页可以根据需要随时增添的账簿，简称卡片账。使用卡片账时，每一张卡片均需要编号，登记后按顺序放入卡片箱中，并加盖经办人印章，以确保账页的完整性和安全性。这种账簿灵活性强，便于归类、整理和查阅，并可根据需要跨年度使用。但其缺点同活页账一样，也容易散失和被抽换，应由专人妥善保管。卡片账一般适用于固定资产、低值易耗品等使用时间长，但日常记录少的财产类明细分类账。

3. 按账页格式分

会计账簿按其账页格式的不同，分为三栏式账簿、数量金额式账簿、多栏式账簿等。

（1）三栏式账簿

三栏式账簿，是指由设置借方、贷方、余额三个金额栏的账页组成的账簿。这种账簿适用于总分类账、现金日记账、银行存款日记账，也适用于只进行金额核算而不需要进行数量核算的债权、债务结算类账户的明细分类账，如各种应收、应付账款明细账等。

（2）数量金额式账簿

数量金额式账簿，也称为大三栏式账簿，是指在借方、贷方、余额每一大栏内又设置数量、单价、金额等小栏目的账页组成的账簿。这种格式适用于既要进行金额核算，又要进行实物数量核算的各种财产物资明细分类账，如原材料明细账和库存商品明细账等。

（3）多栏式账簿

多栏式账簿，是指在借方或贷方的某一方或者两方下面分设若干栏目，详细核算借、贷方发生额的组成情况的账页所组成的账簿。这种格式适用于核算项目较多，且管理上要求提供核算项目详细内容的账簿，如生产成本、制造费用、管理费用、财务费用等明细账。

在账页格式中，最基本的是三栏式账簿，其他账簿格式都是从三栏式账簿转变而来的。

二、设置会计账簿的意义

设置和登记账簿是会计核算的一种专门方法，也是会计核算的重要环节。通过设置和登记账簿，可以全面、系统地记载和提供企业经济活动的各种数据，这对于企业加强经济核算，提高经营管理水平具有重要的意义。

（1）设置和登记账簿，可以为企业经营管理提供系统、完整的会计信息。

通过设置和登记账簿，可以将会计凭证所反映的分散、零星、不系统的会计核算资料加以归类、整理、汇总，形成集中、全面、系统的会计信息，为企业提供有关各项资产、负债、所有者权益、收入、费用、利润，以及经营资金收支变化情况的总括和明细核算资料。这对于企业加强经济核算、合理运用资金和改善经营管理具有十分重要的作用。

（2）设置和登记账簿，可以为企业编制财务会计报告提供系统的会计核算资料。

账簿分类、序时地记录和反映企业各项资产、负债、所有者权益以及收入、费用、利润增减变化情况的数据资料，是企业进行成本计算和编制财务会计报告的主要依据。财务会计报告指标是否真实、准确，编报是否及时，都与账簿设置和登记的质量有密切关系。

（3）设置和登记账簿，可以有效保护企业财产的安全与完整。

通过设置有关财产账簿，日常记录这些财产的增减变动和结存情况，并结合定期或不定期的财产清查，将实存数与账面数进行核对。若账实不符，应查明原因并及时进行账务处理，这有助于促进企业加强对财产物资的妥善保管，防止损失浪费，揭露贪污盗窃行为，保护企业财产不受侵犯。

（4）设置和登记账簿，可以为分析、考核和检查企业经营活动提供依据。

通过对账簿资料的分析，可以检查企业财经法规、制度的执行情况，财经纪律的遵守情况；分析资金使用是否得当，成本、费用支出是否合理；考核企业财务状况和经营成果的执行情况，进而发现企业经营活动中存在的问题和矛盾，分析原因，提出改进措施，不断提高企业经济效益。

第二节 会计账簿的设置和登记

《会计法》第3条规定："各单位必须依法设置会计账簿，并保证其真实、完整。"各单位应该按照会计制度的规定，根据自身经济业务的特点和管理要求来确定会计账簿的设置，做到账簿体系完整，层次分明，既要有科学的严密性和完整性，又要有合理的实用性和可操作性，既要避免重复设账，又要防止过于简化。

一、会计账簿的设置原则

会计账簿的设置，包括确定账簿的种类、内容、格式、作用和登记方法。一般来说，设置账簿应遵循以下原则：

1. 合法性原则

《会计法》第16条规定："各单位发生的各项经济业务事项应当在依法设置的会计账簿上统一登记、核算，不得违反本法和国家统一的会计制度的规定私设会计账簿登记、核算。"各单位应依法设置会计账簿，保证设置的账簿体系符合国家有关法律、法规的要求。

2. 统一性原则

各单位应当按照国家统一会计制度的规定和经济业务的需要设置账簿，所设置的账簿体系应能连续、全面、系统地反映经济活动情况，满足有关各方了解单位的财务状况和经营成果的需要，满足经济单位内部加强核算和管理的需要，为编制财务会计报告提供资料。

3. 科学性原则

所设置的账簿体系要科学严密、层次分明。账簿之间要互相衔接、互相补充、互相制约，能清晰地反映账户的对应关系，以便能提供完整、系统的核算资料。

4. 实用性原则

账簿的设置要根据经济单位规模的大小、经济业务的繁简、会计人员的多少等因素，从加强管理的实际需要和具体条件出发，既要防止账簿设置重叠，也要防止账簿体系过于简化。一般来讲，业务复杂、规模大、会计人员多、分工较细的单位，账簿设置可以细一些；而业务简单、规模小、会计人员少的单位，账簿设置则应简化一些。

二、会计账簿的基本内容

各种账簿所记录的经济内容不同，账簿的格式又多种多样，而且不同格式的账簿所包括的具体内容也不尽一致，但各种账簿都应具备以下基本内容：

1. 封面

账簿封面主要用于标明账簿名称，如总分类账、各种债权债务明细账等，以便于使用和查阅。

2. 扉页

扉页主要用来登载账簿启用及经管人员一览表和账户目录等内容。

账簿启用及经管人员一览表的主要内容包括单位名称、起止页数、启用日期、会计主管人员、经管人员、移交人和移交日期、接管人和接管日期等，其格式见表 6-1。

表 6-1　　　　　　　　　　　　账簿启用及经管人员一览表

单位名称							单位公章	
账簿名称			（第　　册）					
账簿编号								
账簿页数			自第　页起至　页止共　页					
启用日期								

经管人员	单位主管		会计主管		复　核		记　账	
	姓　名	盖章	姓　名	盖章	姓　名	盖章	姓　名	盖章

交接记录	经 管 人 员		接　管		交　出	
	职　别	姓　名	年　月　日	盖章	年　月　日	盖章

备注	

账户目录由记账人员根据已设置的账户顺序填列，包括会计科目编号、名称和起讫页次，其格式见表 6-2。

表 6-2　　　　　　　　　　　　账户目录（科目索引）

编号	科目	起讫页次	编号	科目	起讫页次	编号	科目	起讫页次

3. 账页

账页是账簿的主要组成部分，其基本内容包括账户名称（或称一级会计科目、二级会计科目等）、账页编号、登记日期栏、凭证种类和号数栏、摘要栏（所记录经济业务内容的简要说明）；借（贷）方金额及余额的方向、金额栏、总页次和分户页次等。

三、日记账簿的设置与登记

日记账（序时账簿）是按照经济业务发生的时间的先后顺序，逐日、逐笔连续登记的账簿。日记账按其登记的经济业务内容的不同，可以分为普通日记账和特种日记账。而特种日记账按其所记录内容的不同，又可分为现金日记账、银行存款日记账、销售日记账、转账日记账等。

（一）普通日记账的设置与登记

普通日记账，是一种用来序时、逐笔登记全部经济业务的日记账。它是把每天发生的各项经济业务编制成会计分录过入账簿，实质上是登记会计分录的账簿，因此普通日记账也称为会计分录簿。

普通日记账一般只设有"借方金额"和"贷方金额"两个金额栏，其格式见表6-3。

表6-3　　　　　　　　　　　普 通 日 记 账

| 20××年 | | 业务号数 | 摘　要 | 会计科目 | 借方金额 | 贷方金额 | 过　账 |
月	日						
3	1	1	从银行提取现金	库存现金	5 000		√
				银行存款		5 000	√
3	1	2	购进办公用品	管理费用	750		√
				库存现金		750	√

普通日记账可以全面、连续地记录企业的全部经济业务情况，账户对应关系清楚，并为登记分类账做好了准备。由于只有一本日记账，不便于分工协作，而且不能将相同的经济业务进行归类反映。由于要逐笔记账，在经济业务很多时，工作量很大且繁琐。因此，普通日记账只适用于规模较小、经济业务不多且简单的企业。实务中，我国企业一般用记账凭证代替普通日记账的作用。

（二）特种日记账

特种日记账，是指用来登记某些特定项目的经济业务的日记账簿。实际工作中被广泛采用的特种日记账，主要有现金日记账和银行存款日记账。

按照我国现行会计制度的规定，各单位都要设置现金日记账和银行存款日记账，以便能够逐日反映库存现金和银行存款收入的来源、支出的方向或用途以及每日结存余额，同时也有利于货币资金的管理、使用以及对现金管理制度的执行情况进行日常监督。另外，银行存款应按银行和其他金融机构的名称和存款种类分别设置日记账进行明细核算。对持有外币现金和银行存款的企业，还应当分别按人民币和外币设置不同的现金日记账或银行存款日记账进行明细核算。由于现金日记账和银行存款日记账是专门来记录货币资金收支情况的特种日记账，必须采用订本式账簿，且不得用银行对账单或者其他方式代替日记账的作用。

特种日记账按其账页格式的不同，又可分为三栏式和多栏式两种。

1. 三栏式特种日记账

三栏式特种日记账，是指设有借方、贷方、余额三个金额栏次的日记账。这种日记账在会计实务中被广泛采用，通常为了便于分析货币资金的来龙去脉，一般还设有"对方科目"栏次。

（1）三栏式现金日记账。三栏式现金日记账是按照现金收入、支出和结余分别设置借方栏、贷方栏和余额栏的日记账。现金日记账通常由出纳人员根据审核后的现金收款凭证和现金付款凭证逐日、逐笔顺序登记。对于从银行提取现金的业务，由于只填制银行存款付款凭证，而不填制现金收款凭证，因此对于这类现金收入，应根据银行存款付款凭证登记。每次收付现金后，要随时结出账面余额，至少应将每日收付款项逐笔登记完毕后，分别计算每日现金收入和支出合计数及余额，并将现金日记账的账面余额同库存现金实存数额进行核对，以保证账款相符。三栏式现金日记账的格式见表6-4。

表 6-4　　　　　　　　　　**现金日记账（三栏式）**

20××年		凭证号数	摘　要	对方科目	借　方	贷　方	借或贷	余　额
月	日							
6	1		月初余额				借	2 500
	1	1	从银行提取现金	银行存款	5 000			7 500
	1	3	李军借差旅费	其他应收款		1 000		6 500
	1	4	购办公用品	管理费用		120		6 380
			本日合计		5 000	1 120	借	6 380
	2	7	报销电话费	管理费用		80		6 300

　　（2）三栏式银行存款日记账。三栏式银行存款日记账是按照银行存款收入、支出和结余分别设置借方栏、贷方栏和余额栏的日记账。银行存款日记账通常由出纳人员根据审核后的银行存款收款凭证、银行存款付款凭证逐日、逐笔顺序登记。若一个单位开立若干银行存款户，应分别设户登记，以便于和银行核对，也有利于银行存款的管理。银行存款日记账的借方栏一般根据银行存款收款凭证登记，贷方栏一般根据银行存款付款凭证登记。对于现金存入银行的业务，由于只填制现金付款凭证，而不填制银行存款收款凭证，因此登记银行存款收入时，应根据现金付款凭证进行登记。每次收付银行存款后，应随时结出银行存款余额，至少应将每日收付款项逐笔登记完毕后，计算出每日银行存款收入和支出的合计数及账面余额，以便定期同银行对账单核对，并随时检查、监督各种款项的收付，避免因超过实有存款额而出现透支。三栏式银行存款日记账的格式见表 6-5。

表 6-5　　　　　　　　　　**银行存款日记账（三栏式）**

20××年		凭证号数	摘　要	结算凭证		对方科目	借方	贷方	借或贷	余额
月	日			种类	编号					
7			期初余额						借	60 000
	1	1	从银行提取现金	现支	5 642	库存现金		1 000		59 000
	1	4	支付购料款	转支	3 158	在途物资		5 600		53 400
	1	7	收到前欠销货款	电汇	6 421	应收账款	8 600			62 000
	1	9	现金存入银行			库存现金	5 500			67 500
			本日合计				14 100	6 600	借	67 500
	2	12	支付水电费	转支	3 159	管理费用		1 500		66 000

　　三栏式特种日记账解决了分工记账的问题，而且把大量重复发生的同类经济业务（如现金收付款业务）都集中在一本账中予以序时反映，便于归类汇总。但由于只设一个"对方科

目"栏,所以不能反映对应会计科目经济业务的全貌。

2. 多栏式特种日记账

多栏式特种日记账,是指在账页的收入金额栏(借方)和支出金额栏(贷方)分别按对应会计科目设置专栏的日记账。也就是说,多栏式特种日记账的收入栏按现金(或银行存款)所对应的贷方会计科目分栏设置,支出栏按现金(或银行存款)所对应的借方会计科目分栏设置,并加设收入合计栏和支出合计栏。月末结账时,分别加计各栏发生额,计算期末余额,从而可以反映一定时期现金(或银行存款)收支情况的全貌。

多栏式特种日记账有利于通过账户的对应关系详细、清晰地反映一定时期现金(或银行存款)的收入渠道和支出去向,以监督货币资金的合理收入和正确支出,便于对其进行控制和管理。同时可以减少收、付款凭证的汇总工作量,简化了总账的登记工作。多栏式特种日记账适用于现金和银行存款日常收支业务频繁的单位。

多栏式特种日记账的登记方法与三栏式特种日记账的登记方法基本相同。实际工作中,使用多栏式现金(或银行存款)日记账时,由于涉及的对应科目较多,需要设置较多的专栏,从而造成账页篇幅过宽,登记不便,容易发生错栏或串行。因此,多栏式现金(或银行存款)日记账又可以分别设置现金(或银行存款)收入日记账和现金(或银行存款)支出日记账。只是在分设现金(或银行存款)收入和支出两本日记账的情况下,每日业务结束时需将支出日记账中计算出的"支出合计"转入收入日记账中的"支出合计"栏,以便结算出当日账面余额。现以银行存款日记账为例,多栏式特种日记账的格式见表6-6～表6-8。

表6-6　　　　　　　　　　　　　银行存款日记账(多栏式)

20××年		凭证号	摘　要	收入对应的贷方科目			收入合计	支出对应的借方科目					支出合计	借或贷	余额
月	日			库存现金	主营业务收入	应收账款		在途物资	应付账款	库存现金	管理费用	销售费用			
3			期初余额											借	250 000
	1		现金存入银行	5 000			5 000								255 000
	3		转付厂部电话费								3 600		3 600		251 400
	4		转付甲材料货款					6 400					6 400		245 000
	7		销售乙商品		8 600		8 600								253 600
	8		归还光明公司货款						4 500				4 500		249 100
	10		从银行提取现金							7 600			7 600		241 500
	14		收回宏大公司货款			6 500	6 500								248 000
	15		转付电视台广告费									3 400	3 400		244 600
			本日合计	5 000	8 600	6 500	20 100	6 400	4 500	7 600	3 600	3 400	25 500	借	244 600
				┆	┆	┆	┆	┆	┆	┆	┆	┆	┆		

表 6-7　　　　　　　　　银行存款收入日记账（多栏式）

20××年		凭证号数	摘　要	结算凭证		收入对应的贷方科目			收入合计	支出合计	借或贷	余额
月	日			种类	号数	库存现金	主营业务收入	应收账款				
3			期初余额								借	250 000
		1	现金存入银行			5 000			5 000			
		7	销售乙商品				8 600		8 600			
		14	收回宏大公司货款					6 500	6 500			
			本日合计			5 000	8 600	6 500	20 100	25 500	借	244 600
			⁝			⁝	⁝	⁝	⁝			

表 6-8　　　　　　　　　银行存款支出日记账（多栏式）

20××年		凭证号数	摘　要	结算凭证		支出对应的借方科目					支出合计
月	日			种类	号数	在途物资	应付账款	库存现金	管理费用	营业费用	
		3	转付厂部电话费						3 600		3 600
		4	转付甲材料货款			6 400					6 400
		8	归还光明公司货款				4 500				4 500
		10	提取现金					7 600			7 600
		15	转付电视台广告费							3 400	3 400
			本日合计			6 400	4 500	7 600	3 600	3 400	25 500
			⁝			⁝	⁝	⁝	⁝	⁝	⁝

采用多栏式特种日记账时需要注意的是，在根据各科目的合计数过入总账时，对于现金与银行存款相互划转的业务，其对应栏（"库存现金"栏或"银行存款"栏）的合计数不必过账，以避免重复。

四、分类账簿的设置与登记

分类账簿简称"分类账"，它是按照账户的分类进行登记的簿籍。为了及时了解各账户在某一期间的变动情况以及某一特定日期的结存情况，会计上往往需要按会计科目设置单个账户，以汇集有关的单项信息，分类账便应运而生。分类账构成了会计主体整个账簿体系的主体部分，按其所记录经济业务的详细程度的不同，分为总分类账和明细分类账两大类。

（一）总分类账的设置与登记

总分类账简称"总账"，它是按照总分类账户（一级账户）来分类登记全部经济业务的账簿。在总分类账中，应按照会计科目的编码顺序开设账户，进行分户核算。总分类账一般采用订本账，在开设时应为每个账户预留若干账页。通过总分类账，一方面可以全面、总括地反映单位全部经济活动的情况和结果，为编制财务会计报告提供资料；另一方面又能统驭日记账和明细分类账，以保证账簿记录的正确性。总分类账按其账页格式的不同，可分为以下三种。

1. 三栏式总分类账

三栏式总分类账是在金额栏分设借方、贷方、余额三栏，分别记录经济业务所引起的会计要素项目的增减变化和结果情况。三栏式总分类账是总账中最常用的格式，其登记方法视采用不同的账务处理程序而定，可以根据记账凭证逐笔登记，也可以通过一定方式定期加以汇总登记，其格式见表6-9、表6-10。

表6-9 　　　　　　　总分类账（三栏式——逐笔登记）

会计科目：应付账款

20××年		凭证号数	摘　要	借　方	贷　方	借或贷	余　额
月	日						
4			期初余额			贷	25 000
	2	25	购买乙产品		4 680	贷	29 680
	6	29	支付货款	4 680		贷	25 000
	8	40	偿还前欠宏大公司货款	12 000		贷	13 000

表6-10 　　　　　　　总分类账（三栏式——汇总登记）

会计科目：银行存款

20××年		凭证号数	摘　要	借　方	贷　方	借或贷	余　额
月	日						
4			期初余额			借	364 000
	10	汇1	1~10日汇总	85 400	192 000	借	257 400

2. 对应账户式总分类账

对应账户式总分类账是指为了在总账中保持账户的对应关系，在三栏式总分类账的基础上增设"对应科目"栏，以便更清晰地反映借贷双方发生额的来龙去脉和便于查对账目。这种格式主要适用于汇总记账凭证的账务处理程序，其格式见表6-11。

表6-11 　　　　　　　总分类账（对应账户式）

会计科目：应付账款

20××年		凭证号数	摘　要	对方科目	借　方	贷　方	借或贷	余　额
月	日							
4	1		期初余额				贷	25 000
		25	购买乙产品	在途物资		4 000	贷	
		26	购买乙产品进项税	应交税金		680	贷	29 680
		29	支付货款	银行存款	4 680		贷	25 000
		40	偿还前欠宏大公司货款	银行存款	12 000		贷	13 000

3. 多栏式总分类账

多栏式总分类账是将许多账户集中在一张账页上进行登记。这种格式主要适用于科目汇总表账务处理程序，一般是每隔 10 天编制一次科目汇总表并登记一次总账，一个月使用一张账页，其格式见表 6-12。此外，也可以每天编制一次科目汇总表并登记总账，即按照经济业务发生的时间的先后顺序和账户分类来登记账簿，这样将日记账和总分类账结合起来，能够减少记账的工作量，具体格式见表 6-13。

表 6-12　　　　　　　　　　　　　　　　总分类账（多栏式）

编号	会计科目	上月余额		汇字第××号 1～10 日发生额		本期余额		汇字第××号 11～20 日发生额		本期余额		汇字第××号 21～ 日发生额		本期余额	
		借	贷	借	贷	借	贷	借	贷	借	贷	借	贷	借	贷

表 6-13　　　　　　　　　　　　　总分类账（多栏式——日记总账）

20××年		凭证号数	摘　要	库存现金		银行存款		应收账款		原材料		库存商品		应付账款		……	
月	日			借	贷	借	贷	借	贷	借	贷	借	贷	借	贷	借	贷

采用多栏式总账，月末可清晰地反映资金运动的全貌，便于分析和对账，但会计科目较多时，账页过大，不利于登账，容易造成错行和串行。多栏式总账主要适用于经济业务简单和涉及会计科目较少的单位。

（二）明细分类账的设置与登记

明细分类账简称"明细账"，它是根据总分类账户所属明细分类账户开设，用来登记某类经济业务的账簿。在会计实务中，各种明细分类账分别按照二级科目或明细科目设置，进行分户核算，用以分类、连续地记录和反映有关资产、负债、所有者权益、收入、费用、利润等会计要素具体项目的详细变动情况。明细分类账对于加强财产的收发和保管、资金的使用和管理、往来款项的结算、收入的取得及费用的开支等都起着重要的作用，同时也是编制财务会计报告和进行会计分析和检查的主要依据。因此，各单位在设置总分类账的基础上，还应根据业务繁简程度和经营管理的需要，按照明细科目设置固定资产、原材料、库存商品、债权、债务、收入、费用、成本以及其他各种必要的明细分类账，作为总分类账的必要补充。

明细分类账一般采用活页式账簿，也有的采用卡片式账簿（如固定资产明细账），其格式很多，比较常用的有以下三种：

1. 三栏式明细分类账

三栏式明细分类账的格式与三栏式总分类账的格式相同，即在账页中只设置借方、贷方和余额三个金额栏。这种格式的明细账主要适用于那些只要求进行金额核算而不需要进行数量核算的债权、债务结算类科目的明细分类核算，如"应收账款"、"应付账款"等。三栏式明细分类账由记账人员根据有关记账凭证或原始凭证逐日逐笔登记借方、贷方金额，并结出余额，其格式见表 6-14。

表 6-14　　　　　　　　　　　　　　　应付账款明细分类账

明细科目：发达公司

20××年		凭证号数	摘　要	借　方	贷　方	借或贷	余　额
月	日						
8	1		期初余额			贷	33 930
	3	40	偿还前欠货款	14 040		贷	19 890
	14	125	购买甲材料，款未付		10 530	贷	30 420
	28	264	支付货款	10 530		贷	19 890
			本月合计	24 570	10 530	贷	19 890

2. 数量金额式明细分类账

数量金额式明细分类账是在账页的借方、贷方和余额栏内，分别设有数量、单价和金额三个栏。这种格式的明细账主要适用于既要进行金额核算，又要进行实物数量核算的各种财产物资的明细分类核算，如"原材料"、"库存商品"等存货的明细核算。数量金额式明细分类账通过实物计量和货币计量，同时核算经济业务所引起的实物数量变化和价值变化，从而提供财产物资的收、发、存的详细资料，便于加强对这些财产物资的实物管理、使用和监督。这种明细账主要根据记账凭证及其所附的财产物资的收、发原始凭证逐笔进行登记。此外，在这种格式账页的顶端，还应根据实际需要，设置和登记一些必要的项目，如产品、材料物资的类别、名称、规格、计量单位、计划单价、最高和最低储备量等，其格式见表 6-15。

表 6-15　　　　　　　　　　　　　　　原 材 料 明 细 账

材料类别：　　　　　　　品名规格：　　　　　　　最高储量：

材料编号：　　　　　　　计量单位：　　　　　　　最低储量：　　　　　　　储存地点：

20××年		凭证号数	摘　要	借　方			贷　方			余　额		
月	日			数量	单价	金额	数量	单价	金额	数量	单价	金额

3. 多栏式明细分类账

多栏式明细分类账是根据各项经济业务的特点和经营管理的需要，在一张账页内按某一科目所属的各明细项目在借方或贷方分设专栏，借以提供这类经济业务的详细资料。这种格式的明细账主要适用于只记金额，不记数量，而且在管理上需要了解其构成内容的费用、成本、收入、利润等账户的明细分类核算，如"管理费用"、"主营业务收入"、"本年利润"等账户的明细核算。在会计实务中，多栏式明细分类账的设置比较灵活，可以是借方多栏，适用于诸如生产成本、制造费用、管理费用、销售费用、主营业务成本等成本费用类科目的明细分类核算，也可以是贷方多栏，适用于诸如主营业务收入、其他业务收入、营业外收入等收入类科目的明细分类核算，还可以是借贷双方均采用多栏登记，适用于负债（如应交税费——应交增值税）、所有者权益（如本年利润）等账户的明细核算。对于借方（或贷方）多栏式明细账，平时主要记录增加数及合计数，减少数或期末转出数则在有关栏内用红字（或负数）登记。多栏式明细分类账的格式见表 6-16、表 6-17。

表 6-16　　　　　　　　　　　　　　　制 造 费 用 明 细 账

20××年		凭证号数	摘　　要	借　方								借方余额
月	日			工资	福利费	折旧费	修理费	办公费	水电费	材料费	合计	
7	26		承前页				2 300	1 100		1 600	5 000	5 000
	28	176	支付水电费						3 400		3 400	8 400
	29	201	分配工资及福利费	2 000	280						2 280	10 680
	31	236	计提折旧			7 520					7 520	18 200
			本月合计	2 000	280	7 520	2 300	1 100	3 400	1 600	18 200	18 200
			结转生产成本	−2 000	−280	−7 520	−2 300	−1 100	−3 400	−1 600	−18 200	0

表 6-17　　　　　　　　　　　　　　应交税金—应交增值税明细账

20××年		凭证号数	摘　要	借　方					贷　方				借或贷	余额
月	日			进项税额	已交税金	减免税款	出口抵减内销产品应纳税额	转出未交增值税	销项税额	出口退税	进项税额转出	转出多交增值税		

各种明细分类账的登记方法，应根据单位业务量的大小、人员的多少、经济业务内容的繁简以及经营管理的需要而定，通常根据原始凭证、原始凭证汇总表或标有明细科目及金额的记账凭证进行登记。

五、备查账簿的设置与登记

备查账簿也称辅助账，是对日记账和分类账中未记录的事项进行补充登记的账簿。单位应根据会计核算和经营管理的需要来设置备查账簿，如"代销商品登记簿"、"租入固定资产登记簿"等。备查账簿的内容不受总账的制约，只是其他账簿记录的一种补充，且与其他账簿之间不存在严密的依存、勾稽关系。备查账簿没有固定的账页格式，可根据记录内容和管理要求自行设计。以"租入固定资产登记簿"为例，备查账簿的格式见表 6-18。

表 6-18　　　　　　　　　　　　　　租入固定资产登记簿

20××年		凭证	摘要	类别	规格	型号	名称	单位	数量	租入期限	租金	修理费用	改良工程支出
月	日												

第三节 会计账簿的启用、登记规则和错账更正

一、会计账簿的启用规则

会计账簿是重要的会计档案，必须由专职记账人员记载。为保证账簿记录的合法性和完整性，明确记账责任，必须按规定启用会计账簿。

（1）会计人员在启用账簿时，应当在账簿封面上写明单位名称、账簿名称和使用年度，并填列账簿扉页上的"账簿启用和经管人员一览表"（格式见表6-1），内容包括单位名称、账簿名称、账簿编号、账簿册数、账簿起止页数、启用日期、经管人员（包括会计机构负责人、会计主管、复核和记账人员）的姓名，并加盖名章和单位公章。

（2）当记账人员或者会计机构负责人、会计主管人员有工作变动时，应当按照有关规定办理账簿交接手续，在"账簿启用和经管人员一览表"的交接记录栏内填写交接日期、接办人员和监交人员的姓名，并由交接双方人员签名或盖章，以明确有关人员的责任。

（3）启用订本式账簿，应从第一页到最后一页按顺序编定页码，不得跳页、缺号。启用活页式账簿，应按账户顺序编号，必须定期装订成册；装订后再按实际使用的账页顺序编定页码，另加目录，记明每个账户的名称和页码。

二、会计账簿的登记规则

登记会计账簿是会计核算的一项基础工作。为了保证会计账簿所提供信息的质量，登记账簿时，一般应遵循以下规则：

（一）有合法的账簿登记依据

会计人员应当根据审核无误的会计凭证登记账簿。具体来说，登记会计账簿时，应当将会计凭证的日期、编号、业务内容摘要、金额和其他有关资料逐项记入账内，做到数字准确，摘要简明扼要、表达清楚，字迹工整，登记及时。登记完毕后，要在记账凭证上签名或者盖章，并注明已经登账的符号（如"√"），表示已经记账，以免重记或漏记。

（二）对账簿中文字书写和数字的要求

为了使账簿记录清晰、整洁，便于使用，记账时要做到文字、数字书写规范、端正、清楚；账簿中的文字和数字要紧贴底格书写，上面要留有适当空格，不要写满格，一般应占格宽的二分之一，以便为日后更正错账留下空间。

（三）书写用笔要求

为了保证账簿记录清晰耐久，防止涂改，便于长期保存，登记账簿要用蓝黑墨水或者碳素墨水书写，不得使用圆珠笔（银行的复写账簿除外）或者铅笔书写，但下列情况可以用红色墨水记账：

（1）运用红字冲账的记账凭证，冲销错误记录。

（2）在不设借、贷等栏的多栏式账页中，登记减少或转出数。

（3）在三栏式账户的余额栏前，如未标明余额的方向，在余额栏内登记负数余额。

（4）结账画线。

（5）会计制度中规定可以用红字登记的其他会计记录。

（四）按页次顺序连续登记的要求

登记账簿时，各种账簿必须按页次顺序连续登记，不得跳行、隔页。如果发生跳行、隔

页，应将空行、空页画对角红线注销，或注明"此行空白"、"此页空白"字样，并由记账人员签名或盖章。不得随意涂改、撕毁账页，也不能在空行或空页处乱加文字说明。

（五）登记借贷方向的要求

登记账簿必须按记账凭证的会计分录所指明的借贷方向登记，不得记错方向。凡需要结出余额的账户，在结出余额后，应在借或贷等栏内写明"借"或"贷"等字样。没有余额的账户，应在借或贷等栏内写"平"字，并在余额栏的元位上填写"0"。现金日记账和银行存款日记账必须逐日结出余额。

（六）保持账簿记录连续性的要求

为了保持账簿记录的连续性，每一账页登记完毕结转下页时，应结出本页发生额合计数及余额，写在本页最后一行和下页第一行的有关栏内，并在"摘要"栏内分别注明"过次页"和"承前页"字样；也可以将本页发生额合计数及余额只写在下页第一行的有关栏内，并在"摘要"栏内注明"承前页"字样。对需要结计本月发生额的账户，结计"过次页"的本页合计数应当为自本月初起至本页末止的发生额合计数；对需要结计本年累计发生额的账户，结计"过次页"的本页合计数应当为自年初起至本页末止的累计数；对既不需要结计本月发生额，也不需要结计本年累计发生额的账户，可以只将每页末的余额结转次页。

（七）更正记录错误的要求

当账簿记录发生错误时，应根据错误的性质和发现时间的不同，按规定的办法进行更正，不得撕毁账页或重新抄写，也不准随意涂改、刮擦、挖补或用药水消除字迹。

三、错账更正

在账簿的登记工程中，由于各种原因，难免会发生一些记账错误，一般称之为错账。对于错账，会计人员必须按照会计基础工作规范的要求进行及时更正，以保证会计核算的真实性和准确性。

（一）产生记账错误的原因

常见的记账错误，根据其性质的不同，可分为以下几类：

（1）会计原理、原则、方法运用错误。

（2）记录错误，主要包括重记、漏记、数字错位、数码颠倒、错记借贷方向、科目错用等。

（3）计算错误，主要包括余额算错、合计数加错等。

（二）检查记账错误的方法

1. 全面检查

实务中，对记账错误进行全面检查时，具体包括以下两种做法：

（1）顺查法，亦称正查法，是按照记账工作的顺序检查账簿，从原始凭证、记账凭证的编制、账簿记录到试算平衡表的编制依次进行检查的一种方法。

（2）逆查法，亦称反查法，相对于顺查法，是按照与记账相反的顺序进行检查的一种方法。

2. 个别检查

实务中，对记账错误进行个别检查时，具体做法包括差数法、除 2 法、除 9 法、查尾数法等。

（三）记账错误的更正方法

《会计基础工作规范》第62条规定，账簿记录发生错误，不准涂改、挖补、刮擦或者用药水消除字迹，不准重新抄写，必须按照下列方法进行更正。实务中，应根据错账产生的原因、性质和具体情况采用正确的方法进行更正。常用的错账更正方法包括以下几种：

1. 画线更正法

画线更正法，又称红线更正法。在结账前，如果发现账簿记录中有文字或数字错误，而其所依据的记账凭证没有错误，即纯属记账时文字或数字的笔误，这种情况下可采用画线更正法进行更正。具体做法是先在错误的文字或数字上画一条红色横线以示注销，但画线后必须使原有字迹仍可辨认，以备查考；然后用蓝字或黑字将正确的文字或数字填写在被画线注销的错误文字或数字上方的空白处，并由记账人员在更正处加盖印章，以示负责。

需要注意的是，采用画线更正法进行错账更正时，对于文字差错，可只划去错误的部分并进行更正，而不必将与错误文字相关联的其他文字一并划去；对于数字差错，必须将整笔数字全部画线，不得只画注销其中个别数字进行局部更正。

【例6-1】 记账人员根据记账凭证登记账簿时，将金额3 765元误记为3 675元，更正举例如下：

3 765

3 675 （记账人员盖章）

2. 红字更正法

红字更正法，又称为红字冲账法，是指由于记账凭证错误使账簿记录发生错误，用红字冲销或冲减原有的错误记录，以更正或调整账簿记录错误的一种方法。红字更正法适用于记账凭证上的应记科目或金额发生错误，并已登记入账的情形。发生这种记账错误，不论是结账前还是结账后，无论是金额还是分录错误，都可采用红字更正法进行更正。具体地讲，红字更正法适用于下列两种情况：

（1）根据记账凭证登记账簿后，发现记账凭证中的应借、应贷会计科目、记账方向错误或同时金额也有错误的，应采用红字更正法。更正时，先用红字金额填制一张与原错误记账凭证内容完全相同的记账凭证，并在"摘要"栏中注明"冲销某年某月某日第×号凭证错账"，并据以用红字登记入账，冲销原有错误的账簿记录；然后，再用蓝字或黑字填制一张正确的记账凭证，在"摘要"栏中注明"更正某年某月某日第×号凭证错误"，并据以登记入账。

需要注意的是，采用红字更正法更正错账时，在采用复式记账凭证的情况下，若错误的记账凭证中一个科目运用发生错误，也必须根据复式记账原理，将原有错误记账凭证全部冲销，以反映更正原错误凭证的内容，不得只用红字填制更正单个会计科目的单式记账凭证。

【例6-2】 以转账支付短期借款利息费6 000元，会计人员在填制记账凭证时误使用"管理费用"科目，并据以登记入账，错误记账凭证所反映的会计分录为：

借：管理费用　　　　　　　　　6 000

　　贷：银行存款　　　　　　　　　6 000

该项业务应借记"财务费用"科目。在更正时，应先用红字金额编制一张会计分录与错误凭证相同的记账凭证，并据以用红字登记入账，以冲销原错误记录。冲销原错误账簿记录的红字记账凭证的会计分录为：

　　　　借：管理费用　　　　　　　　　　－6 000

　　　　　　贷：银行存款　　　　　　　　　　　－6 000　　（负号"－"表示红字，下同。）

　　然后用蓝字或黑字填制一张正确的会计分录的记账凭证，并据以登记入账。正确的会计分录为：

　　　　借：财务费用　　　　　　　　　　6 000

　　　　　　贷：银行存款　　　　　　　　　　6 000

　　（2）根据记账凭证登记账簿后，发现记账凭证中的应借、应贷会计科目和记账方向都没有错误，只是所记金额大于应记金额，由此造成账簿记录错误，也可采用红字更正法进行更正。更正时，将多记的金额用红字填制一张与原错误记账凭证所记载的借贷方向、应借与应贷会计科目相同的记账凭证，只是在"摘要"栏中注明"冲销某年某月某日第×号记账凭证多记金额"，并据以登记入账，从而将多记金额予以冲销更正。

　　【例6-3】　生产产品领用材料4 000元，在填制记账凭证时，所用会计科目、借贷方向均无错误，只是将金额误记为40 000元，并已登记入账，其错误记账凭证所反映的会计分录为：

　　　　借：生产成本　　　　　　　　　　40 000

　　　　　　贷：原材料　　　　　　　　　　40 000

　　在更正时，将多记的36 000元用红字金额填制一张记账凭证予以冲销。冲销凭证的会计分录为：

　　　　借：生产成本　　　　　　　　　　－36 000

　　　　　　贷：原材料　　　　　　　　　　　－36 000

　　需要注意的是，这种情况下采用红字更正法进行错账更正，不得以蓝字或黑字金额填制与原错误记账凭证记账方向相反的记账凭证，去冲销错误记录或冲销原错误金额。因为蓝字或黑字记账凭证反方向记载的会计分录反映的是某些特殊经济业务，而不反映错账更正的内容。如编制蓝字或黑字记账凭证借记"银行存款"科目，贷记"管理费用"科目，则反映已支付的费用款项又收回；而借记"原材料"科目，贷记"生产成本"科目，则反映已领用的材料退库。尽管这样的记录也能使记账的结余数额与实际情况相符，但这不能表明更正错误记录的内容，这样的会计处理也无法附上与会计分录内容相吻合的原始凭证，所以很容易使人产生误解。但发现以前年度的错误后，因错误的账簿记录已经在以前会计年度终了进行结账或决算，不可能再将已经决算的数字进行红字冲销，这时只能用蓝字或黑字凭证对除文字外的一切错账进行更正，并在更正凭证上特别注明"更正××年度错账"的字样。

　　3. 补充更正法

　　补充更正法，又称为补充登记法，是指由于记账凭证错误导致账簿记录错误，从而采用编制补充凭证，以更正账簿记录的一种方法。这种方法适用于记账以后发现记账凭证中应借、应贷的会计科目和记账方向都没有错误，只是所记金额小于应记金额，可采用补充登记法进行更正。更正时，将少记的金额用蓝字或黑字填制一张与原错误记账凭证所记载的借贷方向和应借、应贷会计科目相同的记账凭证，并在"摘要"栏中注明"补记某年某月某日第×号凭证金额"，并据以登记入账，以补记少记金额，确保账簿记录正确。

【例 6-4】 结转本月已销甲产品的生产成本300 000元，在填制记账凭证时，会计科目、借贷方向均无错误，只是将金额误记为30 000元，并已记入有关账簿，其错误记账凭证所反映的会计分录为：

借：主营业务成本   30 000

      贷：库存商品   30 000

在更正时，将少记的270 000元用蓝字或黑字金额填制一张记账凭证予以补充更正，其会计分录为：

借：主营业务成本   270 000

      贷：库存商品   270 000

第四节　会计账簿的更换与保管

会计账簿是企业重要的会计档案和历史资料，在会计核算工作中，账簿要定期进行更换，并进行妥善保管。

一、会计账簿的更换

为了清晰地反映每个会计年度的财务状况和经营成果，并保证账簿记录的连续性，在新的会计年度开始时，应按照会计制度的规定进行账簿更换，即新的会计年度应启用新的账簿（以下简称新账），上年度的会计账簿（以下简称旧账）应作为会计档案进行归档保管。

账簿更换的关键在于如何将旧账的余额结转到新账上。一般在年初启用新账时，将旧账中各账户的年末余额直接记入新账有关的账户的第一页第一行的"余额"栏内，并标明余额方向，同时在"摘要"栏内注明"上年结转"或"年初余额"字样。新旧账簿有关账户之间的余额结转，无须编制记账凭证。年度内，如果订本账记满需要更换新账时，应如同年初更换新账时一样，需要办理相应的手续。

因会计制度改变而需要在新的会计年度变更账户名称及其核算内容的，应在上年度结账时，编制余额调整分录，按新会计年度的账户名称、核算内容，将上年度有关账户的余额进行合并或分解，结出在新账中应列的余额，然后再结转至新账的有关账户中；或者在上年度结账后，通过编制余额调整工作底稿的方式将上年度有关账户的余额分解、归并为本年度有关账户的余额，然后转入本年度开设的新账中。上年度末编制的余额调整分录，应与上年度会计凭证一并归档保管，编制的余额调整工作底稿应与上年度的账簿一并归档保管。

总分类账、日记账和大部分明细分类账都要每年更换一次新账，但有些财产物资明细账和债权债务明细账，由于其品种、规格和往来单位较多，更换新账时，重抄一遍工作量较大，故可以跨年度使用，不必每年更换新账。另外，对于年度内变动较少的部分明细账，如固定资产明细账，也可以连续使用，不必每年更换一次。

二、会计账簿的保管

会计账簿同会计凭证和财务会计报告一样，都是企业重要的经济档案和历史资料，必须按照《会计档案管理办法》的规定妥善保管，不得丢失和任意销毁。账簿保管要注意以下几方面的问题：

（一）明确保管责任

一般说来，账簿经管人员既要负责登记账簿，同时又要负责该账簿的日常保管。会计账簿归档后，尚未移交本单位档案机构前或单位未设立档案机构的，会计部门应指定专人负责保管，但出纳人员不得兼管会计档案的保管。

（二）账簿的日常保管

在日常登记账簿时，要保持书写规范、整齐，并按规定方法更正错账，不得涂抹、撕毁、毁坏账簿；在日常翻阅和使用中，要保持账簿的清洁，避免账页破损，保护账本完整。会计账簿不得外借，如有特殊需要，须经本单位负责人批准，可以提供查阅或者复制，并办理登记手续；查阅或者复制人员，严禁在会计账簿上涂画、拆封和抽换。

（三）定期归档保管

年终结账后，会计账簿要归档保管。活页账要抽出空白账页后装订成册，连同其他账簿一起编号，编制会计档案保管清册，归档保管。企业的总分类账、明细分类账、辅助账簿的最低保管期限为 15 年，现金日记账和银行存款日记账的最低保管期限为 25 年，固定资产卡片在固定资产报废清理后至少要保管 5 年。

本 章 小 结

本章主要对设置和登记会计账簿这一会计核算方法的相关内容进行了介绍。首先从会计账簿的概念入手，介绍了会计账簿的内涵、分类及设置会计账簿的重要意义，明确了会计账簿作为一个记录载体在会计核算方法体系中的重要作用。接下来分别介绍了序时账、分类账的设置和登记，这部分内容是本章的重点，通过对这部分内容的学习，使财务会计初学者对整个账簿体系有一个基本的认识。在此基础上从规范会计人员的会计行为的角度，介绍了会计账簿的启用、登记规则和错账的更正方法，这里特别强调了对错账更正的规范处理。最后介绍了账簿的更换和保管的相关内容。

复习思考题

1. 什么是会计账簿？会计账簿有哪些作用？
2. 会计账簿按外表形式的不同分为哪几种？简述各自的优缺点和适用性。
3. 会计账簿按账页格式的不同分为哪几种？简述各自的适用范围。
4. 会计账簿的设置原则是什么？
5. 现金日记账和银行存款日记账的格式分别有几种？怎样进行登记？
6. 总分类账有哪些格式？如何进行登记？
7. 明细分类账有哪些格式？如何进行登记？
8. 会计账簿启用应遵循哪些规则？
9. 会计账簿登记应遵循哪些规则？
10. 错账更正方法有哪些？各适用于什么情况？如何进行更正处理？
11. 如何更换会计账簿？
12. 怎样保管会计账簿？

第七章　成　本　计　算

学习目的和要求：

1. 了解成本计算的意义；
2. 熟悉成本计算的概念、内容、原理和要求；
3. 熟悉产品生产成本计算的一般程序和方法；
4. 掌握制造业企业经营活动中有关成本的计算。

第一节　成本计算概述

一、成本计算的意义

企业在一定时期内，为了达到既定目的所耗费的物化劳动和活劳动的货币表现，构成了企业的费用，这些费用的对象化就形成一定对象的成本。所谓成本计算，就是对企业应计入一定对象的全部费用进行归集、计算，从而确定各成本计算对象的总成本和单位成本的一种会计核算方法。通过成本计算，可以对会计核算对象进行合理计价，可以考核企业生产经营过程中物化劳动和活劳动的耗费情况，从而为正确反映企业的财务状况和计算损益提供可靠的资料。

（一）成本计算是真实反映企业财务状况的基础

财务状况是指企业在某一时点的资产、负债、所有者权益的总额及其构成情况。实务中，企业取得资产会涉及资产取得成本的计算问题，准确地计算资产的取得成本，是客观真实地反映企业资产总额及其构成情况的基础和前提。负债和所有者权益的形成也会涉及成本计算，对其成本按哪一种计量属性进行计量，如何计量，会直接影响到企业的负债总额和所有者权益总额及其构成项目的确认。因此，通过成本计算，可以准确、合理地对企业的资产、负债和所有者权益进行确认和计量，是真实反映企业财务状况的基础。

（二）成本计算是确定耗费的重要方法

为了保证企业生产经营活动的正常进行，必须对生产经营过程中的各项耗费进行补偿。补偿多少，按照什么样的标准和数量进行补偿，都需要通过成本计算来完成。同时，企业损益计算的正确与否，也与成本计算密不可分。通过成本计算，一方面计量了耗费，确定了相应的补偿标准，另一方面也为合理确定企业的损益提供了基础和前提。

（三）成本计算的结果是企业进行经济决策的重要依据

成本计算的结果是会计核算中各有关对象的成本，它是企业耗费的补偿数量，是影响企业产品价格的主要因素，也是正确反映企业财务状况、经营成果的基础。因此，成本指标作为企业进行生产经营决策时需要重点考虑的因素之一，是企业作出经济决策的重要依据。

（四）成本计算有助于提高企业的管理水平和各方面工作的绩效

成本指标是衡量企业管理水平和各方面工作绩效的综合性指标。企业管理水平的高低和各方面工作的绩效，如产品设计的好坏，生产工艺的合理程度，原材料、燃料、动力等资产的消耗水平，机器设备、厂房建筑物的利用情况，劳动生产率的高低，人力、物力、财力组织是否合理，供、产、销是否衔接均衡等，最终都会在成本指标上得以反映。通过对成本的形成情况、构成内容和管理水平的分析，可以发现企业管理方面存在的问题和薄弱环节，从而为提高生产技术水平和管理水平指明方向，也为改进各方面工作找到途径。同时，降低成本必然要对企业各项工作提出更高的要求，有助于推动企业整体管理水平的不断提高。

二、成本计算的内容

成本计算实质上是一种会计计量活动，它有广义和狭义两种理解。广义的成本计算所涉及的是会计核算过程中各核算对象的货币计价问题，它贯穿于企业生产经营活动的全过程；狭义的成本计算，对于制造业企业来说，主要是指产品生产成本的计算。从广义的角度来看，成本计算的内容按其形成，主要分为以下四类：

（一）资产取得成本的计算

资产是企业会计核算的重要内容之一，在对资产进行核算时，首先应解决资产的初始计量问题，也就是要对资产的取得成本进行计算。资产的来源不同，其取得成本的构成及金额也不相同。资产取得成本的计算和初始计量正确与否，不仅直接关系到其后续计量的正确性，而且还直接关系到能否正确反映企业的财务状况、营运能力和资产的盈利能力等。从一定意义上讲，资产取得成本的计算是整个成本计算的起点。

（二）耗费资产成本的计算

资产在生产经营过程中，会随着其使用而被一次或逐渐消耗掉，其价值则以各种形式转化为费用，而费用是影响企业损益的重要因素。因此，企业必须根据会计分期假设和权责发生制会计基础，对不同会计期间已耗费的资产的成本进行计算，这对于正确计算不同会计期间的损益、反映管理层受托责任履行情况以及会计信息使用者做出正确的经济决策具有重要意义。

（三）负债和所有者权益成本的计算

资金成本是企业因筹集和使用资金而付出的代价。企业从债权人或所有者取得资金用于企业投资时，需要支付相应的资金成本。使用负债资金，除了按期还本之外，还要向债权人支付一定的利息；使用所有者权益资金，尽管在企业存续期间，通常不涉及归还资金的问题，但需以税后利润向所有者分配利润或支付股利。因此，负债和所有者权益也存在成本计算的问题，这里的成本是资金成本。

（四）产品生产成本的计算

企业产品的生产过程，同时也是物化劳动和活劳动的耗费过程。一定时期企业为生产一定数量和质量的产品所发生耗费的总和，构成该产品的生产成本。产品的生产成本是衡量企业生产耗费、产品定价、盈亏分析的重要依据，是构成企业整个成本计算体系的重要内容。有关产品生产成本的详细内容，将在《成本会计学》中作具体介绍，本章只是从成本计算方法的角度，对其内容进行总括说明。

三、成本计算的原理

成本计算原理，是指对不同时期、不同性质和不同对象的成本进行计算时应遵循的共同规律或标准规范。

不同的企业或同一企业的不同经营阶段，会进行不同的经济活动，发生不同的支出，形成不同的成本，由此也决定了具体成本计算在方法上的差异，如材料采购成本与产品生产成本在具体计算方法上是不相同的。不同时期的企业由于经营活动的改变，成本计算的内容和方法也会相应发生改变。尽管不同时期、不同企业、不同成本计算对象的成本在内容、构成和具体计算方法等方面存在差异，但它们都是资源耗费的货币表现对象化，都应当按照权责发生制会计基础、配比原则以及划分收益性支出与资本性支出等原则的要求进行费用的归集、分摊，并按"谁受益、谁负担"的原则分配到具体的受益对象上。因而，这些成本计算具有相同的计算原理，这些原理是进行所有成本计算都应遵守的原则和理念。

（一）直接受益直接分配原理

经营活动的目的与达到该目的所要发生的费用有直接的联系，经营过程中支付的各种费用，都是为相应的经营目的而发生的。在某种经营活动中支付费用，目的是为了在这种经营活动中获得相应的成果，也就是说，某种经营活动的成果是该种经营活动中所支付费用的受益对象。如为生产某种产品而耗费的原材料费用的受益对象就是该种产品。

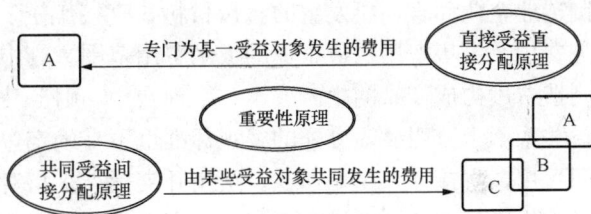

图 7-1 直接受益直接分配原理

当可以直接确定某种费用是为某项经营活动发生的时，称这种费用为该成本计算对象的直接费用。应将直接费用直接计入各受益对象的成本中，由相应的受益计算对象承担，这就是所谓的直接受益直接分配原理，如图 7-1 所示。

（二）共同受益间接分配原理

在企业的日常经营活动中，各种经营活动往往是交叉进行的，因此，有的费用是为了若干受益对象而共同发生的，应由相应的若干受益对象来共同承担，会计上把这种由若干受益对象共同承担的费用称为共同性费用。共同性费用与受益对象的受益关系虽不如直接费用那样明显，但也可采用一定的方法来确定共同性费用与受益对象之间的关系。在具体操作上，可以采用客观性较强的标准将共同性费用在各受益对象之间进行合理分配。具体地讲，首先应确定可供分配的共同性费用总额和分配标准，然后按一定的方法将可供分配的共同性费用在受益对象之间进行合理分配，这就是所谓的共同受益间接分配原理，如图 7-1 所示。

（三）重要性原理

在企业经营活动中发生的共同性费用中，有的共同性费用一方面与受益对象的受益关系不十分明显，另一方面费用的金额也不大。将这些共同性费用按受益原理计入受益对象的成本，一是不易确定客观的分配方法，二是这种费用计入或不计入受益对象的成本，对受益对象的成本升降水平影响不大。因此，在成本计算中，只把那些与受益对象存在较为明显且确定的受益关系，而且金额较大，计入或不计入受益对象的成本对受益对象本身的成本升降水平影响较大的共同性费用，才按受益关系计入受益对象的成本；而对于那些与受益对象的受益关系不十分明显，且费用金额不大，不易确定客观分配方法，费用计入或不计入受益对象的成本，对受益对象本身的成本升降水平影响不大的共同性费用，则不计入相应受益对象的成本中，这就是所谓的重要性原理，如图 7-1 所示。

第二节　产品生产成本计算的要求和一般程序

一、产品生产成本计算的要求

为了准确、及时地计算产品生产成本，会计人员在进行成本计算时应遵循以下要求：

（一）严格执行国家有关成本开支范围和费用开支标准的规定

成本开支范围是根据企业经营活动中所发生费用的性质，依据成本的内容和成本核算的要求，由国家在相关法律、法规中对应列入成本和不应列入成本的费用范围所做的界定。具体而言，成本开支范围是指哪些费用允许列入成本，哪些费用不允许列入成本的相关规定。成本开支范围的基本内容是一切与经营活动有关的支出，都应计入企业的有关成本、费用。就制造业企业而言，所发生的直接材料、直接工资、其他直接支出、制造费用、管理费用、财务费用及销售费用构成企业的成本费用范围。其中，直接材料、直接工资、其他直接支出和制造费用构成产品的生产成本；管理费用、财务费用和销售费用，由于它们与产品生产的受益关系不十分明显，分配的客观标准也不易确定，一般不计入产品的生产成本，而是作为期间费用，直接计入当期损益。费用开支标准是指对某些费用列支的金额和比例所做的一些限制性规定，如允许在税前列支的工资金额、坏账提取比例、交际应酬费的提取比例等限制性规定。企业应严格遵守成本开支范围和费用开支标准，在合法的前提下开展经营活动，这样既能保证成本、费用的真实性，内容的一致性，具有分析对比的可能性；又能正确地计算企业的损益，真实地反映企业的财务状况和经营成果，提供真实、准确、有用的会计信息。

（二）划清支出、费用和成本的界限

对于经营活动中发生的各种支出，首先应分清收益性支出和资本性支出的界限。所谓收益性支出，是指支出所带来的效益仅与一个会计年度相关的支出。收益性支出应计入该会计年度的费用。所谓资本性支出，是指能为几个会计年度带来收益的支出。资本性支出应计入相关资产的成本中，并随着相关资产的消耗，合理分摊计入相关的会计年度。如购建固定资产的支出，应首先计入固定资产的成本，再在固定资产的使用期间以折旧的方式分摊计入相关会计年度的成本、费用中。

其次，应分清成本和费用的界限。费用是日常经营活动中发生的经济利益的总流出，而成本则是归集到受益对象上的费用。如前所述，企业经营活动中发生的费用，并非全部计入成本，有一部分是作为期间费用直接计入当期损益的。因此，为保证成本信息的可靠性和有用性，在进行成本计算时，应划清成本与费用的界限。

第三，应分清本期费用与非本期费用的界限。根据会计分期假设，对于经营活动中发生的各项耗费，应根据权责发生制会计基础，区分本期费用与非本期费用的界限。凡是应计入本期相关资产的成本或应计入本期损益的费用，都应计入本期相关资产的成本或列入当期损益；凡是不应计入本期相关资产的成本或不应计入当期损益的费用，应当作递延处理，不能计入本期相关资产的成本或本期损益。

第四，应分清不同资产的成本界限。属于哪种资产受益的费用，就应由哪种资产负担，计入该资产的成本，不能将应由其他资产受益的费用计入不相关资产的成本，确保不同资产之间的成本界限清晰。

第五，应分清在产品成本与产成品成本的界限。对于制造业企业来说，其应计入本期产品成本的费用，应由期末在产品和产成品共同承担。实务中，应采用适当的方法，将生产费用在产成品和在产品之间进行合理分配，做到期末在产品与产成品之间的成本界限清晰。

（三）以权责发生制为会计基础

企业在进行成本计算时，应遵循权责发生制会计基础。成本计算中以权责发生制为基础，主要表现为在各会计期间合理处理跨期摊提费用的问题，即正确处理预付性质的费用和预提费用的问题。在进行成本计算时，对于已经发生的支出，如果其受益期包括几个会计期间，就应当将预付性质的费用在各个受益期采用适当的分配方法进行合理分配，而不能只计入一个会计期间。对于虽未发生款项支付，但应由本会计期间承担的费用，应先预提计入本会计期间的成本和费用中。以权责发生制为基础进行成本计算，有利于正确计算各项成本指标，确保成本资料的相关性和有用性。

（四）做好成本核算的各项基础工作

要准确、及时地进行成本核算，必须做好各项基础工作。成本核算的基础工作主要包括建立和健全各项定额；建立和健全财产物资的计量、收发、领退制度；建立和健全各种原始记录，以及收集整理制度；制定厂内内部结算价格等。

（五）选择适当的成本计算方法

企业应结合自己的具体情况，在兼顾其经营特点和管理需要的基础上，选择适合本企业经营特点、生产组织方式和管理要求的成本计算方法。成本计算方法一经选择，在会计环境没有发生新的实质性改变之前，一般不应经常变动，以确保成本信息资料的可比性。

二、产品生产成本计算的一般程序

不同的成本计算对象，需要采用不同的成本计算方法，因此，会计上形成了多种成本计算方法。但不论哪种成本计算方法，其计算的基本程序是相同的。一般来说，产品生产成本的计算程序由以下几个步骤组成：

（一）收集、整理成本计算资料

成本计算资料的收集、整理是成本计算的前提。完整、准确地提供计算数据，是成本计算的基础。因此，企业对购进、领用的各种原材料、各项费用支出、工时动力等的消耗，在产品、半成品的内部转移和产成品的入库、出库等，都要根据各项活动的特点，分别取得或填制不同的原始凭证。这些原始凭证提供的是企业经营活动的第一手资料，是成本计算所需的原始记录。这些原始记录正确与否，提供的是否及时，都直接影响到成本计算的正确性和及时性。所以，成本计算资料的收集、整理构成成本计算的前提和基础，企业必须以完整、正确的原始记录作为成本计算的依据。成本计算资料一般包括资产的形成、耗费或转出价值资料、预付费用的形成和摊销方面的资料、预提费用的提取方面的资料等。

（二）确定成本核算中心和成本计算对象

成本计算对象，就是承担和归集费用的对象，即费用的受益对象，它是费用归集和分摊的依据。为了便于进行成本控制，落实成本责任制，进行成本考核以降低成本费用，应按成本责任环节（或单位）来计算成本，即计算各成本责任环节的成本。因此，在具体进行成本计算之前，应首先根据不同的成本责任环节设立不同的成本核算中心，再按每一个成本核算中心来确定成本计算对象，以计算成本。只有在职责能够明确划分和鉴别的部门、车间、班组以及个人处设置成本核算中心，成本控制和成本管理才能发挥作用。

确定了成本核算中心之后，应按成本核算中心来确定成本计算对象。各单位成本计算对象的规模和复杂程度是不相同的。对于制造业企业来讲，一个成本计算对象，可以包括若干种不同产品或不同的经济活动，也可以只包括一种产品或一种经济活动；可以是一个单独的产品或项目，也可以是一批相同的项目或一组相似的产品；可以是最终产品，也可以是加工到一定程度的半成品。确定成本计算对象的基本要求是所计算的成本必须是有用的会计信息。根据重要性原理，对于主要产品，应确定详细的成本计算对象；对于一般产品，可以概略地确定成本计算对象。

总之，企业应根据自身的经营性质和规模，结合自身的具体情况，确定相应的成本核算中心和成本计算对象，以便于正确、及时地归集和分配费用，计算产品成本，加强成本管理和成本控制，落实成本责任制，从而提高企业的经济效益和社会效益。

（三）确定成本计算期

要及时取得成本方面的会计信息，以及时进行成本计算，这时就需要确定什么时候计算，多长时间计算一次成本的问题。以制造业企业为例，产品生产完工之时，才是产品成本完全形成之日。因此，在产品生产完工之时计算产品的生产成本，以产品生产周期作为成本计算期，是较为合理的。但是，由于有些产品的生产周期较长，完全按产品生产周期来计算成本，将会影响会计信息使用者及时取得相关的会计信息；而有些产品的生产周期很短，如果按产品生产周期来计算成本，成本计算工作会很频繁，从而会影响到会计核算的效率。所以，成本计算期并不一定要和产品生产周期一致。如何确定成本计算期，取决于企业生产组织的特点和管理要求。如企业采用单件、小批量的生产组织方式，可以把产品生产期作为成本计算期；如果企业的生产特点是经常反复不断地大量生产同一种或几种产品，为了及时取得成本指标，加强成本计划管理，一般以一个月作为产品成本计算期。

（四）确定成本项目

产品生产成本的计算过程，是生产费用的形成、分配和对象化的过程。企业在生产经营过程中发生的各项费用，根据其支出的经济内容的不同，可分为反映活劳动耗费的费用，如工资、职工福利费等；反映劳动对象耗费的费用，如外购原材料、燃料等；反映劳动资料耗费的费用，如固定资产折旧费等；其他用货币资金支付的费用，如差旅费、邮电费、利息支出等。生产费用按其支出的经济内容进行分类的项目，在会计上称为费用要素。它表明了企业为进行生产支付了哪些费用、数额是多少，可以用来分析企业各个生产时期生产费用的支出水平。但是这种分类不能与成本计算对象联系起来，以说明生产费用的用途。为了取得更多的会计信息，还要将生产费用按其用途分类。将生产费用按其用途进行分类的项目，在会计上称为成本项目。在传统的制造成本法下，成本项目一般包括直接材料、直接工资、其他直接支出和制造费用等。借助于成本项目，可以清楚地了解费用的经济用途和成本的经济构成，以提供更多有用的会计信息，而且通过对一定成本计算对象的成本项目的分析，可以初步查明成本升降的原因，从而挖掘降低成本的潜力。

（五）设置和登记有关的成本账户

在成本计算过程中，为了系统地归集、分配各种应计入成本计算对象的费用，应按成本计算对象和成本项目分别设置和登记有关的费用、成本总分类账户和明细分类账户。

（六）归集和分配各项费用

正确地归集和分配各项费用，是进行成本计算的前提。为此，一方面要求企业根据费用发生时取得或填制的原始数据来正确地归集和分配各种生产费用，另一方面要求企业在遵守国家的有关法律及规章制度的前提下，在费用的归集和分配中要遵循有用性会计原则和权责发生制会计基础。比如，对应计入产品成本的费用，则划分为应由本期产品成本负担的费用和应由其他各期产品成本负担的费用，这对于如实反映各期生产费用、正确计算各期产品生产成本是十分重要的。

在费用的归集、分配和成本计算的过程中，应严格遵守国家有关法律、法规规定的成本开支范围和费用开支标准。不能随意扩大成本开支范围，提高费用开支标准。凡超过开支范围和开支标准的费用，经企业权力机关认可，可以计入企业相关经营活动的成本或作为某个会计期间的期间费用，但不得从企业的应纳税所得额中扣除，要视同利润进行纳税。

（七）编制成本计算表

根据有关成本账户的资料，编制各种成本计算表，计算各成本计算对象的总成本和单位成本，以全面、系统地反映各种成本指标的经济构成和形成情况。

产品生产成本计算的一般程序和内容如图7-2所示。

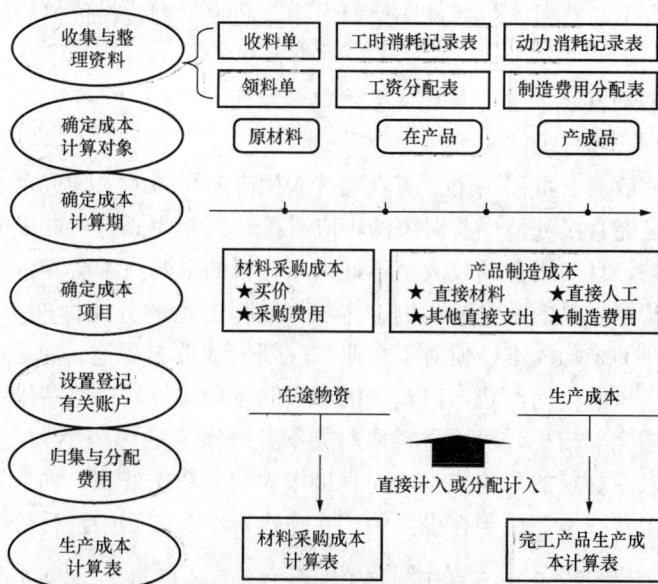

图 7-2 产品生产成本计算的一般程序和内容

第三节　制造业企业经营过程中的成本计算

制造业企业的经营过程一般由供应、生产和销售三个基本环节构成。在这三个基本环节中，要分别计算存货采购成本、产品生产成本和产品销售成本。在存货采购成本的计算中，原材料采购成本的计算最具有代表性。下面简要说明原材料采购成本、产品生产成本和产品销售成本的计算方法。

一、原材料采购成本的计算

计算原材料的采购成本，首先应按照原材料的品种或类别设置成本计算对象，并在"材料采购"总分类账户下按材料的品种或类别分别设置相应的明细分类账户，用以归集和分配应计入原材料采购成本的买价和各种采购费用；然后根据这些账户资料，编制各种原材料采购成本计算表，借以计算各种原材料的采购总成本和单位采购成本。

（一）材料采购成本的构成

原材料的采购成本一般由买价和采购费用两个成本项目构成，其计算公式为：

$$原材料采购成本＝买价＋采购费用$$

其中，买价是指供应单位开具的购货发票上标明的不含增值税的价格。采购费用是材料采购过程发生的除了买价之外的其他方面的费用，具体包括如下：

1. 运杂费

运杂费包括原材料采购过程中的运输费用、装卸费用、保险费用、包装费用、仓储费用等。

2. 运输途中的合理损耗

3. 入库前的挑选整理费用

入库前的挑选整理费用，是指为了使购入的材料达到满足生产领用的需要而进行的入库前的分类、整理所发生的费用，包括挑选整理中扣除回收下脚残料价值后的工、费支出和必要的损耗等。

4. 购入原材料应负担的税金、外汇差价和其他费用

（二）材料采购成本的计算

原材料的买价一般属于直接费用，应直接计入相应原材料的采购成本。

采购费用，凡是能直接分清受益对象的，应直接计入相应原材料的采购成本；凡是不能直接分清受益对象的，且费用金额较大，不计入原材料的采购成本会导致原材料采购成本不实的采购费用，应按原材料的重量、买价、体积等选择合适的分配标准，采用一定的方法，分配计入相应原材料的采购成本。但对于企业供应部门或原材料仓库所发生的经常性费用、采购人员的差旅费、采购机构经费，以及市内小额的运杂费等，这些费用一般不易分清具体的受益对象，且费用金额较小，对原材料采购成本升降水平的影响不大，根据重要性原则，这些费用可以不计入原材料的采购成本，而直接作为期间费用处理，列入管理费用。

各种原材料的采购成本，应当在设置的"在途物资"明细账中进行分类归集计算。

【例 7-1】 冠华公司 2006 年 5 月 15 日购入甲、乙两种材料，采购过程中相关的原始数据，按审核后的会计凭证经整理见表 7-1。

表 7-1

材料名称	重量（千克）	单价	买价	运费	
				直接	间接
甲材料	2 000	1.90	3 800		480
乙材料	6 000	1.00	6 000		
	3 000	1.00	3 000	180	

根据上述资料，冠华公司 2006 年 5 月 15 日购入的甲、乙两种材料的采购成本计算如下：

首先，将采购甲、乙两种材料所发生的直接费用，分别计入甲、乙两种材料的采购成本明细账中，见表 7-2、表 7-3。

其次，把甲、乙两种材料共同发生的运杂费 480 元按适当的方法，分配计入甲、乙两种

材料的采购成本（假定按甲、乙材料的重量分配）。

$$分配率=\frac{480}{2\,000+6\,000}=0.06（元/千克）$$

甲材料应承担的运费$=2\,000×0.06=120$（元）

乙材料应承担的运费$=6\,000×0.06=360$（元）

根据上述分配结果，分别将 120 元、360 元计入甲、乙材料的采购成本明细账中，见表 7-4、表 7-5。

表 7-2　　　　　　　　　　　　　　　在途物资明细分类账

材料名称：甲材料

2006 年		凭证号数	摘要	借方			贷方
月	日			买价	采购费用	合计	
5	15	（略）	材料买价	3 800		3 800	
			本期发生额				

表 7-3　　　　　　　　　　　　　　　在途物资明细分类账

材料名称：乙材料

2006 年		凭证号数	摘要	借方			贷方
月	日			买价	采购费用	合计	
5	15	（略）	材料买价	6 000		6 000	
	15	（略）	材料买价	3 000		3 000	
	15	（略）	支付运杂费		180	180	
			本期发生额				

表 7-4　　　　　　　　　　　　　　　在途物资明细分类账

材料名称：甲材料

2006 年		凭证号数	摘要	借方			贷方
月	日			买价	采购费用	合计	
3	15	（略）	材料买价	3 800		3 800	
3	15	（略）	支付运杂费		120	120	
	15	（略）	结转采购成本				3 920
			本期发生额				

表 7-5　　　　　　　　　　　　　　在途物资明细分类账

材料名称：乙材料

2006 年		凭证号数	摘要	借方			贷方
月	日			买价	采购费用	合计	
〰〰	〰〰	〰〰	〰〰	〰〰	〰〰	〰〰	〰〰
5	15	(略)	材料买价	6 000		6 000	
	15	(略)	材料买价	3 000		3 000	
	15	(略)	支付运杂费		180	180	
	15	(略)	支付运杂费		360	360	
		(略)	结转采购成本				9 540
〰〰	〰〰	〰〰	〰〰	〰〰	〰〰	〰〰	〰〰
			本期发生额				

　　再次，根据明细分类账中所归集的费用资料，编制材料采购成本计算表，计算甲、乙材料的采购成本，见表 7-6。

表 7-6　　　　　　　　　　　　　　材料采购成本计算表

项目	甲材料（2 000 千克）		乙材料（9 000 千克）		成本合计
	总成本	单位成本	总成本	单位成本	
买价	3 800	1.90	9 000	1.00	12 800
采购费用	120	0.06	540	0.06	660
采购成本	3 920	1.96	9 540	1.06	13 460

二、产品生产成本的计算

　　计算产品的生产成本，首先应确定成本计算期。产品生产成本的计算，通常是定期按月进行的。对于单件小批量生产、生产周期较长的产品，也可把产品生产周期作为成本计算期。其次，应按产品品种或批次确定成本计算对象。然后将生产过程中发生的应计入产品生产成本的生产费用分别计入各相应的产品成本，计算其生产总成本和单位生产成本。

（一）产品成本项目的确定

　　生产过程中发生的应计入产品生产成本的生产费用，在计入相应的产品成本时，按生产费用的经济用途进行归集，计入相应的成本项目。产品生产成本计算的成本项目，一般由以下四部分组成：

1. 直接材料

直接材料，是指为产品生产而耗费的原材料、辅助材料、备品备件、外购半成品、燃料、动力、包装物、低值易耗品以及其他直接材料等。

2. 直接人工

直接人工，是指直接从事产品生产的工人工资、奖金、津贴和补贴等。

3. 其他直接支出

其他直接支出，是指除直接材料、直接人工以外的其他直接费用支出。

4. 制造费用

制造费用，是指企业各生产单位为组织和管理生产所发生的各项费用，包括车间管理人员工资和福利费、固定资产折旧费和修理费、机物料耗费、办公费、差旅费、水电费、劳动保护费等。

其中，第 1、2、3 项与相应产品生产的关系较为密切，一般可以直接确定应计入产品生产成本的金额是多少，直接计入产品的生产成本；第 4 项一般为应由多种产品共同负担的共同性费用，通常不能直接计入产品的生产成本，应确定适当的分配标准和合理的分配方法，分配计入各种产品的生产成本。

（二）产品生产成本的计算

产品生产成本的计算，应设置"生产成本"明细账，用以归集、分配生产过程中发生的应计入产品生产成本的生产费用。"生产成本"明细账应按产品品种、批别或类别分别设置，应采用一定的成本计算方法，计算、确定产品的生产成本。

计算产品的生产成本，应根据企业的生产类型（生产组织和工艺技术）和管理要求，分别采用品种法、分批法、分步法等不同的成本计算方法。这些具体的成本计算方法，将在《成本会计学》中讲述，这里不再赘述。

【例 7-2】 冠华公司 2006 年 8 月产品生产成本的有关资料见表 7-7～表 7-9。

1. 产品生产成本的有关资料

（1）期初在产品资料，见表 7-7。

表 7-7　　　　　　　　　　　期 初 在 产 品 资 料

产品名称	直接材料	直接人工	其他直接支出	制造费用	合计
A 产品	320	100	14	118	552
B 产品	1 600	600	84	676	2 960
合计	1 920	700	98	794	3 512

（2）本月发生的各项生产费用，见表 7-8。

表 7-8　　　　　　　　　　本月发生的各项生产费用

产品名称	直接材料	直接工资	其他直接支出	制造费用	合计
A 产品	2 000	700	98		—
B 产品	4 400	1 000	140	2 550	—
合计	6 400	1 700	238	2 550	10 888

（3）期末产量资料如下：

A 产品 50 件已全部完工；B 产品 120 件，其中完工产品 100 件，在产品 20 件。在产品成本按定额成本标准计算。单位 B 在产品各成本项目的定额成本为：直接材料 50 元、直接人工 7 元、其他直接支出 1 元、制造费用 8.5 元。

2. 生产成本的计算

根据上述资料，A、B 产品生产成本的计算如下：

(1) 根据期初在产品成本资料，将其分别登记在 A、B 产品的"生产成本"明细账中的相应成本项目内，见表 7-9、表 7-10。

(2) 根据本月发生的成本资料，将其中的直接材料、直接人工、其他直接支出，分别登记在 A、B 产品的"生产成本"明细账的相应成本项目内，见表 7-9、表 7-10。

(3) 本月发生的费用资料中的制造费用，采用一定的分配方法，分别记入 A、B 两种产品的生产成本（假定按生产工人工资的比例分配）。

$$分配率 = \frac{2\,550}{700 + 1\,000} = 1.5$$

A 产品应负担的制造费用 = 700×1.5 = 1 050（元）

B 产品应负担的制造费用 = 1 000×1.5 = 1 500（元）

根据上述计算结果，分别登记在 A、B 产品的"生产成本"明细账中的相应项目内，见表 7-9、表 7-10。

(4) 根据 A、B 产品的"生产成本"明细账中的各成本项目记录和在产品资料，即可计算 A、B 两种产品的总成本和单位成本，编制完工产品成本计算表，见表 7-11。

上述 A、B 完工产品的生产成本的计算公式为：

完工产品生产成本 = 月初在产品成本 + 本月发生的生产费用 − 月末在产品成本

A 产品的生产成本计算如下：

由于 A 产品全部完工，没有在产品，故其总成本是月初在产品成本与本月发生的生产费用之和，按成本项目计算如下：

直接材料 = 320+2 000 = 2 320（元）

直接人工 = 100+700 = 800（元）

其他直接支出 = 14+98 = 112（元）

制造费用 = 118+1 050 = 1 168（元）

合计　　　　4 400（元）

B 产品的生产成本计算如下：

由于 120 件 B 产品尚有 20 件未完工，这样应将月初在产品成本与本期发生的生产费用的合计数，按一定的方法在完工产品和在产品之间进行分配。按本例所给的条件，B 在产品按定额成本计算，其计算方法和结果如下：

B 在产品成本：

直接材料 = 20×50 = 1 000（元）

直接人工 = 20×7 = 140（元）

其他直接支出 = 20×1 = 20（元）

制造费用 = 20×8.5 = 170（元）

合计　　　　1 330（元）

B 产成品成本：

直接材料 = 1 600+4 400−1 000 = 5 000（元）

直接工资 = 600+1 000−140 = 1 460（元）

其他直接支出 = 84+140−20 = 204（元）

制造费用 = 676+1 500−170 = 2 006（元）

合计　　　 8 670（元）

表 7-9　　　　　　　　　　　　　生产成本明细分类账户

产品名称：A 产品

| 2006 年 | | 凭证号数 | 摘要 | 借方 | | | | |
月	日			直接材料	直接人工	其他直接支出	制造费用	合计
8	略	略	期初在产品成本	320	100	14	118	552
	略	略	材料费用	2 000				2 000
	略	略	生产工人工资		700			700
	略	略	生产工人福利费			98		98
	略	略	分配制造费用				1 050	1 050
	略	略	本期发生额	2 000	700	98	1 050	3 848
	30	略	结转完工产品成本	2 320	800	112	1 168	4 400

表 7-10　　　　　　　　　　　　　生产成本明细分类账户

产品名称：B 产品

| 2006 年 | | 凭证号数 | 摘要 | 借方 | | | | |
月	日			直接材料	直接人工	其他直接支出	制造费用	合计
8	略	略	期初在产品成本	1 600	600	84	676	2 960
	略	略	材料费用	4 400				4 400
	略	略	生产工人工资		1 000			1 000
	略	略	生产工人福利费			140		140
	略	略	分配制造费用				1 500	1 500
	略	略	本期发生额	4 400	1 000	140	1500	7 040
	略	略	结转完工产品成本	5 000	1 460	204	2 006	8 670
	30	略	期末在产品成本	1 000	140	20	170	1 330

表 7-11　　　　　　　　　　　　　完工产品生产成本计算表

| 成本项目 | A 产品 | | B 产品 | |
	总成本（50 件）	单位成本（元）	总成本（100 件）	单位成本（元）
直接材料	2 320	46.40	5 000	50
直接人工	800	16	1 460	14.60
其他直接支出	112	2.24	204	2.04
制造费用	1 168	23.36	2 006	20.06
合计	4 400	88	8 670	86.70

三、主营业务成本的计算

主营业务成本，是指结转的已销售产品的生产成本，可根据已销售产品的数量乘以产成品平均单位成本计算求得。平均单位成本的确定，可采用加权平均法、移动加权平均法、先进先出法等计价方法。

现举例说明主营业务成本的计算方法。

【例 7-3】 冠华公司 2006 年 8 月产品销售的有关资料见表 7-12、表 7-13。

冠华公司 2006 年 8 月已销售 A 产品 50 件、B 产品 50 件。A、B 两种产成品的成本资料见表 7-12、表 7-13。

表 7-12　　　　　　　　　　　　　　库 存 商 品 明 细 账

产品名称：A 产品

2006 年		摘要	收入			发出			结存		
月	日		数量	单价	金额	数量	单价	金额	数量	单价	金额
8	1	期初余额							30	120	3 600
	略	本月完工入库	50	88	4 400						
	略	本月销售				50	100	5 000			
	30	期末余额							30	100	3 000

表 7-13　　　　　　　　　　　　　　库 存 商 品 明 细 账

产品名称：B 产品

2006 年		摘要	收入			发出			结存		
月	日		数量	单价	金额	数量	单价	金额	数量	单价	金额
8	1	期初余额							30	101	3 030
	略	本月完工入库	100	86.70	8 670						
	略	本月销售				50	90	4 500			
	30	期末余额							80	90	7 200

根据库存商品明细资料，采用加权平均法计算产品发出单价。

（1）A、B 产品的平均单位成本计算如下：

$$A 产成品的平均单位成本 = \frac{3\ 600 + 4\ 400}{30 + 50} = 100（元）$$

$$B 产成品的平均单位成本 = \frac{3\ 030 + 8\ 760}{30 + 100} = 90（元）$$

（2）根据上述 A、B 产成品的平均单位成本和已销售的 A、B 两种产成品的数量，即可求得已销售的 A、B 产品的主营业务成本。具体计算如下：

A 主营业务成本 = 100 × 50 = 5 000（元）

B 主营业务成本 = 90 × 50 = 4 500（元）

本 章 小 结

本章主要介绍了成本计算这一会计核算方法。首先从会计核算方法体系的角度，介绍了什么是成本计算，指出成本计算实质上是一种会计计量活动，这一活动对于财务会计报告目标的实现具有重要意义。接着在对成本计算概念进行广义和狭义辨析的基础上，介绍了广义成本计算所包括的内容以及成本计算的基本原理。产品生产成本的计算是企业成本计算的重要内容，为此本章第二节专门针对产品生产成本的计算，介绍了其计算的要求和一般程序，以便于初学者从整体上把握产品成本的计算。最后从实务的角度，介绍了制造业企业经营过程中的材料采购成本、产品生产成本和主营业务成本的构成和具体的计算方法。

复习思考题

1. 什么是成本计算？为什么要进行成本计算？
2. 成本计算包括哪些内容？具体的含义是什么？
3. 成本计算包括哪些基本原理？其内容如何？
4. 产品生产成本计算应遵循哪些要求？各自包括哪些内容？
5. 产品生产成本计算的一般程序是什么？各自包括哪些内容？
6. 材料采购成本由哪些项目构成？如何进行计算？
7. 产品生产成本由哪些项目构成？如何进行计算？
8. 主营业务成本由哪些项目构成？如何进行计算？

第八章 财 产 清 查

学习目的和要求：

1. 了解财产清查的内涵、分类和重要意义；
2. 熟悉财产清查的一般程序；
3. 掌握各项财产清查的基本方法；
4. 掌握财产清查结果的相关账务处理。

第一节 财 产 清 查 概 述

一、财产清查的概念

（一）财产清查的含义

保证会计核算资料的真实可靠性，是会计核算应遵循的基本原则之一，也是经济管理对会计核算提出的客观要求。因此，在整个会计核算过程中，会计人员应当严格按照《企业会计准则》和《会计基础工作规范》规定的程序和方法进行相应的会计处理。尽管如此，由于某些客观原因的存在，并不能保证各项财产物资的实存数与账存数完全一致。造成这种账实不符的原因是多方面的，有工作上的差错，也有外界因素的直接影响。其中，有的可以避免，有的则不能完全避免。一般来说，造成这种账实不符原因主要包括财产物资的自然损耗或自然升溢；收发财产物资时因计量不准确而发生多发或少发；收发财产物资时因手续不完备、责任心不强而发生的错收或错发；登记财产物资账时发生漏记、重记或串记；犯罪分子的贪污盗窃、营私舞弊；因自然灾害企业所遭受的损失等。所以，客观上需要对企业的各项财产物资进行定期或不定期的财产清查，以便及时确定企业财产物资实存数与账存数之间的差异，查明原因及责任，并按有关规定进行处理，确保企业会计核算资料的真实可靠。

所谓财产清查，指通过对各项财产物资进行实地盘点和核对，查明财产物资、货币资金和结算款项的实有数额，以确定实有数额与账面结存数额是否相符，以保证账实相符的一种会计核算方法。财产清查不仅是一种会计核算方法，而且也是企业内部控制的一项重要内容。通过财产清查，一方面可以发现企业各项财产物资的账实是否相符，如果不符，可在查清造成账实不符原因的基础上，对财产清查结果进行处理，以确保账实相符；另一方面可以定期或不定期地检查企业有关财产物资的内部控制制度的执行是否有效，从而有助于进一步完善企业财产物资方面的管理制度。

（二）财产清查的种类

为了全面地理解财产清查的概念，有必要从不同的角度，按照不同的标志对财产清查进行分类。

1. 根据财产清查范围的不同，可分为全面清查和局部清查

（1）全面清查。全面清查是指对属于本单位或存放在本单位的所有实物资产、货币资金和各项债权债务进行全面盘点和核对。全面清查涉及面广，内容多，工作量大，需要投入大量的人力、物力、财力和时间。全面清查通常适用于以下几种情况：

1）年终决算前，为了确保年终决算会计资料的真实可靠，需要进行全面清查。

2）单位撤销、合并或改变隶属关系，以及单位主要负责人调离工作时，需要进行全面清查。

3）开展资产评估、清产核资等活动时，需要进行全面清查。

（2）局部清查。局部清查是指根据管理需要或依据有关规定，对部分实物资产、货币资金或债权债务进行盘点和核对，局部清查的主要对象是流动性较大、变现力较强的财产和贵重物品。相对于全面清查而言，局部清查的范围较小，需要投入较少的人力、物力、财力和时间。局部清查通常适用于以下几种情况：

1）每日营业终了，出纳人员要对库存现金进行清点，做到日清月结。

2）每月末，出纳人员同银行进行银行存款和银行借款的核对，对未达账项进行调整。

3）对于材料、在产品和产成品，除年度全面清查外，应在年度内有计划地实施重点抽查，对于贵重的财产物资，每月应清查盘点一次。

4）在遭受非正常损失和更换有关管理人员的时候，也要对有关财产进行局部清查，以确保账实相符。

5）对于债权债务，每年应与对方单位至少核对一至二次。

2. 根据财产清查时间的不同，可分为定期清查和不定期清查

（1）定期清查。定期清查是指按照计划预先安排的时间对财产物资、货币资金和债权债务进行的清查。定期清查的对象和范围，根据实际情况和需要，可以是全面清查，也可以是局部清查。一般在年终决算前进行全面清查，在季末和月末对货币资金和贵重财产进行盘点和抽查，实施局部清查。

（2）不定期清查。不定期清查是指事先并无计划安排，而是根据实际需要所进行的临时性清查。同定期清查一样，不定期清查的对象和范围可以是全面清查，也可以是局部清查，其目的主要在于查明情况、明确责任。不定期清查通常在以下情况发生时进行：

1）更换财产物资保管人员和现金出纳人员。

2）财产遭受自然灾害或其他非常损失。

3）有关部门对本企业进行会计检查。

4）进行临时性的清产核资工作。

5）发现营私舞弊、贪污盗窃等行为。

此外，财产清查还可以根据其他分类标志进行分类，如根据执行单位的不同，将财产清查分为内部清查和外部清查。其中，内部清查就是由本单位有关人员对财产物资所进行的清查，而外部清查是由本单位以外的上级主管部门、财税机关、审计机关、银行或有执业资格的中介机构（如会计师事务所）等，根据国家的有关规定或实际需要对本单位的财产物资所进行的清查。通常情况下，大多数财产清查都是内部清查。实务中，单位应采用何种方式在何时进行财产清查，则要根据实际工作的需要以及人力、物力、财务条件等综合因素来确定。

二、财产清查的意义

财产清查的主要目的是为了确保账簿记录的真实性和正确性，为编制财务会计报告提供

可靠的资料依据，同时它对加强财产物资的管理，维护国家财经纪律也具有重要意义。财产清查的意义主要表现在以下几个方面：

（一）保证会计核算资料的真实可靠

通过财产清查，将财产物资的实际结存数与账面结存数进行对比，从而可以揭示各项财产物资的溢缺情况。对于存在溢缺的账项，进一步查明原因，落实责任，并及时调整账簿记录，做到账实相符，从而保证了会计核算资料的真实性，提高会计信息的有用性。

（二）保护财产物资的安全完整

通过财产清查，可以查明各项财产物资的保管情况，查明是否存在短缺和毁损情况。

一旦发现问题，应查明原因，认真处理。对于管理制度方面存在的问题，应及时采取措施，建立健全各项规章制度；对于因管理人员和其他工作人员失职而造成的损失，应追究其经济责任，并给予必要的行政处分；对于贪污、盗窃行为，应给予必要的法律制裁，从而保证各项财产物资的安全完整。

（三）挖掘财产物资潜力，加速资金周转

通过财产清查，可以查明各项财产物资的储备和利用情况，对于储备不足的财产物资，应设法补充，以保证生产经营的需要；对于积压、呆滞和不配套的财产物资，应及时外调或出售，避免浪费。这有助于更好地挖掘各项财产物资的潜力，加速资金周转，提高资金使用效果。

（四）加强企业管理，维护财经纪律

通过财产清查，可以查明本单位与各类金融机构、其他单位或个人的往来款项是否符合合同规定及国家有关的财经制度的规定。一旦发现问题，可及时采取措施予以纠正，这对于加强企业内部管理，维护财经纪律具有重要的意义。

三、财产清查的程序

不同的财产清查应该按照不同的程序来进行，但就其一般程序而言，可以分为准备阶段、实施阶段、分析处理阶段。

（一）准备阶段

财产清查是一项涉及面较广，工作量较大，既复杂而又细致的工作。为了确保财产清查工作的顺利开展，在实施财产清查前，必须进行有计划、有组织的准备，具体包括组织准备和业务准备。

1. 组织准备

为了确保财产清查工作有计划、有组织、有步骤地稳步进行，应该由单位领导及各业务部门共同成立一个专门的组织机构，具体负责财产清查的领导和组织工作，其主要职责是：

（1）制定财产清查计划，包括确定具体的清查对象和范围、安排清查工作的进度、配备清查人员、布置清查任务，明确清查的具体要求等。

（2）在清查过程中，做好检查督促工作，及时研究和处理清查中发现的问题。

（3）在清查结束后，应及时进行总结，将清查结果和处理意见上报有关领导和部门进行审批处理。

2. 业务准备

为了做好财产清查工作，各业务部门尤其是会计部门和物资保管部门应密切配合，认真做好以下几个方面的准备工作：

（1）在财产清查前，会计部门应该把有关账簿登记齐全，并结出余额，做到账簿记录完整、正确，账证相符，账账相符，为财产清查提供可靠的依据。

（2）在财产清查前，物资保管部门应该把截止到清查之日的所有经济业务办理凭证手续，全部登记入账，并结出余额。对所保管的各项财产物资，应归类整理，排列整齐，挂上标签，标明品种、规格和结存数量，以便盘点核对。

（3）准备好各种必要的计量器具，并进行仔细检查，保证计量器具准确可靠。

（4）银行存款、银行借款和往来结算款项的清查，应取得对方的对账单，以便核对。

（5）准备好供财产清查时使用的各种登记表册。

（二）实施阶段

做好各项准备工作之后，按照统一的部署，由清查人员根据不同清查对象的特点，采取相应的清查方法，实施财产清查，将清查结果及时登记造册。

（三）分析处理阶段

财产清查结束后，应将实际清查结果与账面登记数进行核对。如有不符，为了保证账实相符，首先应根据实际清查结果调整账簿记录，然后进一步查明盘盈、盘亏的原因和性质，并将清查结果向有关领导和部门报告。同时，针对清查中发现的问题，应及时提出改进意见和措施。最后，在清查结果报请有关部门批准后，应进行相应的账务处理，调整有关的账簿记录。

第二节　财产清查的方法

财产清查过程是执行具体清查方案的过程，是完成清查任务的关键环节。由于不同的清查对象具有不同的形态和特征，因而具体的清查方法也就相应不同。常用的清查方法包括实地盘点法、技术推算法、查询法和核对法等。由于每种方法有不同的应用范围，下面将结合各类财产物资的清查，介绍清查方法的具体应用。

一、实物资产的清查

这里提到的实物资产，是指具有实物形态的各种财产物资，包括原材料、在产品、半成品、产成品、低值易耗品、包装物及固定资产等。

（一）实物资产的盘存制度

对实物资产进行清查，一个重要的环节就是确定实物资产的结存数量，包括账面结存数量和实际结存数量。在会计实务中，由于确定实物资产账面结存数量的依据不同，存在两种盘存制度，即永续盘存制和实地盘存制。

1. 永续盘存制

永续盘存制，又称为账面盘存制。采用这种盘存制，平时对各项实物资产的收入和发出，都必须根据有关会计凭证在会记账簿中进行连续登记，并且随时结出各种实物资产的账面结存数。具体做法是在收入或发出实物资产时，根据记录收入和发出的会计凭证，逐笔逐日在相应账簿上进行连续登记，并根据账户的数量关系随时结出该项实物资产的账面结存数，具体计算公式为：

$$账面结存数＝期初结存数＋本期增加数－本期减少数$$

【例 8-1】　冠华公司的原材料盘存实行永续盘存制，2006 年 11 月丙材料的收入、发出和结存情况见表 8-1。

表 8-1　　　　　　　　　　　　　　　原 材 料 明 细 账

明细科目：丙材料　　　　　　　　数量单位：千克　　　　　　　　金额单位：元

2006 年		摘要	借方			贷方			结存		
月	日		数量	单价	金额	数量	单价	金额	数量	单价	金额
11	1	期初余额							2 000	50	100 000
	5	购入材料	3 000	50	150 000				5 000	50	250 000
	11	生产领用				4 000	50	200 000	1 000	50	50 000
	18	购入材料	4 000	50	200 000				5 000	50	250 000
	23	生产领用				3 500	50	175 000	1 500	50	75 000
	30	本月发生额及期末余额	7 000	50	350 000	7 500	50	375 000	1 500	50	75 000

首先，永续盘存制核算手续严密，能够及时反映各项实物资产的增减变动及结余情况，能够随时掌握各项实物资产的占用及动态变化情况，有利于加强实物资产的管理，保护实物资产的安全完整；其次，由于永续盘存制要求各项实物资产的收入和发出都必须履行严密的凭证手续，这在某种程度上也强化了会计监督职能。尽管如此，永续盘存制也存在一些不足，如账簿中记录的各项实物资产的增减变动及结存情况都是根据有关会计凭证登记的，这就有可能产生账实不符的情况。所以，采用永续盘存制就需要对各项实物资产进行定期的清查，以确定账实是否相符以及产生账实不符的原因。目前，永续盘存制被各企业单位广泛采用。

2. 实地盘存制

实地盘存制，又称为定期盘存制。采用这种盘存制，平时只根据有关记录实物资产收入的会计凭证，在相关账簿中登记实物资产的增加数，不登记本期发出数。月末，通过对各项实物资产进行实地盘点，根据实地盘点所确定的实际结存数倒挤出本月各项实物资产的减少数，其计算公式为：

本期发出数＝期初结存数＋本期增加数－期末实存数

例如在上例中，假设丙材料的耗用情况平时难以准确计量，所以材料盘存实行实地盘存制，平时在原材料明细账中不记录材料的发出情况。月末通过实地盘点，确定期末结存数量为 1 500 千克，根据这一盘存结果倒挤出本月丙材料的发出数，见表 8-2。

表 8-2　　　　　　　　　　　　　　　原 材 料 明 细 账

明细科目：丙材料　　　　　　　　数量单位：千克　　　　　　　　金额单位：元

2006 年		摘要	借方			贷方			结存		
月	日		数量	单价	金额	数量	单价	金额	数量	单价	金额
11	1	期初余额							2 000	50	100 000
	5	购入材料	3 000	50	150 000						
	18	购入材料	4 000	50	200 000						
	30	生产领用				7 500	50	375 000	1 500	50	75 000
	30	本月发生额及期末余额	7 000	50	350 000	7 500	50	375 000	1 500	50	75 000

可以看出，实地盘存制核算工作比较简单，工作量较小。其缺点在于核算手续不够严密，不能通过账簿记录随时反映和监督各项实物资产的增减变动及结存情况，不利于有效地发挥会计核算和监督的功能，倒挤出的各项实物资产的发出数，其成分比较复杂，除了正常耗用外，仓库管理中存在的多发少发、物资毁损、盗窃、丢失等在账面上均得不到反映，不利于发挥会计的监督作用。实地盘存制只适用于不能办理出库手续、商品质量不稳定的个别企业，如小型企业、经营鲜活商品的零售企业等。

（二）实物资产的清查方法

实物资产的种类繁多，形态不一，体积、重量、价值和存放方式也各不相同，因此不同的实物资产应采用不同的清查方法。通常，实物资产清查方法主要包括实地盘点法、抽查盘点法和技术推算法等。

1. 实地盘点法

实地盘点法指通过逐一点数、过磅、量尺等方式来确定各项实物资产的实际结存数量的方法。实地盘点法适用范围较广，大多数实物资产的清查都可以采用这种方法。

2. 抽查盘点法

抽查盘点法是首先测量实物资产的总体积（或总重量），然后再抽样盘点该实物资产的单位体积（或单位重量），最后通过计算确定其实际数量的方法。抽查盘点法适用于价值小、数量多并且体积或重量比较均匀的实物资产的清查。

3. 技术推算法

技术推算法是指对于不便于通过逐一点数或过磅来清点计数的实物资产，通常采用量方、计尺等来测算实存数量的技术方法。例如，对于露天堆放的煤炭的盘点，就可使用技术推算法来确定其实存数量。

对实物资产进行清查，不仅要清点其实际数量，还要检查实物资产的质量，以便了解企业在收发和保管实物资产方面是否存在问题。在盘点实物资产时，保管人员必须在场，并参加盘点工作，以更好地明确经济责任。对各项实物资产的盘点结果，应及时、如实地在"盘存单"上进行记录，并由参加盘点的人员和实物资产保管人员同时签章确认。"盘存单"是记录盘点各项实物资产实存数量的书面证明，也是财产清查工作的原始凭证之一，清查人员必须认真填写并妥善保存。"盘存单"一般格式见表8-3。

表8-3   盘 存 单

单位名称：   盘点时间：

财产类别：   存放地点：   编号：

编号	名称	规格或型号	计量单位	账面结存数量	实际盘点			备注
					数量	单价	金额	

盘点人：   实物保管人：

盘点完毕，为了查明实物资产实存数与账存数是否一致，应根据"盘存单"和有关账簿记录编制"实存账存对比表"，填写账实不符的实物资产，并把它作为分析差异原因和经济责任的依据。"实存账存对比表"的一般格式见表 8-4。

表 8-4　　　　　　　　　　　　　　　**实 存 账 存 对 比 表**

单位名称：　　　　　　　　　　　　　　年　月　日　　　　　　　　　　　　　　编号：

编号	类别及名称	计量单位	单价	实存		账存		对比结果				备注
								盘盈		盘亏		
				数量	金额	数量	金额	数量	金额	数量	金额	

盘点人：　　　　　　　　　　　　　　　　　　　　　　　　　　实物保管人：

二、货币资金的清查

货币资金的清查对象包括库存现金、银行存款及其他货币资金。下面重点介绍库存现金和银行存款的清查方法。

（一）库存现金的清查

库存现金的清查同实物资产的清查一样，也是采用实地盘点的方法。盘点工作由清查人员和出纳人员共同完成。在盘点前，出纳人员应将涉及收付现金的全部记账凭证登入现金日记账，并结出余额。盘点现金时，出纳人员必须在场，在出纳人员的监督下，由清查人员逐一清点。现金盘点应采取突击盘点的方式，事先不通知出纳人员，盘点中要关注是否存在挪用现金、白条抵库等违反财经纪律和现金管理条例的情况。盘点结束后，应将库存现金实存数与现金日记账的余额进行对比，以查明账实是否相符。如出现盘盈盘亏，应由清查人员和出纳人员共同核实，并根据清查的结果编制"库存现金盘点报告表"，由清查人员和出纳人员共同签章确认。"现金盘点报告表"兼有"盘存单"和"实存账存对比表"的作用，是反映库存现金实有数和调整账簿记录的重要原始凭证，其一般格式见表 8-5。

表 8-5　　　　　　　　　　　　　　　**现 金 盘 点 报 告 表**

单位名称：　　　　　　　　　　　　　　年　月　日　　　　　　　　　　　　　　编号：

实存金额	账存金额	对比结果		备注
		盘盈	盘亏	
合计				

盘点人员：　　　　　　　　　　　　　　　　　　　　　　　　　　出纳人员：

（二）银行存款的清查

银行存款的清查与实物资产和库存现金的清查方法不同，它采用与银行核对账目的方法进行，即通过将本单位的银行存款日记账与开户银行定期送达的对账单逐笔进行核对，以查明银行存款收付和余额是否正确。通常在核对之前，首先应检查本单位银行存款日记账的完整性和正确性。其次以每个银行账户为单位，核对银行与企业的账目是否相符。如果核对结果不一致，正常情况下其原因可能来源于两个方面，一方面是本单位与银行一方或双方同时出现记账错误，另一方面则是由于存在未达账项所致。所谓未达账项是指企业和银行之间对于同一经济业务，由于取得凭证的时间不同，一方已取得结算凭证已登记入账，而另一方由于未取得结算凭证而尚未入账的款项。未达款项主要包括以下四种情况：

(1) 企业已收款入账，银行尚未收款入账的款项。如企业收到客户用于支付货款的转账支票，办理相关手续后据以登记入账，而后委托银行代为收款。这样在银行与企业之间由于结算凭证传递上的原因，会存在一个记账上的时间差。

(2) 企业已付款入账，银行尚未付款入账的款项。如企业开出转账支票支付本月水电费，并根据有关单证登记入账，而后委托开户银行付款的情况。这样在银行与企业之间由于结算凭证传递上的原因，仍会存在一个记账上的时间差。

(3) 银行已收款入账，企业未收款入账的款项。如银行已收客户电汇货款，由于结算凭证定期传递，企业尚未银行的收款通知的情况。

(4) 银行已付款入账，企业未付款入账的款项。如委托银行代缴水电等公共设施费，基于惯例银行付款一般不事先通知企业，然后将付款凭证定期传递给企业的情况。

上述任何一种情况发生，都会使企业和银行之间产生未达款项，导致双方的账面余额不一致。在 (1)、(4) 两种情况下，会使企业银行存款日记账的余额大于银行对账单所列存款余额；在 (2)、(3) 两种情况下，又会使企业银行存款日记账的余额小于银行对账单所列存款余额。因此，在与银行对账时，首先应查明是否存在未达账项，为消除未达账项的影响，需要编制"银行存款余额调节表"进行调节。

银行存款余额调节表的编制，一般是在双方账面余额的基础上，分别补充登记对方已记账而本方尚未记账的账项金额，然后验证调节后的双方账目余额是否一致。下面举例说明"银行存款余额调节表"的编制方法。

【例8-2】 冠华公司2006年11月30日银行存款日记账的余额为65 000元，银行对账单余额为91 800元，经过逐项核对，发现有如下未达账项：

(1) 11月27日，企业收到购货单位转账支票一张5 000元，已登记入账，银行尚未入账。

(2) 11月28日，银行收到购货方支付前欠货款11 700元，已登记入账，企业因未收到有关结算凭证，尚未入账。

(3) 11月28日，银行为企业代付电费600元，已登记入账，企业未收到银行的付款通知单，尚未入账。

(4) 11月29日，企业开出转账支票支付采购材料款23 400元，已登记入账，银行因未收到有关结算凭证，尚未入账。

根据以上资料，编制"银行存款余额调节表"，见表8-6。经过调节后，企业银行存款日记账的余额与银行对账单的余额相等，则说明记账没有差错；如果不相等，则说明记账有差错，应进一步进行核对。需要指出的是，编制"银行存款余额调节表"只是银行存款清查所采用的方法，不能与账务处理相混淆。"银行存款余额调节表"的编制，不需要更改账簿记录，对于未达账项也不作任何账务处理。"银行存款余额调节表"只作为清查资料，与银行对账单一起附在当月银行存款日记账之后保存。对于未达账项中的"银行已收、企业未收"和"银行已付、企业未付"的款项，企业只有在接到有关凭证后，才能编制相应的记账凭证，并进行账务处理。

表 8-6 　　　　　　　　　　　　　银行存款余额调节表

币种：人民币　　　　　开户银行：××银行　　　　账号：1023-56890　　　　200×年 11 月 30 日

项目	金额	项目	金额
银行存款日记账余额	65 000	银行对账单余额	94 500
加：银行已收，企业未收	11 700	加：企业已收，银行未收	5 000
减：银行已付，企业未付	600	减：企业已付，银行未付	23 400
调节后余额	76 100	调节后余额	76 100

三、往来款项的清查

往来款项的清查主要是指对应收账款、应付账款等债权债务的清查。各种往来款项的清查与银行存款的清查一样，也是采用同对方单位核对账目的方法来进行。在清查前，单位应该将全部凭证登记入账，并在检查本单位应收应付款项的账目正确性、完整性的基础上，编制"应收款项对账单"和"应付款项对账单"，分别送有关单位进行核对。对账单一式三联，其中一联留本单位备查，一联留对方单位备查，一联作为回执使用。如果对方单位核对相符，应在回单联上盖章并退回本单位；如果核对不符，则应把不符的情况在回单联上注明，以便进一步检查，也可以另外制作对账单退回本单位，作为进一步核对的依据。在核对过程中，如果发现未达账项，双方均应编制"应收款项或应付款项余额调节表"进行调节，其编制方法与"银行存款余额调节表"基本相同。

往来款项清查结束后，应根据清查结果编制"往来款项清查报告单"，并填列各项债权、债务的余额。对于有争执的款项以及没有收回可能的款项，或者无法支付的款项，应当在报告单上详细注明，以便及时进行处理。"往来款项清查报告单"的一般格式见表 8-7。

表 8-7 　　　　　　　　　　　　往来款项清查结果报告单

种类：　　　　　　　　　　　年　月　日　　　　　　　　　　　单位：元

明细账户	清查结果		差异额及原因说明	
	本企业账面金额	对方账面金额	差异额	差异原因说明

清查人员：　　　　　　　　　　　　　　　　　　　　　　　　经管人员：

第三节　财产清查结果的处理

通过财产清查发现的企业在财产管理和会计核算方面存在的问题，必须以国家有关的政策、法令和制度为依据，在查明原因和分清责任的基础上，严肃地予以处理，并调整相关账簿记录。

一、财产清查结果的业务处理

财产清查结果的业务处理主要包括以下三项内容：

（一）查明账实不符的原因，明确责任，并进行相应处理

对于财产清查中发现的各项资产账实之间的差异和管理上的问题，如各种资产的盘盈、盘亏、毁损、贪污、盗窃等，应认真地进行调查研究，分析并找出原因，明确责任，报请有关领导批准后，按规定进行处理。属于定额内或由自然原因引起的盘盈、盘亏和毁损，应及时办理有关手续并予以转销处理；对于因有关人员失职造成的盘亏或毁损，在查明原因的基础上，按规定进行相应处理；对于自然灾害等原因造成的财产损失，已经向保险公司投保的，应积极向保险公司索赔，没有得到赔偿的部分，应按规定作转销处理；对于贪污、盗窃案件，应会同有关部门或报有关部门进行专案处理；对于有争议的应收、应付款项，应按有关法律、法规、合同的规定作出结论，或提起法律诉讼。

（二）处理积压闲置的资产，清理长期不清的债权债务

对于在财产清查中发现的积压闲置物资，应首先查明原因，然后报请有关领导批准后，针对具体的情况进行不同的处理。对于本单位能够利用的，要积极利用；对于本单位不能利用的，应当及时进行销售或其他处理；对于不配套的财产物资，应当设法补缺配套，做好调剂处理；对于长期拖欠未清的债权债务等往来款项，应指定专人负责，查明原因，主动与对方联系，逐一协商，限期处理。

（三）认真总结经验教训，建立健全有关制度

对于在财产清查中发现的企业在财务管理、会计核算和财产物资管理中存在的问题和管理漏洞，应该及时总结经验和教训，提出改进工作的具体意见和措施，建立健全有关的规章制度，提高企业的管理水平。

二、财产清查结果的账务处理

对于财产清查中发现的盘盈、盘亏和毁损，应按照会计准则及其他有关制度的规定及时进行账务处理。财产清查结果的账务处理一般分两步进行：第一步根据"实存账存对比表"，编制记账凭证，调整账簿记录，使各项财产物资账面结存数与实际结存数相一致，确保账实相符；第二步在查明原因后，根据审批后的处理意见，编制记账凭证，根据财产清查结果的最终影响调整有关账户。

（一）应设置的账户

为了全面地核算企业在财产清查过程中查明的各种财产盘盈、盘亏和毁损的价值，应设置"待处理财产损溢"账户。"待处理财产损溢"属于资产类账户，当发生财产物资的盘亏或毁损时，应首先将盘亏或毁损的价值记入该账户的借方，待查明原因并按管理权限报经批准处理时，再从该账户的贷方转出；当发生财产物资的盘盈时，应首先将盘盈的价值记入该账户的贷方，待查明原因并按管理权限报经批准处理时，再从该账户的借方转出。企业发生的各项财产损溢，应查明原因，在期末结账前处理完毕，处理后该账户没有余额。"待处理财产损溢"可按盘盈、盘亏的资产种类和项目进行明细核算。"待处理财产损溢"账户的一般结构见表 8-8。

表 8-8

借方	待处理财产损溢	贷方
发生的盘亏和毁损数 结转已批准处理的盘盈数		发生的盘盈数 转销已批准处理的盘亏和毁损数

为了核算由于前期差错而导致的固定资产盘盈，应设置"以前年度损溢调整"账户。"以前年度损溢调整"账户属于损溢类账户，发生固定资产盘盈并按管理权限报经批准处理时，从"待处理财产损溢"的借方转入该账户的贷方，期末从该账户的借方转入"利润分配——未分配利润"账户的贷方，经结转后本账户无余额。

（二）财产清查结果的账务处理

财产清查结束后，如果各项财产物资和往来款项的实际结存数与账面结存数相一致，且不存在实物资产毁损的情况，则无需进行账务处理；如果存在实物资产毁损的情况，则应按毁损的有关规定进行相应的处理。如果各项财产物资和往来款项的实际结存数与账面结存数不一致，则会出现两种情况：一是实际结存数大于账面结存数，出现盘盈；二是实际结存数小于账面结存数，出现盘亏。对于不同的财产清查结果，应根据不同的财产清查对象，针对不同的原因，分别进行相应的账务处理。

1. 实物资产清查结果的账务处理

（1）存货。对于盘盈的存货，在审批前，应根据其估计价值借记有关存货账户，贷记"待处理财产损溢"账户；审批后，根据审批意见，一般作冲减"管理费用"等处理。对于盘亏或毁损的存货，在审批前，应根据其估计价值借记"待处理财产损溢"账户，贷记有关存货账户；审批后，根据审批意见，如果属于自然损耗或定额内损耗，则应作增加"管理费用"处理；如果属于超定额损耗或由责任事故所造成，应由相关责任人负责赔偿时，则应作增加"其他应收款"处理，不足的部分作"营业外支出"处理；如果属于自然灾害造成的，由保险公司负责赔偿的部分，作增加"其他应收款"处理，其余部分作"营业外支出"处理。

【例8-3】 冠华公司在财产清查中，盘盈甲材料40千克，该材料的单价为每千克25元，共计1 000元。后查明，盘盈的甲材料属于材料收发过程中计量器具误差所致。

审批前，根据"实存账存对比表"所确定的甲材料的盘盈数额，调整账簿记录，作如下账务处理：

    借：原材料——甲材料　　　　　　　　　　　1 000
      贷：待处理财产损溢——待处理流动资产损溢　　　1 000
    审批后，根据经批准的处理意见，进行如下账务处理：
    借：待处理财产损溢——待处理流动资产损溢　　1 000
      贷：管理费用　　　　　　　　　　　　　　　　1 000

【例8-4】 冠华公司在财产清查中，盘亏乙材料450千克，该材料的单价为每千克6元，共计2 700元。后查明，盘亏的乙材料中有100千克是由于责任事故所造成的，应由保管员张某赔偿；300千克是由于自然灾害所造成的，作"营业外支出"处理；其余50千克则是属于定额内的损耗，作增加"管理费用"处理。

审批前，根据"实存账存对比表"所确定的乙材料盘亏数额，调整账簿记录，作如下账务处理：

    借：待处理财产损溢——待处理流动资产损溢　　2 700
      贷：原材料——乙材料　　　　　　　　　　　　2 700
    审批后，根据批准的处理意见，做如下账务处理：

```
借：管理费用                                        300
    其他应收款——张某                              600
    营业外支出——非常损失                        1 800
    贷：待处理财产损溢——待处理流动资产损溢     2 700
```

（2）固定资产。对于盘盈的固定资产，审批前，应根据其估计的原值借记"固定资产"账户，根据估计的折旧额贷记"累计折旧"账户，根据前二者的差额贷记"待处理财产损溢"账户；审批后，根据审批意见和《企业会计准则——应用指南》的规定，应作为前期差错记入"以前年度损益调整"账户的贷方。对于盘亏的固定资产，审批前，应根据其估计原值和折旧额的差额，借记"待处理财产损溢"账户，根据估计的折旧额借记"累计折旧"账户，根据估计的原值贷记"固定资产"账户；审批后，根据审批意见，应作"营业外支出"处理。对于毁损的固定资产，其处理方法与存货相同，这里不再赘述。

【例 8-5】 冠华公司在财产清查中，盘盈机器设备一台，其重置价值为 10 000 元，估计折旧为 3 000 元，净值为 7 000 元。经批准，盘盈设备应前期差错处理。

审批前，根据"实存账存对比表"的有关资料，调整账簿记录，作如下账务处理：

```
借：固定资产——机器设备                        10 000
    贷：累计折旧                                   3 000
        待处理财产损溢——待处理固定资产损溢      7 000
```

审批后，根据批准的处理意见，作如下账务处理：

```
借：待处理财产损溢——待处理固定资产损溢        7 000
    贷：以前年度损益调整                          7 000
```

【例 8-6】 冠华公司在财产清查中，盘亏设备一台，其原值为 22 000 元，已计提折旧 9 000元，净值为 13 000 元。经批准，盘亏设备的价值作"营业外支出"处理。

审批前，根据"实存账存对比表"的有关资料，调整账簿记录，作如下账务处理：

```
借：待处理财产损溢——待处理固定资产损溢       13 000
    累计折旧                                      9 000
    贷：固定资产——机器设备                      22 000
```

审批后，根据批准的处理意见，作如下账务处理：

```
借：营业外支出——固定资产盘亏                  13 000
    贷：待处理财产损溢——待处理固定资产损溢     13 000
```

2. 库存现金清查结果的账务处理

库存现金清查中发生盘盈或盘亏时，首先应将盘盈或盘亏金额从"库存现金"账户转入"待处理财产损溢"账户。审批后，再根据审批意见分别进行相应处理。现金盘盈一般应作冲减"管理费用"处理；现金盘亏应由出纳人员负责赔偿的，则应转入"其他应收款"账户，作为企业损失的，则应作增加"管理费用"处理。

【例 8-7】 冠华公司在财产清查中，发现库存现金短缺 30 元。经查明，短缺的 30 元现金应由出纳员李某负责赔偿。

审批前，根据"现金盘点报告表"等记录，调整账簿记录，作如下账务处理：

借：待处理财产损溢——待处理流动资产损溢　　　　30
　　贷：库存现金　　　　　　　　　　　　　　　　　　　30

审批后，根据批准的处理意见，作如下账务处理：

借：其他应收款——李某　　　　　　　　　　　　30
　　贷：待处理财产损溢——待处理流动资产损溢　　　　30

【例 8-8】　冠华公司在财产清查中，发现库存现金多余 50 元。经批准，多余的 50 元现金应作冲减"管理费用"处理。

审批前，根据"现金盘点报告表"等记录，调整账簿记录，作如下账务处理：

借：库存现金　　　　　　　　　　　　　　　　　50
　　贷：待处理财产损溢——待处理流动资产损溢　　　　50

审批后，根据批准的处理意见，作如下账务处理：

借：待处理财产损溢——待处理流动资产损溢　　　　50
　　贷：管理费用　　　　　　　　　　　　　　　　　　50

3. 应收、应付款项清查结果的账务处理

（1）应收款项。对于已查明并确认无法收回的应收款项，应根据企业会计准则的有关规定，作坏账核销处理。核销时，不必通过"待处理财产损溢"账户，而是按照规定的程序报经批准后，直接核销企业的应收款项。具体包括两种情况：

①对于按期计提坏账准备的企业，发生坏账损失时，应冲减坏账准备；而收回已核销的坏账时，则增加坏账准备。

②对于不计提坏账准备的企业，发生坏账损失时，直接计入当期管理费用，予以核销；收回已核销的坏账时，再冲减管理费用。

【例 8-9】　2006 年 10 月冠华公司应收某单位货款 50 000 元，经清查，确属无法收回。企业没有计提坏账准备，经批准应作冲减"管理费用"处理。具体账务处理如下：

借：管理费用　　　　　　　　　　　　50 000
　　贷：应收账款——某单位　　　　　　　　50 000

（2）应付款项。在财产清查中，已经查明确实无法支付的应付款项，应根据企业会计准则的有关规定，及时予以核销。核销时，不必通过"待处理财产损溢"账户核算，按规定的程序报经批准后，直接核销应收款项，作利得处理。

【例 8-10】　冠华公司在财产清查中，查明应付某单位的货款 320 元，因该单位撤销，确实无法支付。报经批准后，转作营业外收入处理。具体账务处理如下：

借：应付账款——某单位　　　　　　　320
　　贷：营业外收入　　　　　　　　　　　320

本 章 小 结

本章以制造业企业的有关实务为背景，主要介绍了财产清查方法的基本原理。首先围绕什么是财产清查这一问题介绍了财产清查的内涵、分类、意义和清查的一般程序。通过这部分内容的学习，使财务会计初学者对财产清查这一会计核算方法的概念有一个完整的认识，并进一步认识到财产清查是保证账实相符和加强各项财产物资管理的重要手段和方法。接下来针对具体的清查对象介绍了各自适用的清查方法及清查结果的具体账务处理,这部分内容是本章的重点和难点。学习这一部分内容时,首先应明确账实相符是会计信息真实可靠质量特征的重要要求;其次为了保证账实相符应进行定期或不定期的财产清查;最后,基于清查工作本身的特点和管理要求,对清查结果分两步进行账务处理,直至将财产清查结果落实到最终的核算指标。从一定意义上讲,财产清查本身是对会计核算中异常情况的调整,因此,对清查结果的账务处理应坚持实质重于形式原则,根据其实质性影响进行相应的账务处理,对于初学者来说,这是一个难点。

复习思考题

1. 什么是财产清查?财产清查的意义是什么?

2. 财产清查有哪些不同的分类?

3. 如何进行财产清查?财产清查的一般程序是什么?

4. 什么是永续盘存制?永续盘存制的优缺点和适用对象是什么?

5. 什么是实地盘存制?实地盘存制的优缺点和适用对象是什么?

6. 如何对实物资产进行清查?

7. 如何对库存现金进行清查?

8. 如何对银行存款进行清查?

9. 什么是未达账项?未达账项包括哪些种类?

10. 如何编制"银行存款余额调节表"?

11. 如何对往来款项进行清查?

12. 财产清查结果的账务处理分几步进行,每一步的内容是什么?

13. 财产清查结果的账务处理需要设置哪些账户?它们的结构如何?如何运用它们对财产清查结果进行账务处理?

第九章　编制财务会计报告前的准备工作

🎓 **学习目的和要求：**

1. 了解编制财务会计报告前准备工作的意义和内容；
2. 掌握期末账项调整的内容和账务处理；
3. 掌握对账和结账的内容和方法；
4. 熟悉会计工作底稿的内容和编制方法。

第一节　编制财务会计报告前准备工作的意义和内容

一、编制财务会计报告前准备工作的意义

财务会计报告是会计核算工作的结果，是反映会计主体财务状况、经营成果和现金流量情况的书面文件，是会计部门提供各种会计信息的重要手段。会计主体通过编制财务会计报告来反映企业管理层受托责任的履行情况，向财务会计报告使用者提供与其财务状况、经营成果和现金流量情况有关的会计信息，以助于财务会计报告使用者作出正确的经济决策。

为了使所编制的财务会计报告符合相关会计准则及其他会计规范的要求，做到数字真实、内容完整、计算正确、编报及时，确保财务会计报告所提供的各种信息能够满足报告使用者的要求，编制报告前必须做好相关的准备工作。

二、编制财务会计报告前准备工作的内容

为了确保财务会计报告所提供的信息能够满足报告使用者的要求，编制报告前应做好以下准备工作：

（一）期末账项调整

会计分期和权责发生制是会计核算的两个前提条件，为了分期向报告使用者提供与企业财务状况、经营成果和现金流量情况有关的会计信息，会计期末必须按照权责发生制的要求对本期已经发生而尚未入账的收入和费用进行调整入账。通过调整，以合理反映每个会计期间获得的收入和应负担的费用，使每个会计期间的收入与费用在相关的基础上进行配比，以正确地计算该会计期间的盈亏，如实地反映会计期末的财务状况。

（二）对账

日常会计核算中，企业根据实际发生的交易和事项，按照相关会计准则和其他会计规范的要求进行确认、计量和记录，形成企业的日常会计核算资料，包括各种凭证、账簿等。在编制财务会计报告之前，为了保证账证、账账、账实相符，应进行对账，以确保账证相符、账账相符、账实相符。

（三）结账

企业的经济活动是连续不断进行的，会计记录也要连续不断地进行。为了总结每一会计

期间的经济活动情况，考核财务成果，编制财务会计报告，就必须在每一会计期末进行结账。结账是在会计期末将本期内所发生的全部经济业务登记入账的基础上，按照规定的方法对该期内的账簿记录进行的小结。通过结账，计算并结转各账户的本期发生额和期末余额，为编制会计工作底稿和最终编制财务会计报告提供数据资料。

（四）编制会计工作底稿

工作底稿，又称工作底表，是指专门为了办理会计期末处理，为最终编制财务会计报告进行资料汇集、调整、试算和分析而编制表式。对于业务复杂而又发生频繁的企业来说，通过编制会计工作底稿汇集编制财务会计报告所需的资料，可以有效地避免差错，提高会计工作的效率。应该指出的是，编制会计工作底稿的目的是为了提高编报工作的效率，确保财务会计报告编制工作的及时、有效地完成。编制会计工作底稿本身并不构成编制财务会计报告之前的一项必经程序，如果单位业务规模较小且比较简单或者不借助工作底稿也能够及时、准确地完成编报工作，也可以不编制会计工作底稿。

第二节　期末账项调整

会计分期是会计核算的一个基本前提，通过会计分期将连续不断、循环往复的生产经营过程人为地划分为若干会计期间。会计期间的产生使会计核算必然涉及划分本期和非本期的收入、费用等问题，于是就产生了以权责发生制还是以收付实现制为基础确认本期收入和费用的问题。《企业会计准则——基本准则》第 9 条规定，企业应当以权责发生制为基础进行确认、计量和报告。从权责发生制的角度来看，企业账簿中的日常会计记录还不能确切地反映本期的收入和费用，有些款项虽然在本期没有支付，但它应属于本期的费用；有些款项虽然在本期没有收到，但应属于本期的收入；有些款项虽然在本期已经支付，但它不属于或不完全属于本期的费用；有些款项虽然在本期已经收到，但它不属于或不完全属于本期的收入。所以，在结账前必须根据权责发生制的要求进行调整。通过调整，可以合理地确认各个会计期间的收入和费用，使每个会计期间的收入与费用能在相关的基础上进行配比，以正确地计算各期的财务成果。期末账项调整的主要内容是调整各期的收入和费用，由于在确认收入和费用的同时，也要涉及资产和负债的确认，因此，期末账项调整不仅会影响企业的财务成果的正确计算，而且还会影响到企业财务状况的如实反映。为了便于说明，将期末账项调整分为以下四类分别进行介绍。

一、应计收入的账项调整

应计收入，指企业在本期已经向其他单位或个人提供了商品或劳务，或已经让渡了资产使用权，获得了属于本期的收入，但由于尚未结算或对方延期付款等原因致使款项本期尚未收到，如应收的销售货款、应收的劳务款、应收金融机构的银行存款利息等。这些经济业务在本期虽然尚未收到款项，但商品已经发出、劳务已经提供、资产使用权已经让渡，企业已经取得了收取款项的权利，根据权责发生制的要求，应确认为本期的收入，并于期末将尚未收到的款项调整入账。

对应计收入进行账项调整时，一方面确认资产增加，借记"应收账款"、"其他应收款"等科目，另一方面确认收入增加，贷记"主营业务收入"、"其他业务收入"等科目。

【例 9-1】　冠华公司 2006 年 10 月 31 日预计本年第四季度银行存款利息为 4 500 元，每月应计的利息收入预计为 1 500 元。

根据现行结算规定,金融机构按季为企业结算的银行存款利息,因此以上银行存款利息只有在 12 月末才能收到款项。而根据会计分期和权责发生制的要求,企业应当在 10 月、11 月、12 月分别确认 1 500 元的银行存款利息收入。按照现行账务处理规定,已确认的银行存款利息收入通常作冲减"财务费用"处理,同时确认债权增加,作借记"其他应收款"处理。

10 月、11 月、12 月末分别作如下调整会计分录:

借:其他应收款——××银行　　　　1 500
　　贷:财务费用　　　　　　　　　　　1 500

第四季度结束,收到银行转来的已收银行存款利息凭证时,作如下账务处理:

借:银行存款　　　　　　　　　　　4 500
　　贷:其他应收款——××银行　　　　4 500

或者 10 月、11 月分别作如上调整分录,12 月末将上述调整分录和收到银行存款利息合并,作如下账务处理:

借:银行存款　　　　　　　　　　　4 500
　　贷:其他应收款——××银行　　　　3 000
　　　　财务费用　　　　　　　　　　1 500

如果出现估计入账的银行存款利息收入与实际银行存款利息收入不一致,其差额应作增减"财务费用"处理。当全季利息收入实际数大于估计金额时,其差额应作借记"其他应收款"科目,贷记"财务费用"科目处理;当全季利息收入实际数小于估计金额时,其差额应作借记"财务费用"科目,贷记"其他应收款"科目处理。如上例中,假设实际收到的银行存款利息为 5 000 元,其差额为 500 元,12 月末应作如下账务处理:

借:其他应收款——××银行　　　　500
　　贷:财务费用　　　　　　　　　　　500

或在 12 月末将上述调整分录和收到银行存款利息合并,作如下账务处理:

借:银行存款　　　　　　　　　　　5 000
　　贷:其他应收款——××银行　　　　3 000
　　　　财务费用　　　　　　　　　　2 000

二、应计费用的账项调整

应计费用,指本期已经发生或已经受益的,应由本期负担,但尚未支付款项或会计上尚未确认的费用,如应付的银行借款利息、应计的房屋租金、应计的保险费等。这些费用因尚未发生款项支付或虽然已经发生,但会计上尚未确认,因而在日常的账簿记录中尚未登记入账。根据权责发生制的要求,这些费用应确认为本期的费用,并于期末将尚未入账的费用调整入账。

对应计费用进行账项调整时,一方面确认费用增加,借记有关成本、费类科目,另一方面确认负债增加,贷记"预提费用"、"待摊费用"等科目。

【例 9-2】 冠华公司 2006 年 10 月 31 日预计本年第四季度银行短期借款利息为 9 000 元,每月应计的利息支出预计为 3 000 元。

银行短期借款利息与银行存款利息的结算规定基本相同,也是按季进行结算。因此以上银行短期借款利息只有在 12 月末才进行款项支付。而根据会计分期和权责发生制的要求,企业应当在 10 月、11 月、12 月分别确认 3 000 元的利息费用。按照现行账务处理规定，已确认的银行借款利息费用作借记"财务费用"科目，同时确认负债增加，作贷记"预提费用"科目处理。

10 月、11 月、12 月末分别作如下调整会计分录：

借：财务费用　　　　　　　　　　　　　　　　　　3 000

　　贷：预提费用——××银行短期借款利息　　　　　　　3 000

第四季度结束，以银行存款支付银行短期借款利息时，作如下账务处理：

借：预提费用——××银行短期借款利息　　　　　　9 000

　　贷：银行存款　　　　　　　　　　　　　　　　　　9 000

也可以将 12 月的调整业务和以银行存款支付短期借款利息两笔业务合并处理，作如下账务处理：

借：财务费用　　　　　　　　　　　　　　　　　　3 000

　　预提费用——××银行短期借款利息　　　　　　　6 000

　　贷：银行存款　　　　　　　　　　　　　　　　　　9 000

如果出现估计入账的短期借款利息费用与实际短期借款利息费用不一致，其差额应作增减"财务费用"处理。当全季利息费用实际数大于估计金额时，其差额应作借记"财务费用"科目，贷记"银行存款"科目处理；当全季利息费用实际数小于估计金额时，其差额应作借记"预提费用"科目，贷记"财务费用"科目处理。如上例中，假设实际支付的银行存款利息为 8 500 元，其差额为 500 元，12 月末应作如下账务处理：

借：预提费用——××银行短期借款利息　　　　　　500

　　贷：财务费用　　　　　　　　　　　　　　　　　　500

或在 12 月末将上述调整分录和支付短期借款利息合并，作如下账务处理：

借：预提费用——××银行短期借款利息　　　　　　9 000

　　贷：银行存款　　　　　　　　　　　　　　　　　　8 500

　　　财务费用　　　　　　　　　　　　　　　　　　500

三、收入分摊的账项调整

收入分摊，指企业在本期已经收到款项，但因尚未全部或部分向付款单位或个人提供商品或劳务，或让渡资产使用权，因而在收到款项时不能确认或不能全部确认为当期的收入，只有在交付商品或提供劳务，或让渡资产使用权后，才能确认收入的预收款项，从本质上看是一种负债性质的预收收入，如预收货款、预收租赁房屋租金等。预收收入是尚未提供商品、劳务或让渡资产使用权之前，企业先行按合同收取的款项，这些款项所代表的收入，在后续会计期间随着商品或劳务的提供而实现。

按照现行会计准则及其他相关会计规范的规定，企业的预收款项业务应通过"预收账款"账户进行核算。企业收到预收款项时，作借记"银行存款"科目，贷记"预收账款"科目处理；当商品销售、劳务提供或资产使用权让渡实现时，作相关的账项调整处理，即按实现金额作借记"预收账款"科目，贷记"主营业务收入"、"其他业务收入"等科目处理。

【例 9-3】 冠华公司 2006 年 11 月按合同预收 A 公司货款 20 万元，款项已存入银行。12 月 25 日公司按合同约定发出商品，实际货款 30 万元。当日收到 A 公司开来的转账支票支付不足款项。

　　11 月收到预收货款时，根据会计分期和权责发生制的要求，由于销售尚未实现，所以不能在 11 月确认收入，应作增加负债处理。具体账务处理如下：

　　　　借：银行存款　　　　　　　　　　　　　　200 000
　　　　　　贷：预收账款——A公司　　　　　　　　　　　200 000

　　12 月末确认销售实现，账项调整的账务处理为：

　　　　借：预收账款——A公司　　　　　　　　　300 000
　　　　　　贷：主营业务收入　　　　　　　　　　　　　300 000

　　同时：

　　　　借：银行存款　　　　　　　　　　　　　　100 000
　　　　　　贷：预收账款——A公司　　　　　　　　　　100 000

　　【例 9-4】　冠华公司于 2005 年 12 月 25 日收到 B 公司预付的 2006 年度设备租金 120 000 元，款项存入银行。

　　该公司一次性收到预付全年租金 120 000 元，根据会计分期和权责发生制的要求，该租金收入应分摊到 2006 年的每一个月。收到预付租金和每月的账项调整处理如下：

　　2005 年 12 月 25 日收到预付租金时的账务处理为：

　　　　借：银行存款　　　　　　　　　　　　　　120 000
　　　　　　贷：预收账款——B公司　　　　　　　　　　120 000

　　2006 年每月的月末，作如下账项调整处理：

　　　　借：预收账款——B公司　　　　　　　　　10 000
　　　　　　贷：其他业务收入　　　　　　　　　　　　　10 000

四、成本分摊的账项调整

　　成本分摊，指企业在本期已经支付款项，但本期尚未受益或虽已受益，但受益期涉及多个会计期间，因而应由以后会计期间分担或应由本期和以后会计期间分别负担的预付支出，从本质上看是一种具有资产性质的预付费用，如预付的财产保险费、预付的报刊订阅费等。预付的各项支出不属于或不完全属于本期的费用，因而不能直接全部记入本期的有关费用账户，应首先根据其受益期限的长短分别记入“待摊费用”或“长期待摊费用”账户，然后根据受益期间分期调整摊销。会计处理上，在预付各项支出时借记“待摊费用”或“长期待摊费用”科目，贷记“银行存款”等科目；在受益期调整摊销时借记有关成本、费用科目，贷记“待摊费用”或“长期待摊费用”科目。此外，费用分摊除了包括预付费用的期末账项调整外，还包括按月计提固定资产折旧、无形资产的摊销、各种资产减值准备的计提等。

　　【例 9-5】　冠华公司 2006 年 1 月 28 日以银行存款预付本年度车辆保险费 60 000 元。

　　该公司 2006 年车辆保险费于 1 月 28 日一次性预付，根据会计分期和权责发生制假设，这笔预付费用应由 2006 年 1～12 月平均负担，具体账务处理如下：

　　1 月份预付财产保险费时，其账务处理为：

　　　　借：待摊费用——待摊车辆保险费　　　　60 000
　　　　　　贷：银行存款　　　　　　　　　　　　　　60 000

　　同时：

借：管理费用　　　　　　　　　　　　　　5 000
　　贷：待摊费用——待摊车辆保险费　　　　　　5 000
或将以上业务合并处理为：
借：管理费用　　　　　　　　　　　　　　5 000
　　待摊费用——待摊车辆保险费　　　　　55 000
　　贷：银行存款　　　　　　　　　　　　　60 000
2～12月，每月末进行如下调整处理：
借：管理费用　　　　　　　　　　　　　　5 000
　　贷：待摊费用——待摊车辆保险费　　　　　5 000

五、尚未支付税费的账项调整

依法纳税是企业的法定义务，企业应根据税法的有关规定计算并缴纳税金。税金一般是分期计算的，根据税法有关纳税期限的规定，通常本期的税金在下期或以后期的期初缴纳，根据会计分期和权责发生制的要求，于是在会计期末就形成了企业应交而未交的税金。此外，有些费用是与特定的税金一并收取的，如教育费附加，应交而未交的税金和费用从性质上属于负债性质的应付款项。为了正确计算当期损益，如实反映企业的财务状况，需要把属于本期费用而尚未交纳的有关税费通过期末账项调整，全部登记入账，使本期费用与本期收入在相关的基础上进行配比。

企业在会计期末确认应交而未交的税费时，一方面确认费用增加，借记"税金及附加"、"所得税费用"、"管理费用"等科目，另一方面确认负债增加，贷记"应交税费"科目；以后会计期间实际交纳时，再借记"应交税费"科目，贷记"银行存款"科目。

【例9-6】 冠华公司为小规模纳税人，2016年11月提供应税劳务1 030 000元，增值税征收率为3%，城市维护建设税税率为7%，教育费附加税税率为3%。

11月份应交税费的计算和账务处理如下：

应交增值税＝1 030 000/（1＋3%）×3%＝30 000（元）

应交城市维护建设税＝30 000×7%＝2 100（元）

应交教育费附加＝30 000×3%＝900（元）

借：银行存款　　　　　　　　　　　　1 030 000
　　贷：主营业务收入　　　　　　　　　　1 000 000
　　　　应交税费——应交增值税　　　　　　30 000
借：税金及附加　　　　　　　　　　　　3 000
　　贷：应交税费——应交城市维护建设税　　　2 100
　　　　　　　　——应交教育费附加　　　　　900

第三节 对账和结账

企业的生产经营活动是连续不断进行的，为了总结某一会计期间生产经营活动的变化情况，考核财务成果，如实反映企业的财务状况和现金流量情况，以便为财务会计报告使用者提供有用的会计信息，企业必须定期进行对账和结账。

一、对账

对账，指有关经济业务入账后，为了保证账簿记录的正确性而进行的相关核对工作，它是会计核算的一项重要内容。

实务中，为了保证账簿记录数字真实、内容完整、记录准确，如实地反映企业的财务状况、经营成果和现金流量情况，从而为编制财务会计报告提供真实可靠的会计核算数据，就必须进行定期或不定期的对账。通过将账簿记录数字与库存实物、货币资金、有价证券、往来单位或者个人记录，以及凭证与账簿、不同账簿记录之间进行相互核对，以确保账证相符、账账相符、账实相符。

对账分为日常核对和定期核对两种。日常核对是指会计人员在编制会计凭证时对原始凭证和记账凭证的核对，在登记账簿时对账簿记录和会计凭证的核对；定期核对通常在期末结账前进行，是对凭证、账簿记录和实际情况的全面核对。对账工作通常包括以下三个方面的内容：

（一）账证核对

账证核对，指将各种账簿记录同有关记账凭证及其所附的原始凭证或原始凭证汇总表进行核对，以保证账证相符。从逻辑上讲，账证核对是对账工作的第一步，是保证账账相符、账实相符的基础。账证核对应在日常会计核算中进行，即平时编制记账凭证和登记账簿时都要与有关凭证进行核对，具体核对内容包括会计账簿记录与原始凭证、记账凭证的时间、凭证编号、内容、金额是否一致，记账方向是否相符。此外，在期末发现账账不符或账实不符时，还应重新与有关会计凭证进行核对，确保账证相符和账簿记录的正确性。

（二）账账核对

账账核对，指将不同会计账簿之间的记录进行核对，以保证账账相符。账账核对的主要内容包括：

1. 总分类账的核对

总分类账各账户的本期借方发生额合计数与贷方发生额合计数应核对相符，期末借方余额合计数与贷方余额合计数应核对相符。

2. 总分类账与日记账的核对

"库存现金"和"银行存款"总分类账的期末余额应分别与其所属现金日记账、银行存款日记账的本期发生额和期末余额的会计数核对相符。

3. 总分类账与明细分类账的核对

总分类账某一账户的本期发生额、期末余额与其所属明细分类账的本期发生额、期末余额的合计数应核对相符。

4. 会计部门有关财产物资明细账期末余额应与财产物资保管或使用部门的有关财产物资明细账（卡）的期末余额核对相符

账账核对一般是通过编制"总分类账户本期发生额及余额试算平衡表"、"明细分类账户本期发生额及余额试算平衡表"来进行的。

（三）账实核对

账实核对，是指在账账核对的基础上，将各种财产物资的账面余额与各种财产物资、货币资金、债权债务等的实有数额进行核对，以保证账实相符。账实核对主要包括现金日记账账面余额与库存现金实际余额相核对；银行存款日记账账面余额与开户银行对账单相核对；各种材料、物资明细分类账账面余额与材料、物资的实有数额相核对；各种应收、应付款明细分类账账面余额与有关债权、债务单位或个人的对账单相核对。账实核对一般是通过财产清查的方式来进行，有关财产清查的内容和方法在第八章已经作了专门介绍，这里不再赘述。

二、结账

结账指在将一定时期内所发生的全部经济业务登记入账的基础上，由会计人员在会计期末（月末、季末或年末）按照规定的方法，计算并结转各账户的本期发生额和期末余额。

为了全面反映企业各个会计期末的财务状况及一定会计期间的经营成果和现金流量情况，必须在会计期末进行结账，结账是会计期末对会计账簿记录所做的结束和总结工作。通过结账，可以分清上下期的会计记录，计算并结转各账户本期发生额和期末余额，从而为编制财务会计报告和开始下一会计期间的会计核算工作做好准备。

（一）结账的程序和内容

1. 检查本期发生的经济业务是否全部登记入账

结账前，应查明本期所发生的各项经济业务是否全部登记入账，是否有重复记录、遗漏记录的经济业务，是否有记录错误。如有遗漏应及时补记，对于本期发生的记账错误应按规定方法及时加以更正。不能将本期发生的经济业务延迟到下期登记，或将未发生的经济业务估计入账。不能为了调节利润提前结账，更不能先编制财务会计报告而后结账。

2. 根据权责发生制的要求，进行期末有关账项的调整，合理确定本期的收入和费用

结账前，在所有经济业务均已入账的基础上，应按照权责发生制的要求对有关账项进行调整，编制调整分录并登记入账。应检查企业是否存在因急于结账而遗漏调整事项的情况。期末账项调整主要包括：

（1）应计收入的调整，包括应收利息、应收租金等，其调整一方面确认当期收入或冲减当期费用，另一方面增加资产。

（2）应计费用的调整，包括应付职工薪酬、应付租金、应付利息等，其调整一方面确认费用增加，另一方面确认负债增加。

（3）预收收入的调整，包括预收租金等，一般通过"预收账款"账户来反映。

（4）预付费用的调整，如预付财产保险费、预付租金、预付报刊杂志费等，一般通过"待摊费用"或"长期待摊费用"账户来反映。

（5）估计项目的调整，如固定资产折旧的计提、无形资产的摊销、各种资产减值准备的计提等。

（6）尚未支付税费的账项调整，包括应交消费税、应交营业税、应交教育费附加等，一般通过"应交税费"账户来反映。

3. 核对和清理往来账目

结账前，应认真核对和及时清理往来账目，妥善处理应收、应付及暂收、暂付款项的清偿事宜，力争减少呆账和坏账损失的发生。

4. 结转收入和费用，结平所有损益类账户

分别将各收入成果类账户和费用成本类账户的本期贷方发生额和本期借方发生额结转至"本年利润"账户，确定本期的财务成果，并按国家税法、有关会计准则和其他会计规范的要求，结转"本年利润"及"利润分配"账户。

5. 计算并结转各账户的本期发生额和期末余额

在确认当期发生的各项经济业务、调整账项以及有关转账业务已全部登记入账后，便可

办理结清账户手续，计算各种日记账、总分类账、明细分类账的本期发生额、累计发生额和期末余额，并结转至下一期。

（二）结账的种类及方法

1. 按照账户性质的不同，结账可分为收入、费用类账户的结账和资产、负债、所有者权益类账户的结账

（1）收入、费用类账户的结账。收入、费用类账户是一个会计期间内的过渡性账户，主要用来归集和计算本期损益，以确定一定会计期间的经营成果。因此，期末应将这些账户结清，使其余额为零。也就是说，先计算本期各收入、费用类账户的净发生额，然后编制结转会计分录，将这些账户的本期净发生额从相反的方向转入至"本年利润"账户，经结转后这些账户的余额为零。

该类账户结账时，应在最后一笔业务下画一条通栏单红线，然后在单红线下的"摘要"栏内注明"本期发生额及期末余额"或"本月合计"字样，分别加计借方、贷方栏的发生额，显示双方金额相等后，在"余额"栏内写上 0，并在该行下画通栏双红线，表示该账户结平无余额。下一会计期间开始后，可在双红线下继续登记新的业务。具体结账方法见表 9-1。

表 9-1　　　　　　　　　　　　　　　**总 分 类 账**

账户名称：主营业务收入

2006 年		凭证号数	摘要	借方	贷方	借或贷	余额
月	日						
5	2	26	销售甲产品		265 000	贷	265 000
5	5	49	销售甲、乙产品		719 000	贷	984 000
5	28	315	销售乙产品		340 000	贷	1 324 000
5	31	411	转入"本年利润"账户	1 324 000		平	0
5	31		本期发生额及期末余额	1 324 000	1 324 000	平	0

（2）资产、负债、所有者权益类账户的结账。该类账户在会计期末结账后，通常都有余额，这些账户的结账工作比较简单，只需在期末将本期发生额计算出来，然后根据账户的数量关系计算出期末余额，并结转至下期即可。

2. 按照会计期间的不同，结账可以分为月结、季结和年结

（1）月结。月份终了，要进行月结，即计算出各账户的本月发生额和月末余额。结账时，在当月最后一笔业务下画一通栏单红线，在单红线的下一行的"摘要"栏内注明"月结"或"本月合计"字样，分别计算出本月借方、贷方发生额，最后结出月末余额。月结结束后，在该行下画一通栏单红线，表示完成月结工作。

如果某账户当月没有发生额，则不进行月结。需要结出本年累计发生额的，应当在月结下一行的"摘要"栏内注明"本年累计"字样，计算出本年累计借、贷方发生额，分别记入借方和贷方，并在下面画一通栏单红线。

（2）季结。季结就是在季度末计算各账户本季度借方、贷方发生额和季末余额。结账时，在月结的下一行进行，"摘要"栏内注明"季结"或"本季合计"字样，结出本季度借方、贷方发生额，并在该行下画一通栏单红线，表示季度结账结束。

（3）年结。年度终了，在账簿中要进行年结，并且封账。年结要在月结和季结后进行，在"摘要"栏内注明"年结"或"本年合计"字样，并将本年度借方、贷方发生额和年末余

额分别记入借方、贷方和余额栏内，然后在该行下面画一通栏单红线，表示所度终了。此外，年度终了要进行新旧账的结转更换工作，即把各账户的余额结转到下一会计年度的新账中，并在"摘要"栏注明"结转下年"字样；在下一会计年度新建有关会计账簿的第一行余额栏内填写上年结转的余额，并在"摘要"栏注明"上年结转"字样。年终封账时，要在最后一行记录下面画一通栏双红线，表示该账户的年度记录至此结束，以下不能再记录任何经济业务。具体结账方法见表9-2。

表 9-2　　　　　　　　　　　　　**总分类账**

账户名称：库存现金

2006年		凭证号数	摘要	借方	贷方	借或贷	余额
月	日						
1	1		上年结转			借	900
1	10	汇1	1～10日汇总	6 200	5 900	借	1 200
1	20	汇2	11～20日汇总	4 400	4 800	借	800
1	31	汇3	21～31日汇总	3 600	3 400	借	1 000
1	31		本月合计	14 200	14 100	借	1 000
1	31		本年累计	14 200	14 100	借	1 000
3	31		本月合计	18 400	17 900	借	1 100
3	31		本季合计	48 600	48 400	借	1 100
3	31		本年累计	48 600	48 400	借	1 100
12	31		本月合计	24 700	25 100	借	800
12	31		本季合计	73 100	73 800	借	800
12	31		本年累计	226 700	226 800	借	800
			结转下年		800	平	0

第四节　会计工作底稿

一、编制会计工作底稿的意义

会计工作底稿，又称会计工作底表，是将一定会计期间核算所得到的会计资料汇集到一起，为最终取得一定的会计信息而进行调整、试算和分析的表式。会计工作底稿有多种用途，如总分类账户本期发生额和余额试算平衡表、期末账项调整表等。不同用途的工作底稿，其格式和编制方法也不相同。本节主要介绍会计期末为便于编制财务会计报告而编制的会计工作底稿。

通常情况下，会计期末是财务会计部门最为繁忙的时候，调账、对账、结账、编制财务会计报告，一环扣一环，大量的工作集中在短短的几天内完成。这对于业务量少而简单的企业来说相对比较容易完成，但对于业务量多而又复杂的企业来说，往往会因会计期末工作集中、头绪多且时间紧而出现差错，最终影响财务会计报告的及时、准确编报。为了避免差错发生，确保期末会计处理有条不紊地进行，可以通过编制会计工作底稿的办法，先把有关资料汇集在工作底稿上，经验证无误后，再根据工作底稿的资料编制调账、结账的会计分录，最后编制财务会计报告。

对于业务量多而又复杂的企业来说，编制会计工作底稿是编制财务会计报告前的一项非常重要的准备工作，通过编制会计工作底稿，一是可以利用工作底稿各栏目间的借贷平衡关系，检验账簿记录是否存在差错，从而保证账簿记录资料的正确性；二是可以将期末繁多的调整账项，先在工作底稿上做调整分录并进行试算平衡，避免出现遗漏，从而保证账簿记录资料的完整性；三是利用工作底稿上列出的资产负债表和利润表的全部项目，编制资产负债表和利润表，从而保证财务会计报告的及时、准确编制。

二、会计工作底稿的结构和内容

会计工作底稿是编制财务报告前的一项重要准备工作，但它并不构成会计循环中的必备环节。具体到某一企业是否编制会计工作底稿，以及如何设计工作底稿的结构与内容，应根据企业的实际需要和会计工作底稿的具体用途来定。会计工作底稿的结构通常采用棋盘式格式，底稿按账户的名称分设行次，栏次按会计处理过程设置，一般包括五组十栏式和六组十二栏式两种。五组十栏式是指工作底稿上设有"调整前试算表"、"账项调整"、"账项结转"、"利润表"和"资产负债表"等五组，每一组分为借方和贷方两栏，构成五组十栏式结构。如果在"账项调整"之后增加一组"调整后试算表"，便构成六组十二栏式结构。六组十二栏式结构工作底稿的格式和内容如表9-3所示。有关内容解释如下：

（1）"会计账户"栏，用于列示企业所使用的全部总分类账户。

（2）"调整前试算表"组，分为借方和贷方两栏，分别用于列示期末账项调整前全部总分类账户的期末借、贷方余额，并通过借、贷方余额的试算平衡来验证期末账项调整前总分类账户记录的是否正确。

（3）"账项调整"组，分为借方和贷方两栏，按会计账户分别列示期末账项调整所编制的调整会计分录的借、贷方汇总数，并通过借、贷方会计科目的试算平衡来验证期末账项调整的正确性，在功能上相当于一个期末账项调整科目汇总表。

（4）"调整后试算表"组，分为借方和贷方两栏，分别用于列示期末账项调整后全部总分类账户的期末借、贷方余额，并通过借、贷方余额的试算平衡来验证期末账项调整后总分类账户记录的是否正确。通过工作底稿进行试算和调整，可以免除逐一翻阅账簿的麻烦，有助于提高期末会计处理工作的效率。

（5）"账项结转"组，分为借方和贷方两栏，按会计账户分别列示期末结转损益类账户金额所编制的结转会计分录的借、贷方汇总数，并通过借、贷方会计科目的试算平衡来验证期末损益结转的正确性，在功能上相当于一个期末损益结转科目汇总表。

三、会计工作底稿的编制

为便于及时、准确地编报财务会计报告而编制的会计工作底稿是将企业会计核算中的试算平衡、期末账项调整、结账等工作与编制财务会计报告有机结合在一起的而编制的一张工作底表。这类工作底稿不论其结构如何，但其基本内容和编制方法是基本相同的。

（一）"调整前试算表"组的填制

首先将企业使用的全部总分类账户，即总分类科目填入"会计账户"栏，同时将各总分类账户期末账项调整前的余额填入该试算表的借方栏或贷方栏；然后汇总计算所有账户的借方栏或贷方栏余额，两栏余额汇总数应该相等。在将总分类科目填入"会计账户"栏时，应考虑期末账项调整的需要，有些账户需要留几个空行，以满足登记期末账项调整金额的需要。

（二）"账项调整"组的填写

对于期末应予调整的账项，首先应确定应借、应贷账户及其金额；然后将账项调整会计分录的金额按对应账户填入相应的借方栏或贷方栏内。如果账项调整会计分录所涉及的会计科目在"会计账户"栏尚未列示，则应补上，然后再将应借或应贷金额填入相应的栏内。为了清晰地反映调整分录的对应关系便于核对，"账项调整"组的借、贷方栏金额前应标明调整分录的序号，同时应在工作底稿的下面按标明的序号分别对调整分录的内容进行简单的说明。调整分录填写完毕后，应汇总所有调整账户的借方和贷方调整金额，将其填写在"账项调整"组的最后一行上，借方和贷方调整金额合计数应相等。

（三）"调整后试算表"组的填制

首先将"调整前试算表"组和"账项调整"组内相同科目的借、贷方金额进行合并，同方向金额相加，反方向金额相减，其结果填入"调整后试算表"组的相应栏内。期末账项调整未涉及的会计账户，则"调整前试算表"组各栏的金额就是"调整后试算表"组各栏的金额。然后汇总"调整后试算表"组借方栏和贷方栏合并后的金额，并将其填写在"调整后试算表"组的最后一行上，借方与贷方汇总金额必须相等。

（四）"账项结转"组的填写

账项结转是在期末账项调整的基础上，结转损益类账户的净发生额至"本年利润"账户，结转后损益类账户的期末余额为零。对于期末应予结转的账项，首先应确定应借、应贷账户及其金额；然后将结转会计分录的金额填入对应账户的借方或贷方栏内。为了清晰地反映账项结转会计分录的对应关系和便于核对，"账项结转"组的借、贷方栏金额前应标明调整分录的序号，同时在工作底稿的下面应按标明的序号分别对账项结转分录的内容进行简单的说明。在账项结转分录填写完毕后，应汇总所有账项结转账户的借方和贷方结转金额，将其填写在"账项结转"组的最后一行上，借方和贷方金额的合计数应相等。

（五）"利润表"组的填制

"利润表"组各损益类账户的借方栏和贷方栏金额是编制"利润表"的数据来源，其金额与"调整后试算表"组对应的损益类账户的借方栏和贷方栏的金额完全相同，复制其数据即可。

（六）"资产负债表组"的填制

首先将"调整后试算表"组和"账项结转"组对应账户的金额进行合并，同方向金额相加，反方向金额相减，其结果就是"资产负债表组"组对应栏的金额；其次应汇总"资产负债表组"所有账户借方栏和贷方栏金额，并将其填写在"资产负债表组"组的最后一行上，借方和贷方金额的合计数应相等。

【例 9-7】　冠华公司 2006 年 11 月末会计工作底稿的编制。

（一）资料

1. 2006 年 11 月 31 日期末账项调整前各总分类账户的余额见表 9-3。

表 9-3

会计账户	余额		会计账户	余额	
	借方	贷方		借方	贷方
库存现金	5 000		应交税费		1 400
银行存款	156 000		长期借款		45 000
应收账款	1 200		实收资本		370 000

续表

会计账户	余额		会计账户	余额	
	借方	贷方		借方	贷方
预付账款	1 000		盈余公积		55 000
材料采购	2 550		本年利润		45 000
原材料	30 000		利润分配	25 000	
库存商品	100 000		主营业务收入		125 000
生产成本	10 000		营业外收入		5 000
待摊费用	10 800		主营业务成本	75 000	
固定资产	600 000		税金及附加	2 000	
累计折旧		193 000	管理费用	700	
短期借款		50 000	销售费用	20 000	
应付账款		550	财务费用	700	
预收账款		150 000	营业外支出	1 500	
应付职工薪酬		1 500			
合计	916 550	395 050		124 900	646 400

2. 2006 年 11 月期末应调整账项包括：

（1）应计银行存款利息收入 4 000 元。

（2）应预提本月短期借款利息 5 000 元。

（3）应预提本月办公楼租金 25 000 元。

（4）预收款中应确认本月设备租赁收入 30 000 元。

（5）分摊应由本月负担的车辆保险费 5 000 元。

（6）本月应交企业所得税 10 000 元。

（二）根据以上资料编制会计工作底稿，见表 9-4。

会计工作底稿编制完成后，应进行如下账务处理：

1. 编制期末账项调整会计分录并登记入账

（1）借：其他应收款——××银行　　　　4 000

　　　贷：财务费用　　　　　　　　　　　4 000

（2）借：财务费用　　　　　　　　　　　5 000

　　　贷：预提费用——××银行短期借款利息　5 000

（3）借：管理费用　　　　　　　　　　　25 000

　　　贷：预提费用——办公楼租金　　　　　25 000

（4）借：预收账款——××公司　　　　　30 000

　　　贷：其他业务收入　　　　　　　　　30 000

（5）借：管理费用　　　　　　　　　　　5 000

　　　贷：待摊费用——预付车辆保险费　　　5 000

（6）借：所得税　　　　　　　　　　　　10 000

　　　贷：应交税费——应交企业所得税　　　10 000

表 9-4

编制会计工作底稿

行次	会计账户	调整前试算表		账项调整		调整后试算表		账项结转		利润表		资产负债表	
		借方	贷方	借方	贷方	借方	贷方	借方	贷方	借方	贷方	借方	贷方
1	库存现金	5 000				5 000						5 000	
2	银行存款	156 000				156 000						156 000	
3	应收账款	1 200				1 200						1 200	
4	预付账款	1 000				1 000						1 000	
5	材料采购	2 550				2 550						2 550	
6	原材料	30 000				30 000						30 000	
7	库存商品	100 000				100 000						100 000	
8	生产成本	10 000				10 000						10 000	
9	待摊费用	10 800			⑤5 000	5 800						5 800	
10	其他应收款			①4 000		4 000						4 000	
11	固定资产	600 000				600 000						600 000	
12	累计折旧		193 000				193 000						193 000
13	短期借款		50 000				50 000						50 000
14	应付账款		550				550						550
15	预收账款		150 000	④30 000			120 000						120 000
16	应付职工薪酬		1 500				1 500						1 500
17	应交税费		1 400		⑥10 000		11 400						11 400
18	预提费用				②5 000 ③25 000		30 000						30 000
19	长期借款		45 000				45 000						45 000
20	实收资本		370 000				370 000						370 000
21	盈余公积		55 000				55 000						55 000
22	本年利润		45 000		④30 000		45 000	②140 900	①160 000				64 100
23	利润分配	25 000				25 000						25 000	
24	主营业务收入		125 000				125 000	①125 000			125 000		
25	其他业务收入				④30 000		30 000	①30 000			30 000		
26	营业外收入		5 000				5 000	①5 000			5 000		
27	主营业务成本	75 000				75 000			②75 000	75 000			
28	税金及附加	2 000				2 000			②2 000	2 000			
29	管理费用	700		③25 000 ⑤5 000		30 700			②30 700	30 700			
30	销售费用	20 000				20 000			②20 000	20 000			
31	财务费用	700		②5 000	①4 000	1 700			②1 700	1 700			
32	营业外支出	1 500				1 500			②1 500	1 500			
33	所得税			⑥10 000		10 000			②10 000	10 000			
34	本月实现利润									19 100			
35	合计	1 041 450	1 041 450	79 000	79 000	1 081 450	1 081 450	300 900	300 900	160 000	160 000	940 550	940 550

2. 编制账项结转会计分录并登记入账。

（1）借：主营业务收入 　　　　　125 000

　　　　其他业务收入 　　　　　　30 000

　　　　营业外收入 　　　　　　　5 000

　　　　　贷：本年利润 　　　　　　　　　160 000

（2）借：本年利润 　　　　　　140 900

　　　　　贷：主营业务成本 　　　　　　　75 000

　　　　　　　税金及附加 　　　　　　　　2 000

　　　　　　　管理费用 　　　　　　　　　30 700

　　　　　　　财务费用 　　　　　　　　　1 700

　　　　　　　销售费用 　　　　　　　　　20 000

　　　　　　　所得税 　　　　　　　　　　10 000

　　　　　　　营业外支出 　　　　　　　　1 500

3. 根据会计工作底稿提供的数据并参考有关明细资料，编制财务会计报告。

本 章 小 结

　　本章主要对编制财务会计报告前准备工作的相关内容进行了介绍。首先从按照相关会计准则及其他会计规范的要求准确、及时地编制财务会计报告的角度，概括地介绍了编制财务会计报告前准备工作的意义和内容；接下来对期末账项调整产生的原因，即会计分期和权责发生制的要求，以及不同类别的期末调整账项作了专门介绍；然后就编制财务会计报告前进行对账和结账工作的意义、内容和具体的技术规范作了详细介绍；最后从方便财务会计报告编制的角度介绍了会计工作底稿的意义和内容，并举例说明了会计工作底稿的编制程序和方法。

复 习 思 考 题

1. 编制财务会计报告前应做好哪些准备工作？

2. 什么是期末账项调整？为什么要进行期末账项调整？具体内容如何？

3. 什么是对账？为什么要进行对账？对账包括哪些内容？

4. 什么是结账？为什么要进行结账？结账包括哪些内容？

5. 什么是会计工作底稿？编制财务会计报告前为什么要编制会计工作底稿？

6. 如何编制会计工作底稿？

第十章　财务会计报告

学习目的和要求：

1. 了解编制财务会计报告的意义和作用；
2. 熟悉财务会计报告的构成和编制要求；
3. 掌握资产负债表的内容、格式和编制方法；
4. 掌握利润表的内容、格式和编制方法；
5. 熟悉财务报表分析的内容、程序、方法和主要评价指标。

第一节　财务会计报告概述

一、编制财务会计报告的意义

财务会计报告是企业对外提供的反映企业某一特定日期的财务状况和某一会计期间的经营成果、现金流量等会计信息的文件，旨在向财务会计报告使用者提供与企业财务状况、经营成果和现金流量等有关的会计信息，以反映企业管理层受托责任的履行情况，有助于财务会计报告使用者作出经济决策。财务会计报告是企业会计部门对外提供会计信息的主要手段，编制财务会计报告是会计核算的一项重要工作内容。

通过日常会计核算，企业已经将生产经营活动中发生的各项经济业务，按照"原始凭证→记账凭证→会计账簿"的处理程序，分门别类地记入到了相应的账簿中。但是从会计信息使用的角度看，这些反映在会计账簿体系中的会计数据仍然比较分散，不概括，而且数量也比较多，如果直接利用会计账簿体系去系统地了解企业的生产经营情况既费时又费力，而且还不便于理解和利用，难以满足反映企业管理层受托责任的履行情况，也难以满足投资者、债权人、政府及其有关部门和社会公众等会计信息使用者了解企业的财务状况、经营成果和现金流量等情况的需要。因此，必须在日常会计核算的基础上，定期对日常会计核算资料进行再确认，通过编制财务会计报告，向会计信息使用者提供更加综合、系统的会计信息，以满足反映企业管理层受托责任履行情况和会计信息使用者作出经济决策的需要。

二、财务会计报告的构成

财务会计报告是企业正式对外提供并传递会计信息的主要手段。根据《企业会计准则——基本准则》的规定，财务会计报告由财务报表、财务报表附注和其他应当在财务会计报告中披露的相关信息和资料构成。

（一）财务报表

财务报表是对企业财务状况、经营成果和现金流量的结构性表述，是根据公认会计准则及其他会计规范的要求，以表格的形式综合地反映企业的财务状况、经营成果和现金流量的报告文件。一般而言，财务报表揭示的会计信息主要包括以下四个方面：

1. 企业财务状况方面的信息

企业在某一特定日期的资产、负债和所有者权益的具体构成及其数额称为企业这一特定日期的财务状况。企业某一特定日期财务状况方面的信息通常是通过资产负债表予以反映的。

2. 企业经营成果方面的信息

企业以一定时期内的收入抵补为取得收入而发生的成本费用后的结果称为企业这一时期的经营成果。企业某一时期经营成果方面的信息通常是通过利润表予以反映的。

3. 现金流量方面的信息

现金流量是指一定时期内流入、流出企业的现金及现金等价物的数量，以及一定时期的净流量。企业一定时期内现金及现金等价物流入和流出的信息，表明企业获取现金和现金等价物的能力，通常是通过现金流量表予以反映的。

4. 所有者权益变动方面的信息

所有者权益变动指构成所有者权益会计要素的各组成部分在当期的增减变动情况。企业所有者权益变动方面的信息是通过所有者权益变动表予以反映的。

根据《企业会计准则——基本准则》和《企业会计准则第 30 号——财务报表列报》的规定，财务报表至少应当包括资产负债表、利润表、现金流量表、所有者权益（或股东权益，下同）变动表等报表及其附注。小企业编制的财务报表可以不包括现金流量表。

（二）财务报表的分类

1. 按照财务报表反映内容的不同，可以分为静态会计报表和动态会计报表

静态财务报表指综合反映企业在某一特定日期的资产总额和权益总额的财务报表，如资产负债表。动态会计报表，指综合反映企业一定时期内资金耗费和资金收回的财务报表，如利润表、现金流量表。

2. 按照财务报表编报时间的不同，可以分为日报、周报、旬报、月报、季报和年报

一般情况下，日报、周报、旬报是企业内部管理使用的报表，这些报表所提供的指标灵活、具体。月报、季报和年报是对外报表，一般要求月报要简明扼要及时反映，如资产负债表、利润表等；年报要求揭示完整，反映全面，如现金流量表等；季报在会计信息的详细程度方面，介于月报和年报之间。

3. 按照财务报表编制单位的不同，可以分为单位报表和汇总报表

单位报表是指企业在日常会计核算的基础上，通过对账簿记录进行再确认而编制的财务报表，以反映企业本身的财务状况、经营成果和现金流量等情况；汇总报表是指由企业主管部门或上级机关，根据所属单位报送的财务报表和本单位的财务报表，经汇总编制而成的综合性财务报表。

4. 按照财务报表各项目数字所反映内容的不同，可以分为个别财务报表和合并财务报表

个别财务报表各项目数字所反映的内容，仅仅包括单个企业的会计数据；合并财务报表是由母公司编制的，一般包括所有控股子公司的会计数据，通过编报合并财务报表，可以向财务会计报告使用者提供集团公司总体的财务状况、经营成果和现金流量的信息。

5. 按照财务报表服务对象的不同，可以分为内部报表和外部报表

内部报表是指为了适应企业内部经营管理需要而编制的不对外公开的财务报表，一般不需要规定统一的格式，通常也没有统一的指标体系，完全依企业内部管理需要而定，如成本报表；外部报表是指企业向外提供的，供外部信息使用者使用的财务报表，

《企业会计准则第 30 号——财务报表列报》及其他相关会计准则所规范的财务报表都属于外部报表。

（三）财务报表附注

财务报表附注是指为了便于会计信息使用者理解财务报表的内容，而对财务报表中列示项目所作的进一步说明，以及对未能在财务报表中列示项目的说明。

财务报表附注应当披露财务报表的编制基础。一般情况下，企业应当以持续经营为基础，根据实际发生的交易和事项，按照《企业会计准则——基本准则》及其他各项准则的规定进行确认和计量，在此基础上编制财务会计报告；当以持续经营为基础编制财务报表不再合理时，企业应当采用其他基础编制财务报表，并在附注中披露这一事实。

财务报表附注披露相关信息，应当与资产负债表、利润表、现金流量表和所有者权益变动表中列示的项目相互参照，并按照下列顺序进行披露：

（1）财务报表的编制基础。

（2）遵循企业会计准则的声明。

（3）重要会计政策的说明，包括财务报表项目的计量基础和会计政策的确定依据等。

（4）重要会计估计的说明，包括下一会计期间内很可能导致资产、负债账面价值重大调整的会计估计的确定依据等。

（5）会计政策和会计估计变更以及差错更正的说明。

（6）对已在资产负债表、利润表、现金流量表和所有者权益变动表中列示的重要项目的进一步说明。

（7）或有事项和承诺事项、资产负债表日后非调整事项、关联方关系及其交易等需要说明的事项等。

三、财务报表的编制要求

财务报表是企业财务报告的主体，是对外提供会计信息的主要形式，为了保证财务报表所提供的会计信息能够及时、准确、完整地反映企业的财务状况、经营成果和现金流量情况，满足反映企业管理层受托责任履行情况和财务报告使用者的经济决策的需要，企业在编制财务报表时，应符合以下要求：

（一）数字真实

企业在编制财务报表时，应当以持续经营为基础，根据实际发生的交易和事项，按照会计准则的规定进行确认和计量，在此基础上编制财务报表。企业对外编报的财务报表应当如实地反映企业真实的交易和事项，编制财务报表所依据的基础数据必须真实可靠，不允许弄虚作假、隐瞒虚报、随意篡改数字；也不允许用估计数代替实际数编制财务报表，以确保财务报表数字真实。

（二）计算准确

编制财务报表所依据的基础数据主要来源于企业的账簿记录，有的报表项目可以根据有关账户的期末余额或本期发生额直接填列，但并不是所有的报表项目都是如此。有些报表项目的金额则需要根据有关总分类账户或明细分类账户的期末余额或本期发生额进行分析、计算后才能填列，而且报表项目之间也存在一定的数量勾稽关系。所以，在编制财务报表时，要求会计人员采用正确的计算方法，确保计算结果的正确性。

（三）内容完整

企业必须按照《企业会计准则第 30 号——财务报表列报》和其他相关准则及其应用指南规定的报表种类、格式和内容来编制财务报表，不应漏编、漏报报表，也不应漏填、漏列报表项目。对于不同会计期间应当编报的各种财务报表，都应该编报齐全；对于应当填列的项目，不论是表内项目，还是表外项目，都应当填列齐全。对于需要加以说明的报表项目，应当在附注中进行简要说明，以便于会计信息使用者理解和利用。

（四）手续齐备

企业对外编制的财务报表应当装订成册，加具封面，加盖公章，并由企业的行政领导人和财务会计负责人签名并盖章。

（五）编报及时

会计信息是具有时效性的，如果不适当地迟延提供，就有可能使其失去效用。因此，企业应当按照规定的程序和期限，及时地编制和报送财务报表，以便会计信息使用者及时地了解企业的财务状况、经营成果和现金流量情况，也便于有关部门及时进行汇总。根据现行制度的规定，月度中期财务会计报告应当于月度终了后 6 天内（节假日顺延，下同）对外提供；季度中期财务会计报告应当于季度终了后 15 天内对外提供；半年度中期财务会计报告应当于年度中期结束后 60 天内对外提供；年度财务会计报告应当于年度终了后 4 个月内对外提供。

第二节　资产负债表

一、资产负债表的概念和作用

资产负债表是反映企业在某一特定日期的财务状况的财务报表。某一特定日期指的是编制资产负债表的这一天，通常是指月末、季末或年末，这一天又称为资产负债表日。资产负债表是静态报表，它列示了企业在某一特定日期的资产、负债和所有者权益的总额、构成及各构成项目之间的组合情况，综合地反映了企业在资产负债表日所拥有的资产、承担的负债，以及资产扣除负债后由所有者享有的剩余权益。

资产负债表是以会计恒等式"资产＝负债＋所有者权益"为理论依据，按照一定的分类标准和顺序，把企业在某一特定日期的资产、负债和所有者权益的各构成项目予以适当地排列，并对日常会计核算中形成的大量会计数据进行再确认后编制而成的。

资产负债表反映了企业资产、负债和所有者权益的全貌，是对外报送的主要财务报表之一。利用资产负债表提供的资料，可以了解企业在资产负债表日拥有或控制的资产及其构成、承担的负债总额及其结构，以及资产扣除负债后由所有者享有的剩余权益等情况；可以评价企业的偿债能力和筹资能力；考查企业资本的保值、增值情况；分析企业资本结构的优劣和利用财务杠杆的合理程度；以及通过前后期或多期资料的比较，预测企业未来财务状况的发展趋势和财务安全程度等。

二、资产负债表的内容和格式

（一）资产负债表的内容

资产负债表由表首和正表两部分组成。

1. 表首

表首应填写企业的名称、报表名称、编制报表的日期、计量单位，它体现了会计主体和会计分期假设的要求。

2. 正表

根据会计恒等式"资产＝负债＋所有者权益"，资产负债表采取了资产总额和负债与所有者权益总额相平衡的结构形式。所以，资产负债表的内容就由资产类项目、负债类项目和所有者权益类项目三部分构成。

（1）资产类项目。资产类项目根据资产流动性的强弱，分为流动资产项目和非流动资产项目两类，并分项列示。

流动资产是指具备下列条件之一的资产：预计在一个正常营业周期中变现、出售或耗用。一个正常营业周期，通常是指企业从购买用于加工的资产起至实现现金或现金等价物的期间；主要为交易目的而持有；预计在资产负债表日起1年内（含1年，下同）变现；自资产负债表日起1年内，交换其他资产或清偿负债的能力不受限制的现金或现金等价物。流动资产项目包括货币资金、应收账款、预付款项、应收股利、其他应收款、存货、一年内到期的非流动资产等项目。

非流动资产是指流动资产以外的资产。非流动资产项目包括长期股权投资、投资性房地产、固定资产、工建工程、固定资产清理、无形资产、长期待摊费用等项目。

（2）负债类项目。负债类项目根据负债期限的长短，分为流动负债项目和非流动负债项目两类，并分项列示。

流动负债是指具备下列条件之一的负债：预计在一个正常营业周期中清偿；主要为交易目的而持有；自资产负债表日起1年内到期应予以清偿；企业无权自主地将清偿推迟至资产负债表日后1年以上。流动负债项目包括短期借款、应付账款、预收款项、应付职工薪酬、应交税费、应付股利、其他应付款、一年内到期的非流动负债等项目。

非流动负债是指流动负债以外的负债。非流动负债项目包括长期借款、应付债券、长期应付款等项目。

（3）所有者权益类项目。所有者权益类项目按照所有者权益的来源划分，包括实收资本（或股本）、资本公积、盈余公积、未分配利润等项目。

此外，为了便于财务报表使用者了解、分析和预测企业未来的财务状况变动情况及企业生产经营发展趋势的需要，资产负债表除了按类别分项目列示有关报表项目的期末数外，往往还列示期初数，供财务报表使用者分析、对比使用。

（二）资产负债表的格式

资产负债表的基本格式有报告式和账户式两种。

1. 报告式资产负债表

报告式资产负债表，又称垂直式资产负债表，是将资产、负债和所有者权益项目采用垂直按大类分项目列示的形式顺序排列，整个报表自上而下分成两段。报告式资产负债表便于按顺序阅读，也便于根据需要将各部分内容进行组合排列，但当报表项目很多时，采用这种格式会使报表显得过长，不便于存放。按排列方式不同，报告式资产负债表分为以下两种。

（1）根据会计恒等式"资产＝负债＋所有者权益"，垂直分类排列报表项目，其简化格式见表10-1。

（2）根据会计恒等式"资产－负债＝所有者权益"，垂直分类排列报表项目，其简化格式见表 10-2。

表 10-1　　　　　　　　　　　**资产负债表（报告式）**

编制单位：　　　　　　　　　　　　年　月　日　　　　　　　　　　　　单位：元

项　　目	期初数	期末数
资产		
流动资产		
非流动资产		
资产总计		
负债		
流动负债		
非流动负债		
负债合计		
所有者权益		
实收资本		
……		
所有者权益合计		
负债及所有者权益总计		

表 10-2　　　　　　　　　　　**资产负债表（报告式）**

编制单位：　　　　　　　　　　　　年　月　日　　　　　　　　　　　　单位：元

项　　目	期初数	期末数
资产		
流动资产		
非流动资产		
资产合计		
负债		
流动负债		
非流动负债		
负债合计		
所有者权益		
实收资本		
……		
所有者权益合计		

2. 账户式资产负债表

账户式资产负债表，又称平衡式资产负债表，是根据会计恒等式"资产＝负债＋所有者权益"，将报表分为左右两方，将资产类项目垂直排列在报表的左方，将负债和所有者权益按大类分项目垂直排列在报表的右方，形成左右对照的账户式结构。账户式资产负债表突出了资产、负债和所有者权益三个会计要素之间的内在联系，便于报表使用者通过对左右两边相关项目的比较、分析，了解企业的财务状况及其变动趋势。账户式资产负债表的简化格式见表 10-3。

根据《〈企业会计准则第 30 号——财务报表列报〉应用指南》的规定，我国采用账户式资产负债表。表中，资产、负债和所有者权益分类分项列示，资产按其流动性分类分项列示，负债按期偿还期限的长短分类分项列示，所有者权益按实收资本、资本公积、盈余公积和未分配利润等项目列示。我国一般企业资产负债表的基本格式见表 10-4。

表 10-3   **资产负债表（账户式）**

编制单位：   年 月 日   单位：元

项 目	期初数	期末数	项 目	期初数	期末数
资产 　流动资产 　非流动资产			负债 　流动负债 　非流动负债 　负债合计 所有者权益 　实收资本 　… 　所有者权益合计		
资产合计			负债及所有 者权益合计		

表 10-4   **资产负债表（账户式）**

编制单位：   年 月 日   单位：元

资 产	期末余额	年初余额	负债和所有者权益	期末余额	年初余额
流动资产：			流动负债：		
货币资金			短期借款		
应收账款			应付账款		
预付款项			预收款项		
应收股利			应付职工薪酬		
其他应收款			应交税费		
存货			应付股利		
其他流动资产			其他应付款		
流动资产合计			其他流动负债		
非流动资产：			流动负债合计		
长期应收款			非流动负债：		
长期股权投资			长期借款		
固定资产			应付债券		
在建工程			长期应付款		
工程物资			其他非流动负债		
固定资产清理			非流动负债合计		
无形资产			负债合计		
长期待摊费用			所有者权益（或股东权益）：		
其他非流动资产			实收资本（或股本）		
非流动资产合计			资本公积		
			盈余公积		
			未分配利润		
			所有者权益合计		
资产合计			负债和所有者权益合计		

三、资产负债表的编制

（一）资产负债表的数据来源和填列方法

资产负债表"年初余额"栏各项目的数字，应根据上年末资产负债表"期末余额"栏内所列数字填列。如果本会计年度发生会计政策或会计估计变更，则应对"年初余额"进行追溯调整，按调整后的数字填列。

资产负债表"期末余额"栏各项目的数字主要是根据期末有关账户的期末余额填列的，其数据来源和填列方法包括以下几种：

1. 根据总分类账户的期末借方余额直接填列

例如"固定资产清理"项目，反映企业因出售、毁损、报废等原因转入清理的固定资产的净值，以及清理过程中所发生的清理费用与变价收入等各项金额的差额，期末借方余额表示尚未完毕的固定资产清理净损失。本项目应根据"固定资产清理"总分类账户的期末借方余额直接填列，如为贷方余额应以"－"号填列。

2. 根据总分类账户的期末贷方余额直接填列

例如"短期借款"项目，反映企业向银行或其他金融机构借入的期限在 1 年期以下（包括 1 年）的各种借款。本项目应根据"短期借款"总分类账户的期末贷方余额直接填列。

3. 根据若干个总分类账账户的期末余额分析填列

例如"货币资金"项目，反映企业库存现金、银行结算户存款、外埠存款、银行汇票存款、银行本票存款等货币资金的合计数。本项目应根据"库存现金"、"银行存款"、"其他货币资金"账户的期末借方余额合计数填列。

4. 根据总分类账户和明细分类账户的期末余额分析填列

例如"长期待摊费用"项目，反映企业尚未摊销的开办费、租入固定资产改良及大修理支出以及摊销期限在一年以上的其他待摊费用。本项目应根据"长期待摊费用"账户的期末余额减去 1 年内（含 1 年）摊销的数额后的金额填列。

5. 根据明细分类账户的期末余额分析填列

例如"应付账款"项目，反映企业购买原材料或接受劳务等而应付给供应方的款项。本项目应根据"应付账款"账户所属的各明细账户的期末贷方余额合计数填列。如"预付账款"账户所属的明细账户期末有贷方余额的，也应填列在本项目内。"应付账款"账户所属明细账户期末如有借方余额，应包括在"预付账款"项目内填列。

6. 根据总分类账户与其调整账户余额分析填列

例如"固定资产"项目反映企业的各项固定资产的净值。本项目应根据"固定资产"账户的期末借方余额减去其调整账户"累计折旧"的期末贷方余额的差额填列，反映期末企业固定资产的净值。

（二）资产负债表各项目的填列

（1）"货币资金"项目反映企业库存现金、银行结算户存款、外埠存款、银行汇票存款、银行本票存款等货币资金的合计数。本项目应根据"库存现金"、"银行存款"、"其他货币资金"等账户的期末余额的合计数填列。

（2）"应收账款"项目反映企业因销售商品、提供劳务等而应向购买方收取的各种款项。本项目应根据"应收账款"账户所属各明细账户的期末借方余额合计数填列。如"预收账款"账户所属有关明细账户有借方余额的，也应包括在本项目内。如"应收账款"账户所属明细账户有贷方余额，应包括在"预收账款"项目内填列。

（3）"预付款项"项目反映企业预付给供货方的款项。本项目应根据"预付账款"账户所属各明细账户的期末借方余额合计数填列。如"应付账款"账户所属的有关明细账户有借方余额的，也应包括在本项目内。如"预付账款"账户所属的有关明细账户有贷方余额的，应包括在"应付账款"项目内填列。

（4）"应收股利"项目反映企业应收取的现金股利和应收取其他单位分配的利润。本项目应根据"应收股利"账户的期末余额直接填列。

（5）"其他应收款"项目反映企业对其他单位和个人的应收和暂付的款项。本项目应根据"其他应收款"账户的期末借方余额填列。如果通过"其他应收款"账户核算有其他应付款的内容，则"其他应收款"项目应根据"其他应收款"账户所属明细账户的期末借方余额的合计数填列。

（6）"存货"项目反映企业期末在库、在途和在加工中的各项存货的实际成本，包括原材料、包装物、低值易耗品、自制半成品、在产品、库存商品、委托代销商品、受托代销商品、分期收款发出商品等。本项目应根据"在途物资"、"原材料"、"库存商品"、"发出商品"、"委托加工物资"、"周转材料"、"生产成本"等账户的期末借方余额合计数填列。

（7）"其他流动资产"项目反映企业除以上流动资产项目外的其他流动资产的实际成本。

（8）"长期应收款"项目反映企业的长期应收款项，包括融资租赁产生的应收款项、采用递延方式具有融资性质的销售商品和提供劳务等产生的应收款项等。本项目根据"长期应收款"账户的期末借方余额直接填列。

（9）"固定资产"项目反映企业各项固定资产的净值。本项目应根据"固定资产"账户的期末借方余额减去"累计折旧"账户的期末贷方余额的差额分析填列。

（10）"在建工程"项目反映企业基建、更新改造等在建工程发生的支出。本项目应根据"在建工程"账户的期末余额填列。

（11）"工程物资"项目反映企业为在建工程准备的各种物资的成本，包括工程用材料、尚未安装的设备以及为生产准备的工具器具等。本项目应根据"工程物资"账户的期末借方余额填列。

（12）"固定资产清理"项目反映企业因出售、毁损、报废等原因转入清理但尚未清理完毕的固定资产的净值，以及固定资产清理过程中所发生的清理费用和变价收入等各项金额的差额。本项目应根据"固定资产清理"账户的期末借方余额直接填列，如为贷方余额应以"—"号填列。

（13）"无形资产"项目反映企业各项无形资产的摊余价值。本项目应根据"无形资产"账户的期末借方余额减去"累计摊销"账户的期末贷方余额的差额填列。

（14）"长期待摊费用"项目反映企业尚未摊销的开办费、租入固定资产改良及大修理支出以及摊销期限在一年以上的其他待摊费用。本项目应根据"长期待摊费用"账户的期末余额减去1年内（含1年）摊销的数额后的金额填列。

（15）"其他非流动资产"项目反映企业除以上非流动资产项目外的其他非流动资产的实际成本。

（16）"短期借款"项目反映企业借入尚未归还的一年期以内的借款。本项目应根据"短期借款"账户的期末余额直接填列。

（17）"应付账款"项目反映企业因购买原材料或接受劳务等而应付给供应方的款项。本项目应根据"应付账款"账户所属的有关明细账户的期末贷方余额合计数填列。如"预付账款"账户所属的明细账户期末有贷方余额的，也应填列在本项目内。"应付账款"账户所属的明细账户期末如有借方余额，应包括在"预付账款"项目内填列。

（18）"预收款项"项目反映企业预收购买方的货款等。本项目应根据"预收账款"账户所属明细账的期末贷方余额合计数填列。如"应收账款"账户所属的明细账期末有贷方余额的，也应包括在本项目内；"预收账款"账户所属的有关明细账户期末有借方余额的，应包括在"应收账款"项目内填列。

（19）"应付职工薪酬"项目反映企业根据有关规定应付而未付给职工的各种薪酬。本项目应根据"应付职工薪酬"账户期末贷方余额直接填列，如为借方余额，则以"－"号填列。

（20）"应交税费"项目反映企业按照税法规定计算应交纳的各种税费。本项目应根据"应交税费"账户的期末贷方余额直接填列，如为借方余额，则以"－"号填列。

（21）"应付股利"项目反映企业应付而未付给投资者及其他单位和个人的现金股利或利润。本项目应根据"应付股利"账户的期末余额直接填列。

（22）"其他应付款"项目反映企业应付或暂收的其他各种款项。本项目应根据"其他应付款"账户的期末余额直接填列。

（23）"其他流动负债"项目，反映企业除以上流动负债项目以外的其他流动负债的实际数。

（24）"长期借款"项目，反映企业向银行或其他金融机构借入的期限在1年以上（不含1年）的各项借款。本项目根据"长期借款"账户的总账余额扣除"长期借款"账户所属的明细账户中反映的将于一年内到期的长期借款的差额分析填列。

（25）"应付债券"项目，反映企业尚未偿还的长期债券的摊余成本。本项目根据"应付债券"总账余额扣除"应付债券"账户所属的明细账户中反映的一年内到期的应付债券部分的差额分析填列。

（26）"长期应付款"项目，反映企业除长期借款和应付债券以外的应付未付的长期应付款项。本项目根据"长期应付款"总账余额扣除"长期应付款"账户所属的明细账户中反映的一年内到期的长期应付款的差额分析填列。

（27）"其他非流动负债"项目，反映企业除以上非流动负债项目以外的其他非流动负债的实际数。

（28）"实收资本"项目，反映企业实际收到的投资者投入企业的实收资本或股本总额。本项目应根据"实收资本"账户的期末贷方余额直接填列。

（29）"资本公积"项目，反映企业收到投资者出资额超出其在注册资本或股本中所占份额部分的期末余额。本项目应根据"资本公积"账户的期末余额直接填列。

（30）"盈余公积"项目，反映企业从净利润中提取的盈余公积的期末余额。本项目应根据"盈余公积"账户的期末余额直接填列。

（31）"未分配利润"项目，反映企业期末累计未分配的利润或未弥补的亏损额。1～11月份的资产负债表，其"未分配利润"项目应根据"本年利润"账户和"利润分配"账户的期末余额分析填列；12月份的资产负债表，其"未分配利润"项目应根据"利润分配"账户的期末贷方余额填列，如为借方余额，以"一"号填列。

【例 10-1】　冠华公司 2005 年 11 月 30 日总分类账户及有关明细分类账户的期末余额见表 10-5。

表 10-5　　　　　　　　　　冠华公司 2005 年 11 月 30 日账户期末余额表

总分类账户	明细分类账户	借方余额	贷方余额	总分类账户	明细分类账户	借方余额	贷方余额
库存现金		20 000		短期借款			200 000
银行存款		480 000		应付账款			200 000
应收账款		460 000			F 企业		140 000
	A 企业	200 000			H 企业	100 000	
	B 企业		40 000		W 企业		160 000
	C 企业	300 000		预收账款			120 000
预付账款		94 000			U 企业		180 000
	D 企业	100 000			V 企业	60 000	
	E 企业		6 000	其他应付款			180 000
应收股利		100 000		应付职工薪酬			60 000
其他应收款		16 000		应交税费			30 000
原材料		580 000		应付股利			120 000
生产成本		160 000		长期借款			1 000 000
库存商品		400 000		实收资本			1 700 000
长期股权投资		450 000		盈余公积			560 000
固定资产		1 800 000		本年利润			250 000
累计折旧			200 000	利润分配			180 000
无形资产		180 000			未分配利润		180 000
累计摊销			20 000				
长期待摊费用		80 000					

根据上述资料，编制冠华公司 2005 年 11 月 30 日的资产负债表，见表 10-6。

表 10-6　　　　　　　　　　　　　资　产　负　债　表

编制单位：冠华公司　　　　　　　　　2005 年 11 月 30 日　　　　　　　　　　单位：元

资　产	期末余额	年初余额	负债和所有者权益	期末余额	年初余额
流动资产：			流动负债：		
货币资金	500 000	（略，下同）	短期借款	200 000	（略，下同）
应收账款	560 000		应付账款	306 000	
预付款项	200 000		预收款项	220 000	
应收股利	100 000		应付职工薪酬	60 000	
其他应收款	16 000		应交税费	30 000	
存货	1 140 000		应付股利	120 000	
其他流动资产			其他应付款	180 000	
流动资产合计	2 516 000		其他流动负债		

续表

资　产	期末余额	年初余额	负债和所有者权益	期末余额	年初余额
非流动资产：			流动负债合计	1 116 000	
长期应收款			非流动负债：		
长期股权投资	450 000		长期借款	1 000 000	
固定资产	1 600 000		应付债券		
在建工程			长期应付款		
工程物资			其他非流动负债		
固定资产清理			非流动负债合计	1 000 000	
无形资产	160 000		负债合计	2 116 000	
长期待摊费用	80 000		所有者权益（或股东权益）：		
其他非流动资产			实收资本（或股本）	1 700 000	
非流动资产合计	2 290 000		资本公积		
			盈余公积	560 000	
			未分配利润	430 000	
			所有者权益合计	2 690 000	
资产合计	4 806 000		负债和所有者权益合计	4 806 000	

第三节　利　润　表

一、利润表的概念和作用

利润表是反映企业在一定期间的经营成果的会计报表。一定期间可以是一天、一周、一旬、一月、一季或一年，通常利润表是按月编制的。利润表是动态报表，它列示了企业在一定会计期间所取得的全部收入和发生的费用，并通过收入与费用的配比来综合反映企业一定会计期间生产经营活动的盈亏情况。

利润表是根据"收入－费用＝利润"这一公式，按照一定的标准和顺序，把企业一定会计期间内的收入、费用和利润项目予以适当地排列，并对日常会计核算中形成的大量会计数据进行再确认后编制而成的。

利润表反映了企业一定会计期间的收入、费用和利润的全貌，是对外报送的主要财务报表之一。利用利润表所提供的资料，可以了解企业生产经营的收益和成本耗费情况，评价企业该时期经营业绩的好坏；可以分析企业盈亏变动的原因，对企业的盈利能力和经济效益作出评价；可以通过不同时期报表指标的比较，分析企业经营成果的变动趋势并作出盈利预测等。

二、利润表的内容和格式

（一）利润表的内容

利润表由表首和正表两部分组成。

1. 表首

表首应填写企业的名称、报表名称、编制报表的日期、计量单位，它体现了会计主体和会计分期假设的要求。

2. 正表

根据会计等式"收入－费用＝利润"，利润表采取了收入与费用配比计算利润的结构形式。这里的"收入"是一个广义的收入概念，除了包括狭义的收入外，还包括公允价值变动收益、投资收益和各种利得等；"费用"也是一个广义的费用概念，除了包括狭义的费用外，还包括公允价值变动损失、投资损失、所得税费用和各种利得等。所以，从总体上看利润表的内容是由收入类项目、费用类项目和利润类项目三部分构成。

(1) 收入类项目。收入类项目包括营业收入、公允价值变动收益、投资收益和营业外收入等项目。

(2) 费用类项目。费用类项目包括营业成本、税金及附加、销售费用、管理费用、财务费用、公允价值变动损失、投资损失、营业外支出和所得税费用等项目。

(3) 利润类项目。从严格意义上说，利润类项目不是一个独立的利润表项目，它是收入项目与费用项目配比的结果，包括营业利润、利润总额、净利润等项目。

(二) 利润表的格式

利润表是根据"收入－费用＝利润"这一会计等式设计的，根据项目排列方式的不同，利润表的基本格式有单步式和多步式两种。

1. 单步式利润表

单步式利润表是先将本期的所有收入项目排列在一起，计算出收入总额；然后再将本期的所有费用项目排列在一起，计算出费用总额；最后通过收入与费用一次配比计算出本期的净利润。其格式简单，易于理解；但它只能提供净利润指标，不能提供利润的构成情况，因而不能直接提供管理所需要的某些有价值的资料。单步式利润表的简化格式见表10-7。

表 10-7

利 润 表

编制单位：　　　　　　　　　　　　　年　月　　　　　　　　　　　　　单位：元

项　　目	本期金额	上期金额
一、收入：		
营业收入		
…		
收入合计		
二、费用：		
营业成本		
…		
费用合计		
三、利润：		
净利润		

2. 多步式利润表

多步式利润表是根据利润的构成情况，通过多步计算，最后计算出本期的净利润。这种格式的利润表有助于提示各项收入与其费用之间的配比关系，清晰地反映了利润的形成过

程，有助于进行盈利能力分析和盈利预测；但其结构较为复杂、计算较为繁琐。多步式利润
表的简化格式见表10-8。

表 10-8　　　　　　　　　　　　　　**利 润 表**

编制单位：　　　　　　　　　　　　　　年　月　　　　　　　　　　　　　　单位：元

项　　目	本期金额	上期金额
一、营业收入：		
减：营业成本		
二、营业毛利		
减：税金及附加		
…		
三、营业利润		
加：营业外收入		
减：营业外支出		
四、利润总额		
减：所得税费用		
五、净利润		

根据《〈企业会计准则第30号——财务报表列报〉应用指南》的规定，我国采用多步利
润表。我国一般企业利润表的基本格式见表10-9。

表 10-9　　　　　　　　　　　　　　**利 润 表**

编制单位：　　　　　　　　　　　　　　年　月　　　　　　　　　　　　　　单位：元

项　　目	本期金额	上期金额
一、营业收入：		
减：营业成本		
税金及附加		
销售费用		
管理费用		
财务费用		
加：公允价值变动收益（损失以"－"号填列）		
投资收益（损失以"－"号填列）		
二、营业利润（亏损以"－"号填列）		
加：营业外收入		
减：营业外支出		
三、利润总额		
减：所得税费用		
四、净利润（亏损以"－"号填列）		

三、利润表的编制

（一）利润表的数据来源和填列方法

利润表"上期金额"栏各项目的数字，应根据上一会计期间利润表的"本期金额"栏内
所列数字填列。如果本会计年度发生会计政策或会计估计变更，则应对"上期余额"进行追

溯调整，按调整后的数字填列。

利润表"本期金额"栏各项目的数字主要是根据损益类账户的本期发生额填列的，除利润项目的数据需要根据收入和费用配比计算外，收入类项目和费用类项目的数据均可根据有关损益类账户的本期发生额填列。具体填列方法包括以下两种：

1. 根据有关损益类账户的本期发生额直接填列

例如"管理费用"项目，反映企业一定期间为组织和管理生产经营活动所发生的管理费用，该项目应根据"管理费用"账户的本期借方发生额直接填列。

2. 根据有关损益类账户的本期发生额分析填列

例如"营业收入"项目，反映企业一定期间在销售产品、提供劳务或让渡资产使用权等日常活动中取得的经营收入，该项目应根据"主营业务收入"和"其他业务收入"账户的本期贷方发生额的合计数分析填列。

（二）利润表各项目的填列

（1）"营业收入"项目，反映企业在销售产品、提供劳务或让渡资产使用权等日常活动中取得的经营收入，包括主营业务收入和其他业务收入。本项目应根据"主营业务收入"和"其他业务收入"账户的本期贷方发生额的合计数填列。

（2）"营业成本"项目，反映企业一定期间在销售产品、提供劳务或让渡资产使用权等日常活动中发生的实际成本，包括主营业务成本和其他业务成本。本项目应根据"主营业务成本"和"其他业务成本"账户的本期借方发生额的合计数填列。

（3）"税金及附加"项目，反映企业一定期间在销售产品、提供劳务或让渡资产使用权等日常活动应负担的消费税、城市维护建设税、资源税和教育费附加等税费。本项目应根据"税金及附加"账户的本期借方发生额的直接填列。

（4）"销售费用"项目，反映企业一定期间在销售产品、提供劳务等日常活动中发生的各项销售费用。本项目应根据"销售费用"账户的本期借方发生额的直接填列。

（5）"管理费用"项目，反映企业一定期间为组织和管理生产经营活动所发生的管理费用。本项目应根据"管理费用"账户的本期借方发生额直接填列。

（6）"财务费用"项目，反映企业一定期间所发生的筹资费用。本项目应根据"财务费用"账户的本期借方发生额直接填列。

（7）"公允价值变动收益"项目，反映企业的各项资产由于公允价值变动所产生的收益或损失。本项目应根据"公允价值变动损益"账户的本期贷方发生额与本期借方发生额的差额分析填列。贷方差额为净收益，用正数填列；借方差额净损失，用负数填列。

（8）"投资收益"项目，反映企业确认的投资收益或投资损失。本项目应根据"投资收益"账户的本期贷方发生额与本期借方发生额的差额分析填列。贷方差额为投资净收益，用正数填列；借方差额为投资净损失，用负数填列。

（9）"营业外收入"项目，反映企业计入当期利润总额的各项利得。本项目应根据"营业外收入"账户的本期贷方发生额直接填列。

（10）"营业外支出"项目，反映企业计入当期利润总额的各项损失。本项目应根据"营业外支出"账户的本期借方发生额直接填列。

（11）"所得税费用"项目，反映企业确认的应从当期利润总额中扣除的所得税费用。本项目应根据"所得税费用"账户的本期借方发生额直接填列。

【例 10-2】 冠华公司 2005 年 5 月各损益类账户的本期发生额，见表 10-10。

表 10-10　　　　　　　冠华公司 2005 年 5 月各损益类账户的本期发生额表

损益类账户	借方发生额（元）	贷方发生额（元）
主营业务收入		1 200 000
其他业务收入		30 000
营业外收入		10 000
主营业务成本	680 000	
税金及附加	40 000	
管理费用	96 000	
财务费用	24 000	
销售费用	60 000	
投资收益	20 000	100 000
公允价值变动损益	20 000	30 000
其他业务成本	20 000	
营业外支出	5 000	
所得税费用		

根据以上资料编制冠华公司 2005 年 5 月的利润表，见表 10-11。

表 10-11　　　　　　　　　　　　利 润 表

编制单位：冠华公司　　　　　　　　　　2005 年 5 月　　　　　　　　　　单位：元

项　　目	本期金额	上期金额
一、营业收入：	1 230 000	略
减：营业成本	700 000	
税金及附加	40 000	
销售费用	60 000	
管理费用	96 000	
财务费用	24 000	
加：公允价值变动收益（损失以"－"号填列）	10 000	
投资收益（损失以"－"号填列）	80 000	
二、营业利润（亏损以"－"号填列）	400 000	
加：营业外收入	10 000	
减：营业外支出	5 000	
三、利润总额	405 000	
减：所得税费用	70 000	
四、净利润（亏损以"－"号填列）	335 000	

第四节　财 务 报 表 分 析

一、财务报表分析的意义

财务报表分析，指以财务报表和其他相关资料为依据，采用一系列的专门方法和技术，以为决策提供有用信息为目的，对企业的财务状况、经营成果及其发展趋势进行的分析和评价。

如前所述，企业对外报送的财务报表主要包括资产负债表、利润表、现金流量表和所有者权益变动表，这些报表分别从不同的角度反映了企业的财务状况、经营成果、现金流量以及所有者权益的增减变动状况。然而它们都是对企业过去的交易和事项的反映，所提供的资料都是企业的历史资料，而且每一张报表只反映企业某一方面的基础信息，不能直接揭示各报表项目之间以及报表项目与报表项目之间的内在联系。为了充分挖掘和利用财务报表所提示的有用信息，发挥财务报表在经济决策中的作用，必须对其进行进一步分析和评价，并加以合理利用。

财务报表所提供的信息是会计信息使用者作出经济决策的重要依据，不同的会计信息使用者利用财务报表，各自有不同的目的，但都希望通过对财务报表的分析和评价获得对其经济决策有用的信息。政府及其有关部门利用财务报表提供的资料，分析企业对国家有关政策、财经法纪和会计准则等规章制度的执行情况，检查企业履行纳税义务和承担社会责任的情况等；投资者利用财务报表可以对企业的偿债能力、营运能力、获利能力，以及企业的投资收益和风险进行分析和评价，进而做出相应的经济决策；债权人利用财务报表分析企业的偿债能力、资产运营情况以及获利能力，从而作出相应信用决策等。

需要指出的是，财务报表分析还必须结合当前的经济与技术发展情况，以及社会经济现状与发展趋向等相关情况加以综合分析和评价，这样才能对企业的生产经营情况和发展趋势作出正确的判断。

二、财务报表分析的程序和方法

（一）财务报表分析的程序

1. 确定财务报表分析的目的及内容，制定工作方案

财务报表分析首先要确定分析目的，以使各项分析工作都围绕分析目的展开。确定分析目的时要考虑分析主体是谁，同时要考虑分析的必要性和经济性；其次要根据分析目的，确定分析的内容，明确分析的重点；最后在分析工作量较大的情况下，还应制定分析工作方案，进一步明确分析人员的分工和职责、分析工作的步骤和时间等。

2. 搜集、整理财务报表分析所需的数据资料

搜集、整理财务报表分析所需的数据资料是保证财务报表分析质量和确保分析工作顺利完成的基础性工作。这些数据资料一般包括企业对外报送的财务报表及其附注、审计人员的查账报告、资信部门、证券管理委员会、行业主管部门的信息数据等。

3. 选择适当的分析方法进行分析、评价

进行财务报表分析时，应选择适当的分析方法，分析的目的和范围不同，所选用的分析方法也不同。常用的分析方法包括比较分析法、比率分析法、因素分析法、趋势分析法等。利用这些方法，通过对财务数据和非财务数据进行深入的分析、比较，进而对企业的财务状况、经营成果和获取现金流量的能力及其发展趋势作出合理的评价。

4. 作出分析结论，编写财务报表分析报告

经过深入、细致的分析工作之后，分析人员应根据分析结果作出相应的分析结论，并对分析工作进行总结，编写财务报表分析报告。财务报表分析报告应该实事求是、观点明确、注重实效、语言简练。

（二）财务报表分析的方法

常用的财务报表分析方法主要包括比较分析法、比率分析法、因素分析法和趋势分析法等。

1. 比较分析法

比较分析法是一贯性原则和可比性原则的集中体现，是指通过对同一企业不同时期或同一时期不同企业的具有相同性质或类别的有关指标进行对比分析，确定差异并分析原因的一种分析方法。

比较分析法的主要形式有：

（1）实际指标与计划指标进行对比，以便分析检查计划的完成情况。

（2）本期实际指标与上期实际指标对比，提示企业有关指标的变动情况。

（3）本企业实际指标与同行业相应指标的平均水平或先进水平对比，从中分析企业的现状以及在行业中所处的位置，并分析存在的差异的原因，以便采取相应的措施。

在运用比较分析法时，比较的指标可以是绝对数指标，如主营业务收入、利润总额等，也可以是相对数指标，如营业毛利率、资金周转率等。需要注意的是，无论进行何种指标的对比，都应当首先保证指标口径、计价基础和时间单位的一致性，确保比较分析在可比的基础上进行，以保证分析结果的有用性。

2. 比率分析法

比率分析法是财务报表分析最基本、最重要的方法，它是通过计算财务比率，并同标准进行比较，从而揭示企业财务状况、经营成果和现金流量本质特征的一种分析方法。财务比率是利用性质不同但又相关的财务报表指标计算的比率。

3. 因素分析法

因素分析法是用来揭示财务指标变化的原因，测定各个因素对财务指标变动的影响程度的分析方法，该方法又分为主次因素分析法、因果分析法和连环替代法等具体方法。

（1）主次因素分析法。该方法是将影响财务指标的各因素区分为主要因素和次要因素，然后对主要因素进行深入分析，对次要因素的分析则花费较少的时间，以取得事半功倍之效果。

（2）因果分析法。该方法是将经济指标分解为若干因素，对每个因素进行进一步分析，以揭示财务指标变化的原因。

例如，"主营业务成本"指标的变动主要受销售数量和单位生产成本等因素的影响；而单位生产成本的高低又取决于直接材料、直接人工、制造费用等因素的影响；而直接材料又受到材料的价格、发出材料的计价方法等因素的影响；直接人工又受到生产工时、劳动生产率等因素的影响。经过这样层层的分析，便可以揭示产品销售成本变动的深层次原因。

（3）连环替代法。该方法作为一种因素分析法，它不仅能定性地描述，而且能定量地测定影响财务指标的各个因素对该指标变动差异的影响程度。该方法是将经济指标分解为两个或两个以上的因素，逐一变动各个因素，从数量上测算每一因素变动对经济指标总体的影响。

4. 趋势分析法

趋势分析法是将前后两期或两期以上的财务报表数据进行比较，以了解前后各期金额的增减变动情况及其发展趋势的一种分析方法。趋势分析法通常采用图示的形式，即编制统计图表，会计人员通常采用编制比较财务报表的方式来进行趋势分析。具体做法有两种：

（1）编制绝对数比较财务报表。即将一张财务报表设置若干栏，将企业若干期的财务报表数据一并列入该报表，通过连续若干期报表数据的比较，以揭示相关指标和整体状况的变动趋势。

（2）编制相对数比较会计报表。即将财务报表上的某一关键项目的金额当作100%，计算出其他项目对关键项目的百分比，以显示出各个项目的相对地位；然后把连续若干期按相对数编制的财务报表分若干栏列在同一张报表上，以反映各个项目在结构上的变化趋势。

三、财务报表分析的主要评价指标

（一）反映企业偿债能力的主要评价指标

反映企业偿债能力的指标又分为短期偿债能力评价指标和长期偿债能力评价指标。

1. 短期偿债能力评价指标

（1）流动比率。流动比率是企业流动资产与流动负债的比率，其计算公式为：

$$流动比率 = \frac{流动资产}{流动负债}$$

流动比率是衡量企业短期偿债能力的最常用的评价指标，一般认为该指标维持在2左右比较合适。

根据表10-6，冠华公司2006年11月30日的流动资产和流动负债分别为2 516 000元和1 116 000元，其流动比率为：

$$流动比率 = \frac{2\,516\,000}{1\,116\,000} = 2.25$$

经过计算得知，冠华公司的流动比率为2.25，比较接近于2，说明该指标正常，公司有较强的短期偿债能力。

（2）速动比率。速动比率又称酸性实验比率，是速动资产与流动负债的比率。速动资产是指迅速可以变现的流动资产，其应该包括哪几项流动资产，目前尚有不同的观点。

速动资产的计算方法有两种：一种是以流动资产扣除存货计算速动资产。按照这种方法计算的速动比率，又称为一般速动比率；另一种是直接将货币资金、交易性金融资产和应收账款相加计算速动资产。按照这种方法计算的速动比率，又称为保守速动比率。速动比率的计算公式如下：

$$一般速动比率 = \frac{流动资产 - 存货}{流动负债}$$

$$保守速动比率 = \frac{货币资金 + 交易性金融资产 + 应收账款}{流动负债}$$

速动比率反映企业短期内用可变现资产偿还短期内到期债务的能力。速动比率是对流动比率的补充，一般认为理想的速动比率应保持在1左右，该比率在衡量拥有流动性较差的存货或存货数量较大公司的资产流动性时尤为有用。

根据表10-6，冠华公司2006年11月30日的流动资产为2 516 000元，其中，货币资金500 000元、应收账款560 000元、存货1 140 000元；流动负债和1 116 000元，其速动比率比率为：

$$一般速动比率 = \frac{2\,516\,000 - 1\,140\,000}{1\,116\,000} = 1.23$$

$$保守速动比率 = \frac{500\,000 + 0 + 560\,000}{1\,116\,000} = 1.04$$

经过计算得知，冠华公司的一般速动比率为 1.23，保守速动比率为 1.04，比较接近于 1，说明该指标正常，公司有较强的短期偿债能力。

2. 长期偿债能力评价指标

(1) 资产负债率。资产负债率又称负债比率，是负债总额与资产总额的比率，其计算公式为：

$$资产负债率 = \frac{负债总额}{资产总额} \times 100\%$$

资产负债率是衡量企业长期偿债能力的最常用的评价指标，用来衡量企业利用债权人提供的资金从事生产经营活动的能力，是衡量债权人权益安全性的尺度。负债总额占资产总额的比率越小，企业不能偿还到期债务的风险也越小。从债权人的观点来看，资产负债率越低，他们的资金就越安全。一般认为资产负债率维持在 60% 左右比较好，需要指出的是，分析人员应结合行业特点进行具体分析，如银行业的资产负债率一般较高，常常超过 90%。

根据表 10-6，冠华公司 2006 年 11 月 30 日的资产总额为 4 806 000 元，负债总额为 2 116 000 元，其资产负债率为：

$$资产负债率 = \frac{2\,116\,000}{4\,806\,000} \times 100\% = 44\%$$

经过计算得知，冠华公司的资产负债率为 44%，在正常范围内，说明公司具有较强的长期偿债能力。

(2) 产权比率。产权比率又称负债股权比率，是负债总额与所有者权益总额的比率。其计算公式为：

$$产权比率 = \frac{负债总额}{所有者权益总额} \times 100\%$$

产权比率是衡量企业长期偿债能力的指标之一，它揭示的是企业的财务风险以及所有者权益对债务的保障程度，该指标越低，说明企业的长期偿债能力越好，债权人的资金越有保障，企业的财务风险越小。

根据表 10-6，冠华公司 2006 年 11 月 30 日的负债总额为 2 116 000 元，所有者权益总额为 2 690 000 元，其产权比率为：

$$产权比率 = \frac{2\,116\,000}{2\,690\,000} \times 100\% = 79\%$$

经过计算得知，冠华公司的产权比率为 79%，基本属于正常范围内，说明公司具有较强的长期偿债能力。

(二) 反映企业营运能力的主要评价指标

1. 应收账款周转率

应收账款周转率是反映应收账款周转速度的比率，有两种表示方法：

(1) 应收账款周转次数，其计算公式为：

$$应收账款周转次数 = \frac{主营业务收入}{应收账款平均余额}$$

(2) 应收账款周转天数，其计算公式为：

$$应收账款周转天数 = \frac{360}{应收账款周转次数}$$

其中： $$应收账款平均余额 = \frac{应收账款期初余额 + 应收账款期末余额}{2}$$

应收账款周转率反映了应收账款的周转速度，一般情况下该指标越高，说明应收账款的流动性越强，周转速度越快，营运能力越强。但由于季节性经营、大量采用分期收款或现金方式结算，都可能使本指标结果失实，所以，应结合企业前后期间、行业平均水平进行综合评价。

根据表10-6、表10-10，冠华公司2006年11月30日的应收账款期末余额为560 000元，2006年11月的主营业务收入为1 200 000元，假设应收账款期初余额为510 000元，其应收账款周转率指标计算如下：

$$应收账款平均余额 = \frac{510\,000 + 560\,000}{2} = 535\,000(元)$$

$$应收账款周转次数 = \frac{1\,200\,000}{535\,000} = 2.2$$

$$应收账款周转天数 = \frac{30}{2.2} = 14(天)$$

经过计算得知，冠华公司11月应收账款周转次数为2.2次，应收账款周转天数是每周转一次需要约14天，分析人员应将该指标值与企业前期指标、与行业平均水平相比较，判断该指标的高低。

2. 存货周转率

存货周转率是反映存货周转速度的比率，有两种表示方法：

（1）存货周转次数，其计算公式为

$$存货平均周转的次数 = \frac{主营业务成本}{存货平均余额}$$

其中： $$存货平均余额 = \frac{存货期初余额 + 存货期末余额}{2}$$

（2）存货周转天数，其计算公式为

$$存货周转天数 = \frac{360}{存货平均周转次数}$$

存货周转率是反映企业存货流动情况的一项指标。一般而言，存货周转次数越多，周转天数越少，说明存货周转快，企业实现利润会相应增加；反之，存货周转缓慢，企业实现利润会相应减少。

根据表10-6、表10-10，冠华公司2006年11月30日的存货期末余额为1 140 000元，2006年11月的主营业务成本为680 000元，假设存货期初余额为60 000元，其存货周转率指标计算如下：

$$存货平均余额 = \frac{60\,000 + 1\,140\,000}{2} = 600\,000(元)$$

$$存货平均周转的次数 = \frac{680\,000}{600\,000} = 1.1$$

$$次日存货周转天数 = \frac{30}{1.1} = 27(天)$$

从计算的结果看，冠华公司 11 月存货周转次数为 1.1 次，存货周转天数为 27 天，分析人员应将该指标值与该企业的前期指标、与行业平均水平相比较，判断该指标的高低。

（三）反映企业获利能力的主要评价指标

1. 销售净利润率

销售净利润率是企业净利润与主营业务收入净额的比率，其计算公式为：

$$销售净利润率 = \frac{净利润}{主营业务收入} \times 100\%$$

销售净利润率是反映企业获利能力的一项重要指标，这项指标越高，说明企业从销售收入中获取利润的能力越强。影响该指标的因素很多，例如，商品质量、成本、价格、销售数量、期间费用、税金等，分析时应结合这些具体指标的综合情况加以评价。

根据表 10-10、表 10-11，冠华公司 2006 年 11 月的 1 200 000 元，净利润为 145 000 元，其销售净利润率为：

$$销售净利润率 = \frac{145\,000}{1\,200\,000} \times 100\% = 12\%$$

从计算的结果看，冠华公司 11 月的销售净利润率为 12%，分析人员应将指标值与企业前期指标、与行业平均水平相比较，并结合相关因素来综合评判该指标的高低。

2. 资产净利润率

资产净利润率是企业净利润与资产平均余额的比率，其计算公式为：

$$资产净利润率 = \frac{净利润}{资产平均余额} \times 100\%$$

其中：

$$资产平均余额 = \frac{资产期初余额 + 资产期末余额}{2}$$

资产净利润率是反映企业获利能力的一项重要指标，这项指标越高，说明企业全部资产获利的能力越强。该指标与净利润成正比，与资产平均余额成反比，分析时应结合这两个方面进行评价。

根据表 10-6、表 10-11，冠华公司 2006 年 11 月 30 日的资产总额为 4 806 000 元，假设 11 月初的资产总额为 4 000 000 元；2006 年 11 月的净利润为 145 000 元，其资产净利润率为：

$$资产平均余额 = \frac{4\,000\,000 + 4\,806\,000}{2} = 4\,403\,000（元）$$

$$资产净利润率 = \frac{145\,000}{4\,403\,000} \times 100\% = 3.29\%$$

从计算的结果看，冠华公司 11 月的资产净利润率为 3.29%，分析人员应将指标值与企业前期指标、与行业平均水平相比较，并结合相关因素来综合评判该指标的高低。

3. 净资产收益率

净资产收益率是反映所有者对企业投资部分的获利能力，也称所有者权益报酬率，其计算公式为：

$$净资产收益率 = \frac{净利润}{所有者权益平均余额} \times 100\%$$

其中：

$$所有者权益平均余额 = \frac{所有者权益期初余额 + 所有者权益期末余额}{2}$$

净资产收益率越高，说明所有者权益的获利能力越强。在我国，该指标既是上市公司对外披露的信息内容之一，也是决定上市公司能否配股等再融资的重要依据。

根据表 10-6、表 10-10，冠华公司 2006 年 11 月 30 日的所有者权益的期末余额为 2 690 000 元，2006 年 11 月的净利润为 145 000 元，假设所有者权益的期初余额为 2 500 000 元，其净资产收益率指标计算如下。

$$所有者权益平均余额 = \frac{2\,500\,000 + 2\,690\,000}{2} = 2\,595\,000(元)$$

$$净资产收益率 = \frac{145\,000}{2\,595\,000} \times 100\% = 5.59\%$$

从计算的结果看，冠华公司 11 月的净资产收益率为 5.59%，分析人员应将指标值与企业前期指标、与行业平均水平相比较，并结合相关因素来综合评判该指标的高低。

本 章 小 结

本章主要介绍了财务会计报告及其编制的有关内容。首先从会计循环的角度介绍了编制财务会计报告的意义，明确了财务会计报告是财务会计核算的最终成果；在此基础上介绍了财务会计报告的含义、构成以及编制要求，这些内容构成本章的绪论。接下来编者结合 2006 年新企业会计准则及其应用指南的有关规定，主要介绍了资产负债表和利润表的内容、格式和编制方法，这部分内容是本章的重点。最后就财务报表分析的有关内容作了简单介绍，将其作为编制财务会计报告的延续和补充，供读者学习参考。

复习思考题

1. 什么是财务会计报告？财务会计报告由哪些部分组成？
2. 从会计循环的角度解释，为什么要编制财务会计报告？
3. 编制财务报表应遵循哪些要求？其内容如何？
4. 什么是资产负债表？其内容和格式如何？
5. 如何编制资产负债表？
6. 什么是利润表？其内容和格式如何？
7. 如何编制利润表？
8. 什么是财务报表分析？财务报表分析的意义是什么？
9. 财务报表分析的程序、方法是什么？
10. 财务报表分析的主要评价指标有哪些？如何计算和使用这些评价指标？

第十一章 会计核算组织程序

🎓 **学习目的和要求：**

1. 了解会计核算组织程序的内涵和种类；
2. 熟悉会计核算组织程序的选用原则；
3. 掌握各种会计核算组织程序的特点、处理流程、优缺点和适用范围。

第一节 会计核算组织程序概述

一、会计核算组织程序的概念

（一）会计核算组织程序的内涵

前面各章介绍的各种会计核算方法，它们之间不是彼此孤立的，而是相互联系的。在会计实务中，为了合理组织会计核算工作，确保会计信息及时有效地提供，需要根据各单位的生产特点和管理要求，把日常核算中涉及的各类凭证、账簿和报表按照一定的程序和要求进行科学地设计和合理地组织，使之有机结合起来，形成一定的会计核算组织程序。

会计核算组织程序，也称账务处理程序，是指在会计核算中，以账簿体系为核心，把凭证组织、账簿组织、记账程序和记账方法有机结合起来，以提供会计信息的技术组织方式，是规定凭证、账簿、报表的格式、体系和核算方法，确定各种凭证之间、凭证与账簿之间，以及账簿与报表之间的相互联系的程序。其中，凭证组织是指会计凭证的种类、格式以及各种凭证之间的相互关系。账簿组织是指账簿的种类、格式以及各种账簿之间的相互关系。记账程序是指会计凭证填制、账簿登记以及根据账簿记录编制财务会计报告的程序。

（二）会计核算组织程序的种类

在实际会计核算中，由于凭证组织、账簿组织、记账程序和记账方法的不同结合，形成了不同的会计核算组织程序。我国会计实务中，常用的会计核算组织程序主要有以下六种：

（1）记账凭证会计核算组织程序。

（2）科目汇总表会计核算组织程序。

（3）汇总记账凭证会计核算组织程序。

（4）多栏式日记账会计核算组织程序。

（5）日记总账会计核算组织程序。

（6）通用日记账会计核算组织程序。

二、会计核算组织程序的选用原则

由于各单位的性质、规模和业务繁简程度等具体条件不同，其所使用的凭证、账簿的种类、格式等也必须根据实际需要确定，不能强求一致。在账簿组织不完全相同的情况下，会计凭证、记账程序和记账方法的配合运用，也会有所不同。每个单位都应根据本单位经济业务的特点，选择一种合适的会计核算组织程序，科学地组织日常会计核算工作，以便及时有效地提供有用的核算资料。同时，会计核算组织程序应力求简化和均衡核算工作，以便提高会计核算工作的质量，充分发挥会计的作用。各单位在选用会计核算组织程序时，应坚持以下基本原则：

（1）会计核算组织程序应与本单位的规模大小和业务繁简相适应。

（2）会计核算组织程序应能正确、及时、全面地提供有关经济活动和财务收支情况的核算指标，以满足单位内外对会计信息的需要。

（3）会计核算组织程序应在保证核算指标正确、及时、全面的前提下，尽可能地简化核算手续，以降低核算成本。

第二节　记账凭证会计核算组织程序

一、记账凭证会计核算组织程序的特点

记账凭证会计核算组织程序，是指根据原始凭证或原始凭证汇总表编制记账凭证，登记明细分类账，并根据记账凭证直接登记总分类账的一种会计核算组织程序。

记账凭证会计核算组织程序的主要特点是直接根据各种记账凭证逐笔登记总分类账。记账凭证会计核算组织程序是会计核算中最基本的一种会计核算组织程序，其他会计核算组织程序都是在记账凭证会计核算组织程序的基础上，根据管理需要而演变形成的。

二、记账凭证会计核算组织程序的凭证组织和账簿组织

（一）凭证组织

在记账凭证会计核算组织程序下，应设置两类会计凭证，一类是原始凭证，另一类是记账凭证。记账凭证可采用收款凭证、付款凭证、转账凭证等专用格式，也可采用通用格式。各类凭证之间的相互关系是根据原始凭证或原始凭证汇总表编制记账凭证，对于无法取得原始凭证的经济业务，也可根据账簿资料填制记账凭证。

（二）账簿组织

在记账凭证会计核算组织程序下，应设置现金日记账、银行存款日记账、总分类账和明细分类账。现金日记账和银行存款日记账一般采用三栏式；总分类账通常采用三栏式，并按总分类科目单独开设账页；明细分类账可以根据管理需要，可以采用三栏式、数量金额式或者多栏式等多种格式。各类账簿之间的关系是日记账、总分类账和明细分类账都应根据记账凭证直接登记，并定期相互核对。总分类账和所属明细分类账按照平行登记原则进行登记，期末，总分类账和所属明细分类账的期末余额、本期借、贷方发生额应核对相符。

三、记账凭证会计核算组织程序的账务处理流程

记账凭证会计核算组织程序的账务处理流程如图 11-1 所示。

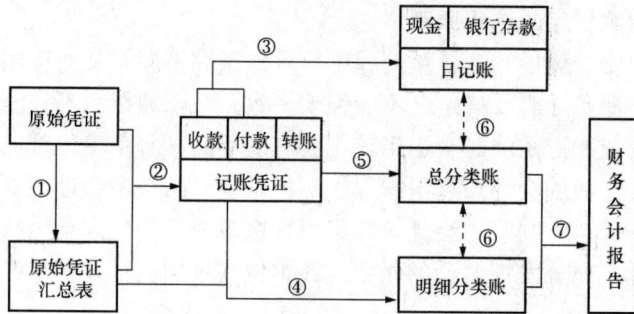

图 11-1　记账凭证会计核算组织程序的账务处理流程图

图 11-1 的有关说明：

① 根据原始凭证编制原始凭证汇总表。

② 根据审核无误的原始凭证或原始凭证汇总表，编制记账凭证，包括收款凭证、付款凭证和转账凭证。

③ 根据收款凭证和付款凭证逐笔登记现金日记账和银行存款日记账。

④ 根据原始凭证、原始凭证汇总表和各种记账凭证，登记明细分类账。

⑤ 根据记账凭证直接逐笔登记总分类账。

⑥ 会计期末，将现金日记账、银行存款日记账和各种明细分类账的本期发生额和期末余额，与总分类账中有关账户的本期发生额和期末余额进行核对，保证账账相符。

⑦ 会计期末，根据核对无误的总分类账和明细分类账的记录，编制财务会计报告。

四、记账凭证会计核算组织程序的优缺点及适用范围

记账凭证会计核算组织程序的优点是总分类账能够比较详细地反映经济业务的发生和完成情况，便于查账，且记账程序比较简单，易于理解，便于操作。其缺点在于直接根据记账凭证登记总分类账，对于凭证数量较多的单位来说，登记总账的工作量较大。

记账凭证会计核算组织程序主要适用于规模不大，经济业务较少，记账凭证数量不多的单位。

第三节　科目汇总表会计核算组织程序

一、科目汇总表会计核算程序的特点

科目汇总表会计核算组织程序，是指定期将所有记账凭证汇总编制成科目汇总表，再根据科目汇总表登记总分类账的一种会计核算组织程序。

科目汇总表会计核算组织程序的主要特点是根据科目汇总表登记总分类账。科目汇总表是定期根据记账凭证汇总编制而成的，因此，科目汇总表又称记账凭证汇总表，科目汇总表会计核算组织程序又称记账凭证汇总表会计核算组织程序。

二、科目汇总表会计核算组织程序的凭证组织和账簿组织

（一）凭证组织

科目汇总表会计核算组织程序的凭证组织与记账凭证会计核算组织程序的凭证组织基本相同，所不同的是科目汇总表会计核算组织程序下增设了科目汇总表，即汇总记账凭证。各类凭证之间的相互关系是根据原始凭证或原始凭证汇总表编制记账凭证，对于无法取得原始凭证的经济业务，可根据账簿资料填制记账凭证，然后根据所有记账凭证定期编制科目汇总表。

（二）账簿组织

科目汇总表会计核算组织程序的账簿组织与记账凭证会计核算组织程序的账簿组织基本相同，所不同的是改变了登记总分类账的依据和方法。在科目汇总表会计核算组织程序下，总分类账根据定期编制的科目汇总表定期进行登记。

三、科目汇总表会计核算组织程序的账务处理流程

科目汇总表会计核算组织程序的账务处理流程如图 11-2 所示。

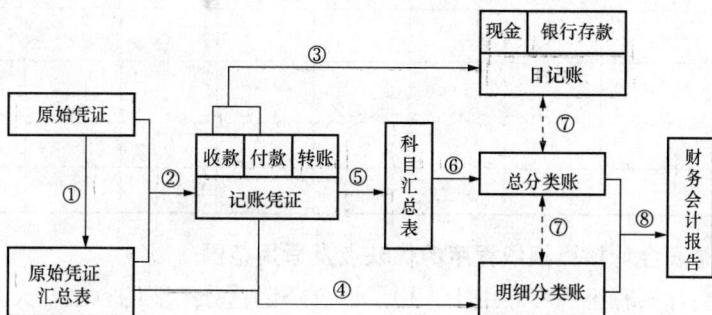

图 11-2　科目汇总表会计核算组织程序的账务处理流程图

图 11-2 的有关说明：

① 根据原始凭证编制原始凭证汇总表。

② 根据各种原始凭证或原始凭证汇总表，编制记账凭证，包括收款凭证、付款凭证和转账凭证。

③ 根据收款凭证和付款凭证逐笔登记现金日记账和银行存款日记账。

④ 根据原始凭证、原始凭证汇总表和各种记账凭证，登记明细分类账。

⑤ 根据记账凭证定期汇总编制科目汇总表。

⑥ 根据科目汇总表定期登记总分类账。

⑦ 会计期末，将现金日记账、银行存款日记账及各种明细分类账的本期发生额和期末余额，与总分类账中有关账户的本期发生额和期末余额进行核对，保证账账相符。

⑧ 会计期末，根据核对无误的总分类账和明细分类账的记录，编制财务会计报告。

四、科目汇总表的编制

科目汇总表的具体编制是将一定会计期间的所有记账凭证，按照相同科目的借方和贷方归类，汇总每一会计科目的借方本期发生额和贷方本期发生额，并填列在科目汇总表的相应栏内。科目汇总表可以每汇总一次编制一张，也可以每天、每旬各汇总一次，每月只编制一张，每次汇总的具体时间间隔可根据各单位经济业务量的多少来确定。科目汇总表编制完成后，应按所有总分类科目的借方发生额合计数等于所有总分类科目的贷方发生额合计数进行试算平衡。科目汇总表的一般格式见表 11-1、表 11-2。

表 11-1　　　　　　　　　　科目汇总表（格式一）

年　月　日　　　　　　　　　　　　　　　　第　号

会计科目	记账凭证起讫号数	本期发生额		账页
		借方	贷方	
合　计				

表 11-2　　　　　　　　　　　　科目汇总表（格式二）

年　月　日　　　　　　　　　　　　　　　　　　　　　　第　号

会计科目	账页	1—10日		11—20日		21—30日		合计	
		借方	贷方	借方	贷方	借方	贷方	借方	贷方
合　计									

五、科目汇总表会计核算组织程序的优缺点及适用范围

科目汇总表会计核算组织程序由于采用了汇总登记总分类账的方法，大大简化了总账的登记工作，同时通过编制科目汇总表，可起到试算平衡的作用，从而大大地降低了登记错误。该会计核算组织程序的缺点是不能反映账户之间的对应关系，不能通过总分类账来了解经济业务的来龙去脉和查对账目，因而不便于对经济业务情况进行分析检查。

科目汇总表会计核算组织程序主要适用于规模较大，经济业务量较多，记账凭证数量较多的单位。

第四节　汇总记账凭证会计核算组织程序

一、汇总记账凭证会计核算组织程序的特点

汇总记账凭证会计核算组织程序，是指根据记账凭证定期编制汇总记账凭证，月末根据汇总记账凭证累计数登记总分类账的一种会计核算组织程序。

汇总记账凭证会计核算组织程序的主要特点是定期根据收款凭证、付款凭证和转账凭证分别编制汇总收款凭证、汇总付款凭证和汇总转账凭证，然后根据各种汇总记账凭证登记总分类账。

二、汇总记账凭证会计核算组织程序的凭证组织和账簿组织

（一）凭证组织

汇总记账凭证会计核算组织程序下，除了需要设置收款凭证、付款凭证和转账凭证外，还要设置汇总收款凭证、汇总付款凭证、汇总转账凭证，作为登记总分类账的依据。各类凭证之间的相互关系是根据原始凭证或原始凭证汇总表编制收款凭证、付款凭证和转账凭证，对于无法取得原始凭证的经济业务，可根据账簿资料填制有关的记账凭证。然后根据所有收款凭证、付款凭证和转账凭证定期编制汇总收款凭证、汇总付款凭证、汇总转账凭证，作为登记总账的依据。

1. 汇总收款凭证的编制

汇总收款凭证是根据一定会计期间的所有收款凭证，按月分期汇总编制而成的。汇总收款凭证按"库存现金"和"银行存款"科目借方分别设置，并根据收款凭证按贷方科目归

类，分期汇总，每月编制一张，每期的时间间隔可根据单位业务量的大小来确定。月末计算出各贷方科目的本期贷方发生额合计数，据以登记总账。汇总收款凭证的一般格式见表11-3。

表 11-3
汇 总 收 款 凭 证

借方科目：　　　　　　　　　　　年　月　日　　　　　　　　　　　汇字第　号

贷方科目	发生额				总账页数	
	1日—10日 凭证第　一　号	11日—20日 凭证第　一　号	21日—30日 凭证第　一　号	合计	借方	贷方
合　计						

2. 汇总付款凭证的编制

汇总付款凭证是根据一定会计期间的所有付款凭证，按月分期汇总编制而成的。汇总付款凭证按"库存现金"和"银行存款"科目贷方分别设置，并根据付款凭证按借方科目归类，分期汇总，每月编制一张，每期的时间间隔可根据单位业务量的大小来确定。月末计算出各借方科目的借方发生额合计数，据以登记总账。汇总付款凭证的一般格式见表11-4。

表 11-4
汇 总 付 款 凭 证

贷方科目：　　　　　　　　　　　年　月　日　　　　　　　　　　　汇字第　号

借方科目	发生额				总账页数	
	1日—10日 凭证第　一　号	11日—20日 凭证第　一　号	21日—30日 凭证第　一　号	合计	借方	贷方
合　计						

3. 汇总转账凭证的编制

汇总转账凭证是根据一定会计期间的所有转账凭证，按月分期汇总编制而成的。汇总转账凭证一律按转账凭证的贷方科目分别设置，并根据对应的借方科目加以归类，分期汇总，每月编制一张，每期的时间间隔可根据单位业务量的大小来确定。月末，计算出每张汇总转账凭证中各借方科目的本期借方发生额合计数，据以登记总账。此外，为了便于汇总，所有转账凭证科目的对应关系，应采用一借一贷或多借一贷的形式。汇总转账凭证的一般格式见表11-5。

表 11-5 　　　　　　　　　　　**汇 总 转 账 凭 证**

贷方科目：　　　　　　　　　　　　年　月　日　　　　　　　　　　汇字第　　号

借方科目	发生额				总账页数	
	1 日—10 日 凭证第　一　号	11 日—20 日 凭证第　一　号	21 日—30 日 凭证第　一　号	合计	借方	贷方
合计						

（二）账簿组织

汇总记账凭证会计核算组织程序的账簿组织与记账凭证会计核算组织程序的账簿组织基本相同，所不同的是改变了登记总分类账的依据和方法。在汇总记账凭证会计核算组织程序下，总分类账根据定期编制的汇总收款凭证、汇总付款凭证、汇总转账凭证按月进行登记。

三、汇总记账凭证会计核算组织程序的账务处理流程

汇总记账凭证会计核算组织程序的账务处理流程如图 11-3 所示。

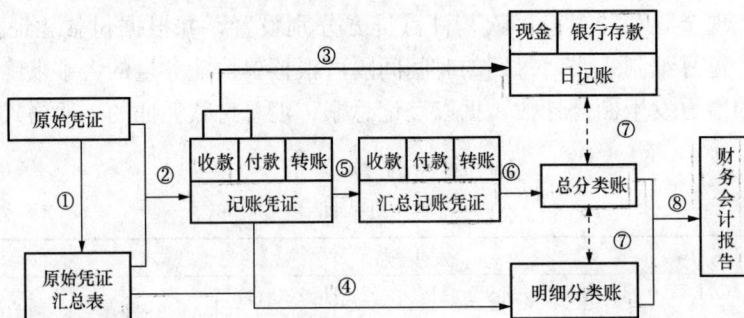

图 11-3　汇总记账凭证会计核算组织程序的账务处理流程图

图 11-3 的有关说明：

① 根据原始凭证编制原始凭证汇总表。

② 根据各种原始凭证或原始凭证汇总表，编制记账凭证，包括收款凭证、付款凭证和转账凭证。

③ 根据收款凭证和付款凭证逐笔登记现金日记账和银行存款日记账。

④ 根据原始凭证、原始凭证汇总表和各种记账凭证，登记明细分类账。

⑤ 根据收款凭证、付款凭证和转账凭证定期汇总编制汇总收款凭证、汇总付款凭证和汇总转账凭证。

⑥ 根据汇总收款凭证、汇总付款凭证和汇总转账凭证登记总分类账。

⑦ 会计期末，将现金日记账、银行存款日记账及各种明细分类账的本期发生额和期末余额，与总分类账中有关账户的本期发生额和期末余额进行核对，保证账账相符。

⑧ 会计期末，根据核对无误的总分类账和明细分类账的记录，编制财务会计报告。

四、汇总记账凭证会计核算组织程序的优缺点及适用范围

汇总记账凭证会计核算组织程序根据汇总记账凭证登记总分类账，减少了登记总分类账的工作量，同时汇总记账凭证各科目的对应关系明晰，便于分析经济业务和核对账目。该会计核算组织程序的缺点在于当转账凭证的数量较多，而且涉及的贷方科目较多时，编制汇总转账凭证的工作量较大。

汇总记账凭证会计核算组织程序主要适用于规模较大、经济业务复杂、会计人员分工较细的大中型企事业单位。

第五节　多栏式日记账会计核算组织程序

一、多栏式日记账会计核算组织程序的特点

多栏式日记账会计核算组织程序，是指货币资金收付业务根据设置的多栏式货币资金日记账的汇总数登记总分类账，不涉及货币资金的转账业务可根据转账凭证逐笔登记总分类账，或者根据转账凭证编制汇总转账凭证登记总分类账的一种会计核算组织程序。

多栏式日记账会计核算组织程序的主要特点是设置了多栏式现金日记账、银行存款日记账，分别汇总库存现金、银行存款的收付业务，月末根据多栏式日记账一次登记总分类账；对于转账业务则采用较为灵活的登记总分类账的方式。

二、多栏式日记账会计核算组织程序的凭证组织和账簿组织

（一）凭证组织

多栏式日记账会计核算组织程序下，除了需要设置收款凭证、付款凭证和转账凭证外，在转账业务根据汇总转账凭证登记总分类账的情况下，还需设置汇总转账凭证。各类凭证之间的相互关系是根据原始凭证或原始凭证汇总表编制收款凭证、付款凭证和转账凭证，对于无法取得原始凭证的经济业务，可根据账簿资料填制有关的记账凭证。在转账业务根据汇总转账凭证登记总分类账的情况下，需根据所有转账凭证定期编制汇总转账凭证，作为登记总分类账的依据。

（二）账簿组织

多栏式日记账会计核算组织程序的账簿组织与记账凭证会计核算组织程序的账簿组织基本相同，所不同的是需要设置多栏式货币资金日记账，且改变了登记总分类账的依据和方法。在多栏式日记账会计核算组织程序下，货币资金总分类账根据多栏式货币资金日记账的汇总数登记，转账业务的总分类账可以根据转账凭证逐笔登记，也可以根据汇总转账凭证定期进行登记。

1. 多栏式现金日记账和银行存款日记账的设置

多栏式现金日记账和多栏式银行存款日记账的一般格式见表 11-6。

表 11-6　　　　　　　　　多栏式现金（或银行存款）日记账

年		凭证		摘　要	收入（贷方科目）			支出（借方科目）			余额
月	日	字	号				合计			合计	
				本月发生额							

如果库存现金和银行存款的对应科目太多，为了避免账页过宽，可以分别设置"现金收

入日记账"、"现金支出日记账"、"银行存款收入日记账""银行存款支出日记账",其一般格式见表11-7、11-8。

表 11-7　　　　　　　　　**现金（或银行存款）收入日记账**

年		凭证		摘　要	贷方科目										余额
月	日	字	号											合计	
			本月发生额											

表 11-8　　　　　　　　　**现金（或银行存款）支出日记账**

年		凭证		摘　要	借方科目										余额
月	日	字	号											合计	
			本月发生额											

2. 汇总转账凭证的设置

汇总转账凭证是根据一定会计期间的所有转账凭证，按月汇总编制而成的。汇总转账凭证一律按转账凭证的贷方科目分别设置，并根据对应的借方科目加以归类。月末，计算出汇总转账凭证中各借方科目的本期借方发生额合计数，据以登记总账。此外，为了便于汇总，所有转账凭证科目的对应关系，应采用一借一贷或多借一贷的形式。汇总转账凭证的一般格式见表11-9。

表 11-9　　　　　　　　　**汇 总 转 账 凭 证**

贷方科目：　　　　　　　　　　　年　月　日　　　　　　　　　　汇字第　号

借方科目	发生额				总账页数	
	1日—10日 凭证第　一　号	11日—20日 凭证第　一　号	21日—30日 凭证第　一　号	合计	借方	贷方
合计						

三、多栏式日记账会计核算组织程序的账务处理流程

多栏式日记账会计核算组织程序的账务处理流程如图 11-4 所示。

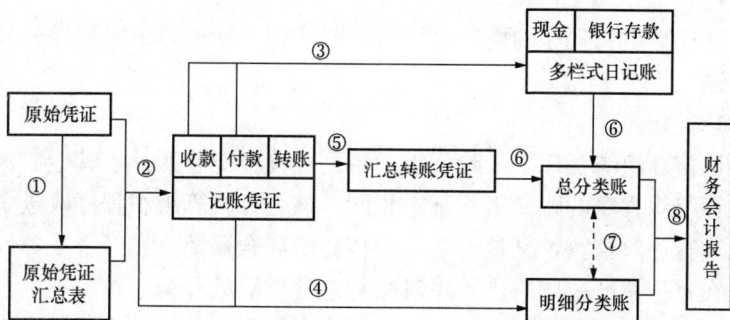

图 11-4　多栏式日记账会计核算组织程序的账务处理流程图

关于图 11-4 的说明：

① 根据原始凭证编制原始凭证汇总表。

② 根据各种原始凭证或原始凭证汇总表，编制记账凭证，包括收款凭证、付款凭证和转账凭证。

③ 根据收款凭证和付款凭证逐笔登记多栏式现金日记账和银行存款日记账。

④ 根据原始凭证、原始凭证汇总表和各种记账凭证，登记各种明细分类账。

⑤ 根据转账凭证定期编制汇总转账凭证。

⑥ 会计期末，根据多栏式现金日记账和银行存款日记账的汇总数登记货币资金总分类账，同时根据汇总转账凭证登记其他总分类账。

⑦ 会计期末，将明细分类账的本期发生额和期末余额，与总分类中有关账户的本期发生额和期末余额进行核对，保证账账相符。

⑧ 会计期末，根据核对无误的总分类账和明细分类账的记录，编制财务会计报告。

对于转账业务比较少的企业也可以直接根据转账凭证逐笔登记总分类账，以简化核算手续。

四、多栏式日记账会计核算组织程序的优缺点及适用范围

多栏式日记账会计核算组织程序设置的多栏式现金日记账和银行存款日记账，起到了收款凭证和付款凭证汇总表的作用，简化了总分类账的登记工作，并能清晰地反映货币资金的来龙去脉。该会计核算组织程序的缺点是如果企业经济业务繁杂，多栏式日记账设置的专栏势必过多，账页篇幅过宽，不便于记账。此外，根据日记账登记总分类账而不是相互核对，这在一定程度上降低了账簿间的相互牵制作用。

多栏式日记账会计核算组织程序主要适用于货币资金收付业务较多，但业务比较简单，适用于科目较少的单位。

第六节　日记总账会计核算组织程序

一、日记总账会计核算组织程序的特点

日记总账会计核算组织程序，是指设置日记总账，并根据所有经济业务编制的记账凭证为依据，直接登记日记总账的一种会计核算组织程序。

日记总账会计核算组织程序的特点是将日记账和总分类账融为一体，设置一本日记总

账，以记账凭证为依据，在日记总账中同时进行序时和分类登记。

二、日记总账会计核算组织程序的凭证组织和账簿组织

（一）凭证组织

日记总账会计核算组织程序的凭证组织与记账凭证会计核算组织程序的凭证组织完全相同，这里不再赘述。

（二）账簿组织

日记总账会计核算组织程序下，除了需要特别开设日记总账外，其他方面的账簿组织与记账凭证会计核算组织程序的账簿组织基本相同。该会计核算组织程序改进了账簿组织，使日记总账成为既进行序时核算，又进行总分类核算的联合账簿。在经济业务发生后，根据填制的记账凭证，在日记总账中同时进行序时账和总分类账的登记。

日记总账把所有的总分类会计科目集中在一张账页上，其一般格式见表 11-10。

表 11-10

日 记 总 账

年		凭证		摘　　要	发生额	库存现金		银行存款		原材料		...
月	日	字	号			借	贷	借	贷	借	贷	
				本月发生额								
				月末余额								

在采用三栏式现金日记账和银行存款日记账的情况下，根据收款凭证、付款凭证和转账凭证逐笔登记日记总分类账；在采用多栏式现金日记账和银行存款日记账的情况下，平时可根据收款凭证和付款凭证登记多栏式日记账，根据转账凭证逐笔登记日记总分类账，月末，将多栏式现金日记账和银行存款日记账各科目汇总的合计数一次登记总分类账。在登记日记总分类账时，根据记账凭证将发生额记入"发生额"栏，同时记入同一行有关科目的借方和贷方栏内。月末结出"发生额"栏和各科目的本期借方和贷方发生额及期末余额，并进行账账核对，包括"发生额"栏的本月合计数与全部科目借方发生额和贷方发生额的合计数的核对，以及各科目借方余额合计数与贷方余额合计数的核对，保证账账相符。

三、日记总账会计核算组织程序的账务处理流程

日记总账会计核算组织程序的账务处理流程如图 11-5 所示。

四、日记总账会计核算组织程序的优缺点及适用范围

日记总账会计核算组织程序根据记账凭证直接登记日记总账，且所有会计科目都集中反映在一张账页上，不仅简化了记账工作，而且从账面上可以反映账户之间的对应关系，便于了解经济业务的来龙去脉。该会计核算组织程序的缺点在于如果单位规模较大，使用的会计科目较多，日记总账的账页势必过长，这既不便于记账，也不便于保管。此外，由于全月的经济业务按记账凭证都逐日登记在一张账页上，不便于会计分工。

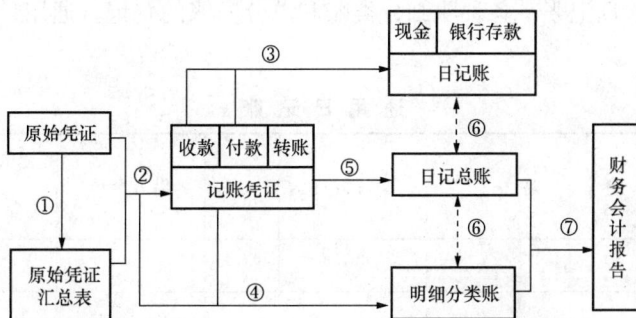

图 11-5　日记总账会计核算组织程序的账务处理流程图

有关图 11-5 的说明：

① 根据原始凭证编制原始凭证汇总表。

② 根据各种原始凭证或原始凭证汇总表，编制记账凭证，包括收款凭证、付款凭证和转账凭证。

③ 根据收款凭证、付款凭证逐笔登记现金日记账和银行存款日记账。

④ 根据原始凭证、原始凭证汇总表和各种记账凭证，登记明细分类账。

⑤ 根据各种记账凭证登记日记总账。

⑥ 会计期末，将现金日记账、银行存款日记账及各种明细分类账的本期发生额和期末余额，与日记总账中有关科目的本期发生额和期末余额进行核对，确保账账相符。

⑦ 会计期末，根据核对无误的日记总账和明细分类账的记录，编制财务会计报告。

日记总账会计核算组织程序主要适用于规模不大，经济业务简单，使用会计科目不多的单位。

第七节　通用日记账会计核算组织程序

一、通用日记账会计核算组织程序的特点

通用日记账会计核算组织程序，是指将所有的经济业务按所涉及的会计科目，以会计分录的形式记入通用日记账，再根据通用日记账的记录登记总分类账的一种会计核算组织程序。

通用日记账会计核算组织程序的主要特点是经济业务发生后，不再根据原始凭证或原始凭证汇总表编制记账凭证，而是通过设置和登记通用日记账，然后以通用日记账的记录为依据登记现金日记账、银行存款日记账、各种明细分类账和总分类账。

二、通用日记账会计核算组织程序的凭证组织和账簿组织

（一）凭证组织

通用日记账会计核算组织程序下，只涉及原始凭证或原始凭证汇总表，不涉及记账凭证。凭证之间的相互关系仅限于根据原始凭证定期填制原始凭证汇总表。

（二）账簿组织

通用日记账会计核算组织程序的账簿组织，与记账凭证会计核算组织程序的账簿组织基本相同，所不同的是需要设置通用日记账，且记录各种账簿的直接依据发生了改变。实际上，通用日记账是用订本式账簿代替记账凭证，是记账凭证和日记账的结合。实务中，根据原始凭证或原始凭证汇总表直接登记通用日记账，然后以通用日记账的记录为依据，进行现

金日记账、银行存款日记账、各种明细分类账和总分类账的登记。通用日记账的一般格式见表 11-11。

表 11-11 通 用 日 记 账

年		摘　　要	会计科目	√	借方金额	贷方金额
月	日					
		〜〜〜〜〜〜〜〜〜〜〜〜〜〜〜〜〜〜〜〜				

经济业务发生后，根据原始凭证或原始凭证汇总表登记通用日记账时，将经济业务发生的时间登记在"日期栏"内，在"摘要"栏内填写经济业务的内容；将应借、应贷的会计科目记入"会计科目"栏内，并将应借、应贷金额分别记入"借方金额"和"贷方金额"栏内。

三、通用日记账会计核算组织程序的账务处理流程

通用日记账会计核算组织程序的账务处理流程如图 11-6 所示。

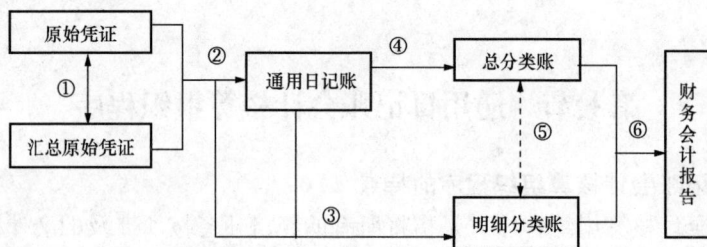

图 11-6　通用日记账会计核算组织程序的账务处理流程图

关于图 11-6 的说明：

① 根据原始凭证编制原始凭证汇总表。

② 根据原始凭证和原始凭证汇总表登记通用日记账。

③ 根据原始凭证、原始凭证汇总表和通用日记账登记明细分类账。

④ 根据通用日记账逐笔登记总分类账。

⑤ 会计期末，将各种明细分类账的本期发生额和期末余额，分别与总分类账有关账户的本期发生额和期末余额进行核对，保证账账相符。

⑥ 会计期末，根据核对无误的总分类账和明细分类账的记录，编制财务会计报告。

四、通用日记账会计核算组织程序的优缺点及适用范围

通用日记账会计核算组织程序可以通过一本普通日记账反映单位一定期间的全部经济业务，而且便于采用计算机操作。其缺点在于如果单位采用手工操作，这种会计核算组织程序不利于对经济业务进行分类、汇总。

通用日记账会计核算组织程序主要适用于采用计算机操作的企事业单位。

附：科目汇总表会计核算组织程序举例

一、资料

冠华公司是某市一家从事机械产品生产的企业，其会计核算采用科目汇总表会计核算组织程序，有关资料如下：

（一）冠华公司 2006 年 10 月 31 日总分类账及有关明细账的余额见表 11-12。

表 11-12　　　　　　　　　**总分类账及明细分类账余额表**

2006 年 10 月 31 日　　　　　　　　　　　　　　　单位：元

账户名称	借方余额	贷方余额
库存现金	6 000	
银行存款	200 000	
应收账款——红光公司	1 000	
——万达公司	3 000	
原材料——甲材料	20 000	
——乙材料	30 000	
库存商品——A 产品	20 000	
固定资产	360 000	
累计折旧		60 000
应付账款——运通公司		2 000
——光明公司		3 000
实收资本		500 000
盈余公积		54 000
利润分配		21 000
合　计	640 000	640 000

（二）冠华公司 2006 年 11 月发生的经济业务

1、2 日，从运通公司购入甲材料1 000千克，买价为9 800元，运杂费200 元，银行存款付讫。

2、3 日，从运通公司购入的甲材料到货，并验收入库。

3、4 日，车间生产 A 产品领用甲材料1 500千克，金额为15 000元；领用乙材料4 000千克，金额为20 000元。

4、5 日，车间管理部门领用甲材料50 千克，金额为500 元；乙材料80 千克，金额为400元。公司行政管理部门领用甲材料30 千克，金额为300 元；乙材料40 千克，金额为200 元。

5、8 日，从光明公司购入乙材料4 000千克，买价19 600元，货款未付。

6、9 日，现金支付从光明公司购入乙材料的运费400 元。

7、9 日，从光明公司购入的乙材料到货，并验收入库。

8、10 日，销售 A 产品 100 件，单价 100 元，金额10 000元，货款已通过银行收讫。

9、12 日，计算本月应付职工工资15 000元，其中：生产工人工资10 000元，车间管理人员工资2 000元，厂部管理人员工资3 000元。

10、12 日，现金支付职工生活困难补助金2 100元，其中：生产工人1 400元，车间管理人员 280 元，厂部管理人员 420 元。

11、14 日，向银行提取现金15 000元，备发工资。

12、14 日，以现金支付职工工资15 000元。

13、16 日，以银行存款支付前欠运通公司货款2 000元，光明公司货款3 000元。

14、20 日，销售给红光公司 A 产品 500 件，单价 100 元，金额50 000元，货款尚未收到。

15、20 日，以银行存款支付产品销售费用 2 000 元。

16、21 日，以银行存款支付本月电费 2 000 元，其中：车间耗用 1 600 元，厂部管理部门耗用 400 元。

17、22 日，以现金支付生产车间维修费 500 元。

18、25 日，以银行存款支付广告费 1 000 元。

19、25 日，以现金支付办公用品费 300 元。

20、28 日，收到红光公司欠款 50 000 元，存入银行。

21、30 日，计提本月固定资产折旧费 6 000 元，其中：生产车间 5 000 元，厂部管理部门 1 000 元。

22、30 日，结转本月的制造费用 10 280 元。

23、30 日，本月完工产品 1 115 件，已验收入库，结转完工产品成本 55 750 元。

24、30 日，结转本月已销售产品的生产成本 30 000 元。

24、30 日，计算本月应缴流转税费 2 000 元。

25、30 日，结转本月的收入和费用。

26、30 日，计算并结转本月应缴企业所得税 5 000 元。

27、30 日，结转本年利润。

28、30 日，按净利润的 10% 计提盈余公积金。

29、30 日，银行存款支付本月应交税金 7 000 元，其中：流转税 2 000 元，所得税 5 000 元。

二、冠华公司 2006 年 11 月份的账务处理

（一）根据 2006 年 11 月发生的经济业务编制记账凭证

付款凭证　　　　　　　　　　　　　　　　　　总字第 1 号

贷方科目：银行存款　　　　　　　2006 年 11 月 2 日　　　　　　　付字第 1 号

摘　要	借方科目		金额
	总账科目	明细科目	
购入甲材料 1 000 千克	在途物资	甲材料	10 000
合　计			10 000

转账凭证　　　　　　　　　　　　　　　　　　总字第 2 号

2006 年 11 月 3 日　　　　　　　　　转字第 1 号

摘　要	总账科目	明细科目	借方金额	贷方金额
甲材料验收入库	原材料	甲材料	10 000	
	在途物资	甲材料		10 000
合　计			10 000	10 000

转账凭证　　　　　　　　　　　　　　　　　　总字第 3 号

2006 年 11 月 3 日　　　　　　　　　转字第 2 号

摘　要	总账科目	明细科目	借方金额	贷方金额
生产领用材料	生产成本	A 产品	35 000	
	原材料	甲材料		15 000
		乙材料		20 000
合　计			35 000	35 000

转账凭证 总字第 4 号
2006 年 11 月 5 日 转字第 3 号

摘 要	总账科目	明细科目	借方金额	贷方金额
车间管理部门领用材料	制造费用		900	
厂部管理部门领用材料	管理费用		500	
	原材料	甲材料		800
		乙材料		600
合 计			1 400	1 400

转账凭证 总字第 5 号
2006 年 11 月 8 日 转字第 4 号

摘 要	总账科目	明细科目	借方金额	贷方金额
购入乙材料4 000千克	在途物资	乙材料	19 600	
	应付账款	光明公司		19 600
合 计			19 600	19 600

付款凭证 总字第 6 号
贷方科目：库存现金 2006 年 11 月 9 日 付字第 2 号

摘 要	借方科目		金额
	总账科目	明细科目	
支付购入乙材料运费	在途物资	乙材料	400
合 计			400

转账凭证 总字第 7 号
2006 年 11 月 9 日 转字第 5 号

摘 要	总账科目	明细科目	借方金额	贷方金额
乙材料验收入库	原材料	乙材料	20 000	
	在途物资	乙材料		20 000
合 计			20 000	20 000

收款凭证 总字第 8 号
借方科目：银行存款 2006 年 11 月 10 日 收字第 1 号

摘 要	贷方科目		金额
	总账科目	明细科目	
销售 A 产品 100 件	主营业务收入		10 000
合 计			10 000

转账凭证

2006 年 11 月 12 日

总字第 9 号

转字第 6 号

摘 要	总账科目	明细科目	借方金额	贷方金额
计算应付职工工资	生产成本	A 产品	10 000	
	制造费用		2 000	
	管理费用		3 000	
	应付职工薪酬			15 000
合 计			15 000	15 000

付款凭证

贷方科目：库存现金

2006 年 11 月 12 日

总字第 10 号

付字第 3 号

摘 要	总账科目	明细科目	借方金额	贷方金额
支付职工生活困难补助金	生产成本		1 400	
	制造费用		280	
	管理费用		420	
合 计			2 100	

付款凭证

贷方科目：银行存款

2006 年 11 月 14 日

总字第 11 号

付字第 4 号

摘 要	借方科目		金额
	总账科目	明细科目	
从银行提取现金	库存现金		15 000
合 计			15 000

付款凭证

贷方科目：库存现金

2006 年 11 月 14 日

总字第 12 号

付字第 5 号

摘 要	借方科目		金额
	总账科目	明细科目	
发放工资	应付职工薪酬		15 000
合 计			15 000

付款凭证

贷方科目：银行存款

2006 年 11 月 16 日

总字第 13 号

付字第 6 号

摘 要	借方科目		金额
	总账科目	明细科目	
支付前欠货款	应付账款	运通公司	2 000
		光明公司	3 000
合 计			5 000

转账凭证 总字第 14 号

2006 年 11 月 20 日 转字第 7 号

摘　要	总账科目	明细科目	借方金额	贷方金额
销售 A 产品 500 件	应收账款	红光公司	50 000	
货款尚未收到	主营业务收入			50 000
合　计			50 000	50 000

付款凭证 总字第 15 号

贷方科目：银行存款　　　　　2006 年 11 月 20 日 付字第 7 号

摘　要	借方科目		金额
	总账科目	明细科目	
支付销售费用	销售费用		2 000
合　计			2 000

付款凭证 总字第 16 号

贷方科目：银行存款　　　　　2006 年 11 月 21 日 付字第 8 号

摘　要	借方科目		金额
	总账科目	明细科目	
支付本月电费	制造费用		1 600
	管理费用		400
合　计			2 000

付款凭证 总字第 17 号

贷方科目：库存现金　　　　　2006 年 11 月 22 日 付字第 9 号

摘　要	借方科目		金额
	总账科目	明细科目	
支付生产车间维修费	制造费用		500
合　计			500

付款凭证 总字第 18 号

贷方科目：银行存款　　　　　2006 年 11 月 25 日 付字第 10 号

摘　要	借方科目		金额
	总账科目	明细科目	
支付广告费	销售费用		1 000
合　计			1 000

付款凭证　　　　　　　总字第 19 号

贷方科目：库存现金　　　2006 年 11 月 25 日　　　付字第 11 号

摘　要	借方科目		金额
	总账科目	明细科目	
购买办公用品	管理费用		300
合　计			300

收款凭证　　　　　　　总字第 20 号

借方科目：银行存款　　　2006 年 11 月 28 日　　　收字第 2 号

摘　要	贷方科目		金额
	总账科目	明细科目	
收到前欠货款	应收账款	红光公司	50 000
合　计			50 000

转账凭证　　　　　　　总字第 21 号

2006 年 11 月 30 日　　　转字第 8 号

摘　要	总账科目	明细科目	借方金额	贷方金额
计提本月折旧	制造费用		5 000	
	管理费用		1 000	
	累计折旧			6 000
合　计			6 000	6 000

转账凭证　　　　　　　总字第 22 号

2006 年 11 月 30 日　　　转字第 9 号

摘　要	总账科目	明细科目	借方金额	贷方金额
结转本月制造费用	生产成本		10 280	
	制造费用			10 280
合　计			10 280	10 280

转账凭证　　　　　　　总字第 23 号

2006 年 11 月 30 日　　　转字第 10 号

摘　要	总账科目	明细科目	借方金额	贷方金额
结转已完工产品成本	库存商品		55 750	
	生产成本	A 产品		55 750
合　计			55 750	55 750

转账凭证

总字第 24 号

2006 年 11 月 30 日

转字第 11 号

摘　　要	总账科目	明细科目	借方金额	贷方金额
结转已销产品生产成本	主营业务成本		30 000	
	库存商品			30 000
合　　计			30 000	30 000

转账凭证

总字第 25 号

2006 年 11 月 30 日

转字第 12 号

摘　　要	总账科目	明细科目	借方金额	贷方金额
计算本月应缴流转税金	税金及附加		2 000	
	应交税费			2 000
合　　计			2 000	2 000

转账凭证

总字第 26 号

2006 年 11 月 30 日

转字第 13 号

摘　　要	总账科目	明细科目	借方金额	贷方金额
结转本月销售收入	主营业务收入		60 000	
	本年利润			60 000
合　　计			60 000	60 000

转账凭证

总字第 27 号

2006 年 11 月 30 日

转字第 14 号

摘　　要	总账科目	明细科目	借方金额	贷方金额
结转当期费用	本年利润		40 620	
	主营业务成本			30 000
	税金及附加			2 000
	销售费用			3 000
	管理费用			5 620
合　　计			40 620	40 620

转账凭证

总字第 28 号

2006 年 11 月 30 日

转字第 15 号

摘　　要	总账科目	明细科目	借方金额	贷方金额
确认本期所得税费用	所得税费用		5 000	
	应交税费	所得税		5 000
合　　计			5 000	5 000

转账凭证

2006 年 11 月 30 日

摘　　要	总账科目	明细科目	借方金额	贷方金额
结转所得税费用	本年利润		5 000	
	所得税费用			5 000
合　　计			5 000	5 000

转账凭证

2006 年 11 月 30 日

摘　　要	总账科目	明细科目	借方金额	贷方金额
结转本期利润	本年利润		14 380	
	利润分配	未分配利润		14 380
合　　计			14 380	14 380

转账凭证

2006 年 11 月 30 日

摘　　要	总账科目	明细科目	借方金额	贷方金额
计提盈余公积金	利润分配	提取盈余公积	1 438	
	盈余公积	法定盈余公积		1 438
合　　计			1 438	1 438

付款凭证

贷方科目：银行存款　　　　2006 年 11 月 30 日

摘　　要	总账科目	明细科目	借方金额	贷方金额
缴纳税金	应交税费	流转税	2 000	
		所得税	5 000	
合　　计			7 000	

（二）根据收、付款凭证登记现金日记账和银行存款日记账

现金日记账

2006 年		凭证		摘　要	对方科目	借方	贷方	余额
月	日	字	号					
11	1			期初余额				6 000
11	9	付	2	支付乙材料运费	在途物资		400	5 600
11	12	付	3	支付困难补助	生产成本等		2 100	3 500
11	14	付	4	提现金备发工资	银行存款	15 000		18 500
11	14	付	5	发放工资	应付职工薪酬		15 000	3 500
11	22	付	9	支付维修费	制造费用		500	3 000
11	25	付	11	购买办公用品	管理费用		300	2 700
〰	〰	〰	〰	〰	〰	〰	〰	〰
11	30			发生额及余额		15 000	18 300	2 700

银行存款日记账

2006 年		凭证		摘　要	对方科目	借方	贷方	余额
月	日	字	号					
11	1			期初余额				200 000
11	2	付	1	支付甲材料款	在途物资		10 000	190 000
11	10	收	1	销售 A 产品	主营业务收入	10 000		200 000
11	14	付	4	提现金备发工资	库存现金		15 000	185 000
11	16	付	6	支付前欠货款	应付账款		5 000	180 000
11	20	付	7	支付销售费用	销售费用		2 000	178 000
11	21	付	8	支付电费	制造费用等		2 000	176 000
11	25	付	10	支付广告费	销售费用		1 000	175 000
11	28	收	2	收到前欠货款	应收账款	50 000		225 000
11	30	付	12	交纳税金	应交税费		7 000	218 000
〰	〰	〰	〰	〰	〰	〰	〰	〰
11	30			发生额及余额		60 000	42 000	218 000

（三）根据原始凭证、记账凭证登记明细账

这里只列示了"原材料"、"应收账款"、"应付账款"明细账，其他明细账从略。

原材料明细账

材料名称：甲材料 　　　　　　　　　　　　　　　　　　　　实物单位：千克

2006 年		凭证		摘　要	借方			贷方			余额		
月	日	字	号		数量	单价	金额	数量	单价	金额	数量	单价	金额
11	1			期初余额							2 000	10	20 000
11	3	转	1	购入	1 000	10	10 000				3 000	10	30 000
11	3	转	2	生产领用				1 500	10	15 000	1 500	10	15 000
11	5	转	3	管理领用				80	10	800	1 420	10	14 200
〰	〰	〰	〰	〰	〰	〰	〰	〰	〰	〰	〰	〰	〰
11	30			合　计	1 000	—	10 000	1 580	—	15 800	1 420	—	14 200

原材料明细账

材料名称：乙材料 　　　　　　　　　　　　　　　　　　　　实物单位：千克

2006 年		凭证		摘　要	借方			贷方			余额		
月	日	字	号		数量	单价	金额	数量	单价	金额	数量	单价	金额
11	1			期初余额							6 000	5	30 000
11	3	转	2	生产领用				4 000	5	20 000	2 000	5	10 000
11	5	转	3	管理领用				120	5	600	1 880	5	9 400
11	9	转	5	购入	4 000	5	20 000				5 880	5	29 400
〰	〰	〰	〰	〰	〰	〰	〰	〰	〰	〰	〰	〰	〰
11	30			合　计	4 000	—	20 000	4 120	—	20 600	5 880		29 400

应收账款明细账

户名：万达公司

2006 年		凭证		摘　要	借方	贷方	借或贷	余额
月	日	字	号					
11	1			期初余额			借	3 000
〰	〰	〰	〰	〰	〰	〰	〰	〰
				本期发生额及余额			借	3 000

应收账款明细账

户名：红光公司

2006 年		凭证		摘　　要	借方	贷方	借或贷	余额
月	日	字	号					
11	1			期初余额			借	1 000
11	20	转	7	销售 A 产品	50 000		借	51 000
11	28	收	2	收到前欠货款		50 000	借	1 000
				〰〰〰				
	30			本期发生及余额	50 000	50 000	借	1 000

应付账款明细账

户名：光明公司

2006 年		凭证		摘　　要	借方	贷方	借或贷	余额
月	日	字	号					
11	1			期初余额			贷	3 000
11	8	转	4	购买乙材料		19 600	贷	22 600
11	16	付	6	归还前欠货款	3 000		贷	19 600
				〰〰〰				
11	30			本期发生额及期末余额	3 000	19 600	贷	19 600

应付账款明细账

户名：运通公司

2006 年		凭证		摘　　要	借方	贷方	借或贷	余额
月	日	字	号					
11	1			期初余额			贷	2 000
11	16	付	6	归还前欠货款	2 000		平	0
				〰〰〰				
11	30			本期发生额及期末余额	2 000		平	0

（四）根据记账凭证定期编制科目汇总表

科目汇总表

2006 年 11 月 30 日   汇字第 11 号

会计科目	记账凭证起讫号数	本期发生额		总账账页
		借方	贷方	
库存现金		15 000	18 300	
银行存款		60 000	42 000	
应收账款		50 000	50 000	
在途物资		30 000	30 000	
原材料		30 000	36 400	
库存商品		55 750	30 000	
累计折旧			6 000	
应付账款		5 000	19 600	
应付职工薪酬		15 000	15 000	
应交税费		7 000	7 000	
盈余公积			1 438	
本年利润		60 000	60 000	
利润分配		1 438	14 380	
生产成本		56 680	55 750	
制造费用		10 280	10 280	
主营业务收入		60 000	60 000	
主营业务成本		30 000	30 000	
税金及附加		2 000	2 000	
销售费用		3 000	3 000	
管理费用		5 620	5 620	
所得税费用		5 000	5 000	
〜〜〜〜〜〜	〜〜〜〜〜〜	〜〜〜〜〜〜	〜〜〜〜〜〜	〜〜〜〜〜〜
合　计		501 768	501 768	

(五) 根据科目汇总表登记总分类账

库存现金总分类账

2006 年		凭证		摘　要	借方	贷方	借或贷	余额
月	日	字	号					
11	1			期初余额			借	6 000
11	30	汇	11	汇总 11 月发生额	15 000	18 300	借	2 700
〜	〜	〜	〜	〜〜〜〜〜	〜〜〜	〜〜〜	〜〜	〜〜〜
11	30			本月发生额及余额	15 000	18 300	借	2 700

银行存款总分类账

2006 年		凭证		摘　要	借方	贷方	借或贷	余额
月	日	字	号					
11	1			期初余额			借	200 000
11	30	汇	11	汇总 11 月发生额	60 000	42 000	借	218 000
11	30			本月发生额及余额	60 000	42 000	借	218 000

应收账款总分类账

2006 年		凭证		摘　要	借方	贷方	借或贷	余额
月	日	字	号					
11	1			期初余额			借	4 000
11	30	汇	11	汇总 11 月发生额	50 000	50 000	借	4 000
11	30			本月发生额及余额	50 000	50 000	借	4 000

在途物资总分类账

2006 年		凭证		摘　要	借方	贷方	借或贷	余额
月	日	字	号					
11	1			期初余额				0
11	30	汇	11	汇总 11 月发生额	30 000	30 000	平	0
11	30			本月发生额及余额	30 000	30 000	平	0

原材料总分类账

2006 年		凭证		摘　要	借方	贷方	借或贷	余额
月	日	字	号					
11	1			期初余额			借	50 000
11	30	汇	11	汇总 11 月发生额	30 000	36 400	借	43 600
11	30			本月发生额及余额	30 000	36 400	借	43 600

库存商品总分类账

2006 年		凭证		摘　要	借方	贷方	借或贷	余额
月	日	字	号					
11	1			期初余额			借	20 000
11	30	汇	11	汇总 11 月发生额	55 750	30 000	借	45 750
11	30			本月发生额及余额	55 750	30 000	借	45 750

固定资产总分类账

2006 年		凭证		摘　要	借方	贷方	借或贷	余额
月	日	字	号					
11	1			期初余额			借	360 000
11	30			本月发生额及余额			借	360 000

累计折旧总分类账

2006 年		凭证		摘　要	借方	贷方	借或贷	余额
月	日	字	号					
11	1			期初余额			贷	60 000
11	30	汇	11	汇总 11 月发生额		6 000	贷	66 000
11	30			本月发生额及余额		6 000	贷	66 000

应付账款总分类账

2006 年		凭证		摘　要	借方	贷方	借或贷	余额
月	日	字	号					
11	1			期初余额			贷	5 000
11	30	汇	11	汇总 11 月发生额	5 000	19 600	贷	19 600
11	30			本月发生额及余额	5 000	19 600	贷	19 600

应付职工薪酬总分类账

2006 年		凭证		摘　要	借方	贷方	借或贷	余额
月	日	字	号					
11	30	汇	11	汇总 11 月发生额	15 000	15 000	平	0
11	30			本月发生额及余额	15 000	15 000	平	0

应交税费总分类账

2006 年		凭证		摘　要	借方	贷方	借或贷	余额
月	日	字	号					
11	30	汇	11	汇总 11 月发生额	7 000	7 000	平	0
11	30			本月发生额及余额	7 000	7 000	平	0

实收资本总分类账

2006 年		凭证		摘　　要	借方	贷方	借或贷	余额
月	日	字	号					
11	1			期初余额			贷	500 000
11	30			本月发生额及余额			贷	500 000

盈余公积总分类账

2006 年		凭证		摘　　要	借方	贷方	借或贷	余额
月	日	字	号					
11	1			期初余额			贷	54 000
11	30	汇	11	汇总 11 月发生额		1 438	贷	55 438
11	30			本月发生额及余额		1 438	贷	55 438

本年利润总分类账

2006 年		凭证		摘　　要	借方	贷方	借或贷	余额
月	日	字	号					
11	30	汇	11	汇总 11 月发生额	60 000	60 000	平	0
11	30			本月发生额及余额	60 000	60 000	平	0

利润分配总分类账

2006 年		凭证		摘　　要	借方	贷方	借或贷	余额
月	日	字	号					
11	1			期初余额			贷	21 000
11	30	汇	11	汇总 11 月发生额	1 438	14 380	贷	
11	30			本月发生额及余额	1 438	14 380	贷	33 942

生产成本总分类账

2006 年		凭证		摘　　要	借方	贷方	借或贷	余额
月	日	字	号					
11	30	汇	11	汇总 11 月发生额	56 680	55 750	借	930
11	30			本月发生额及余额	56 680	55 750	借	930

制造费用总分类账

2006 年		凭证		摘　要	借方	贷方	借或贷	余额
月	日	字	号					
11	30	汇	11	汇总 11 月发生额	10 280	10 280	平	0
11	30			本月发生额及余额	10 280	10 280	平	0

主营业务收入总分类账

2006 年		凭证		摘　要	借方	贷方	借或贷	余额
月	日	字	号					
11	30	汇	11	汇总 11 月发生额	60 000	60 000	平	0
11	30			本月发生额及余额	60 000	60 000	平	0

主营业务成本总分类账

2006 年		凭证		摘　要	借方	贷方	借或贷	余额
月	日	字	号					
11	30	汇	11	汇总 11 月发生额	30 000	30 000	平	0
11	30			本月发生额及余额	30 000	30 000	平	0

销售费用总分类账

2006 年		凭证		摘　要	借方	贷方	借或贷	余额
月	日	字	号					
11	30	汇	11	汇总 11 月发生额	3 000	3 000	平	0
11	30			本月发生额及余额	3 000	3 000	平	0

管理费用总分类账

2006 年		凭证		摘　要	借方	贷方	借或贷	余额
月	日	字	号					
11	30	汇	11	汇总 11 月发生额	5 620	5 620	平	0
11	30			本月发生额及余额	5 620	5 620	平	0

所得税费用总分类账

2006 年		凭证		摘 要	借方	贷方	借或贷	余额
月	日	字	号					
11	30	汇	11	汇总 11 月发生额	5 000	5 000	平	0
11	30			本月发生额及余额	5 000	5 000	平	0

（六）将日记账、明细分类账和总分类账进行核对

会计期末，将现金日记账、银行存款日记账及各种明细账的本期发生额和期末余额，分别与总分类账中有关账户的本期发生额和期末余额进行核对，并编制"总分类账发生额及余额计算平衡表"，进行试算平衡。

总分类账发生额及余额平衡表

会计科目	期初余额		本期发生额		期末余额	
	借方	贷方	借方	贷方	借方	贷方
库存现金	6 000		15 000	18 300	2 700	
银行存款	200 000		60 000	42 000	218 000	
应收账款	4 000		50 000	50 000	4 000	
在途物资			30 000	30 000		
原材料	50 000		30 000	36 400	43 600	
库存商品	20 000		55 750	30 000	45 750	
固定资产	360 000				360 000	
累计折旧		60 000		6 000		66 000
应付账款		5 000	5 000	19 600		19 600
应付职工薪酬			15 000	15 000		
应交税费			7 000	7 000		
实收资本		500 000				500 000
盈余公积		54 000		1 438		55 438
本年利润			60 000	60 000		
利润分配		21 000	1 438	14 380		33 942
生产成本			56 680	55 750	930	
制造费用			10 280	10 280		
主营业务收入			60 000	60 000		
主营业务成本			30 000	30 000		
税金及附加			2 000	2 000		
销售费用			3 000	3 000		
管理费用			5 620	5 620		
所得税费用			5 000	5 000		
合 计	640 000	640 000	501 768	501 768	674 980	674 980

（七）根据总分类账和明细分类账的记录，编制财务会计报告（略）。

本 章 小 结

　　会计核算组织程序是会计系统中凭证组织、账簿组织、记账程序和记账方法有机结合的方式和步骤，是一个系统的会计工作组织程序。本章首先围绕会计核算组织程序的概念，介绍了会计核算组织程序的内涵、分类、重要意义及选用原则，这部分内容是对前面各章对会计核算分割介绍的补充。通过这部分内容的学习，有助于学生对整个会计核算方法系统形成完整的认识。其次，针对我国自20世纪50年代初引进苏联的会计记账程序后，实践中一直采用原始凭证、记账凭证与账簿的组织形式这一实际情况，分别介绍了我国常用的六种会计核算组织程序。介绍中特别突出了由于凭证组织、账簿组织、记账程序和记账方法的不同结合方式，从而形成的不同会计核算组织程序的特点，以便使学生在学习中更好地理解和掌握各种不同的会计核算组织程序。

复习思考题

1. 什么是会计核算组织程序？我国常用的会计核算组织程序包括哪些？
2. 会计核算组织程序的重要意义是什么？
3. 选用会计核算组织程序时，应坚持哪些原则？
4. 记账凭证会计核算组织程序的特点、处理流程、适用范围和优缺点各是什么？
5. 科目汇总表会计核算组织程序的特点、处理流程、适用范围和优缺点各是什么？
6. 汇总记账凭证会计核算组织程序的特点、处理流程、适用范围和优缺点各是什么？
7. 多栏式日记账会计核算组织程序的特点、处理流程、适用范围和优缺点各是什么？
8. 日记总账会计核算组织程序的特点、处理流程、适用范围和优缺点各是什么？
9. 通用日记账会计核算组织程序的特点、处理流程、适用范围和优缺点各是什么？

第十二章　会计规范体系与会计工作组织

学习目的和要求：

1. 熟悉会计规范体系的概念和内容；
2. 了解会计工作组织的意义和原则；
3. 熟悉会计机构的设置和会计人员的职责、权限、任职要求等内容；
4. 掌握会计职业道德的含义和内容；
5. 了解会计档案管理的内容。

第一节　会 计 规 范 体 系

一、会计规范体系概述

（一）会计规范

会计不仅是经济管理的重要组成部分，而且还是管理经济的重要手段。实务中，为了保证会计工作依法有序地进行，确保生成的会计信息相关、可靠，就必须从法律上对会计行为进行规范和约束，这些对会计行为起规范和约束作用的法律规范的总和，就构成会计规范。

会计规范是一个综合概念，其内容范围极为广泛，可以包括一切对会计运行具有影响的规范，这些规范不仅可以直接约束会计的运行，而且还可以约束会计人员的行为和会计内部控制机制等。实际工作中，会计规范是会计人员正确实施会计行为，合理处理会计实务所遵循的行为标准，是指导和约束会计行为向着合法化、合理化、有效化方向发展的路标。一般来说，会计规范具有以下主要特点：

1. 公认性

会计信息是投资者、债权人、社会公众、政府有关部门及组织管理当局进行决策的重要依据，会计规范作为对会计行为进行指导和约束的行为准则，应得到社会的广泛认同，离开了公认的基础，也就无所谓会计规范了。

2. 目标性

会计规范所要调整的主要是会计工作和各方面的经济利益关系及社会利益关系，以维护良好的会计秩序，因而，其取向应该是会计工作所要达到的基本目标，也就是要为建立标准规范、内容真实、反映及时的会计信息管理体系服务。

3. 稳定性与发展性相融合

会计规范一经形成并付诸实施，在一定时期内应保持相对稳定。但是，由于会计工作与一国政治经济环境以及会计理论与实践的密切关系，随着社会政治经济环境和会计理论与实践的发展变化，会计规范必然会发生相应改变，以适应环境的变化和理论发展的需要。稳定性和发展性的有机融合，是会计规范的一大特征。

（二）会计规范体系

各种相互联系、相互制约的会计法规所构成的有机整体，形成一国的会计规范体系。会计规范体系的组成内容，因分类的不同而不同。

（1）根据会计规范内容的表现形式的不同，会计规范体系包括会计法律、会计行政法规、会计地方法规和会计行政规章制度。

（2）根据会计规范内容的适用范围的不同，会计规范体系包括基本会计法规、专项会计法、部门会计法规、综合会计法规和其他法中的会计法规。

（3）根据会计规范内容的性质的不同，会计规范体系包括会计核算法规、会计管理法规、会计组织法规。

（4）根据会计规范作用形式的不同，会计规范体系包括会计法律规范、会计技术规范和会计基础工作规范。

在我国，根据会计规范的法律地位、作用、效力和级次的不同，会计规范体系可分为四个层次。第一层次是会计基本法，即《中华人民共和国会计法》（简称《会计法》）；第二层次是会计行政法规，即《企业财务会计报告条例》；第三层次是会计部门规章，包括《企业会计准则》、《企业会计准则——应用指南》及《会计基础工作规范》等规范性文件；第四层次是各基层单位根据以上会计规范，结合本单位实际情况所制定的内部会计制度。四者之间的有机结合构成了我国完整的会计规范体系。

二、《会计法》

我国第一部《会计法》是 1985 年 1 月 21 日第六届全国人民代表大会常务委员会第九次会议通过，并于同年 5 月 1 日起开始实施的。《会计法》的颁布，改变了中华人民共和国成立以来只有会计制度，没有会计立法的现状，为会计工作依法进行和制定其他会计规范提供了的基本依据，并奠定了其作为会计基本法的法律地位。为了适应改革开放和建立社会主义市场经济体制的客观需要，1993 年 12 月 29 日第八届全国人民代表大会常务委员会第五次会议通过了《关于修改〈中华人民共和国会计法〉的决定》，并对《会计法》进行了第一次修订。1999 年 10 月 31 日第九届全国人民代表大会常务委员会第十二次会议对《会计法》进行了第二次修订，并于 2000 年 7 月 1 日起实施。新修订的《会计法》，对于规范会计行为，保证会计资料的真实完整，充分发挥会计在加强经济管理和财务管理、提高经济效益和维护社会主义市场经济秩序中的作用具有十分重要的意义。

修订后的《会计法》共 7 章 52 条，主要针对会计核算、会计监督、会计机构、会计人员和法律责任等内容做了详细规定，其主要内容包括以下几个方面：

（一）有关立法宗旨和适用范围的规定

修订后的《会计法》明确规定，《会计法》的立法宗旨是为了规范会计行为，保证会计资料真实、完整，加强经济管理和财务管理，提高经济效益，维护社会主义市场经济秩序。

《会计法》适用于国家机关、社会团体、公司、企业、事业单位和其他组织。各单位在进行独立核算，独立记载经济业务，独立办理会计事务时，都必须依照《会计法》的规定进行。根据《会计法》的规定，各单位必须依法设置会记账簿，并保证其真实、完整。

（二）有关会计工作和会计资料责任主体的规定

《会计法》规定，单位负责人对本单位的会计工作和会计资料的真实性、完整性负责。这一规定明确了单位负责人是本单位会计工作和会计资料的责任主体。单位负责人一方面要领导本单位的会计机构、会计人员和其他有关人员认真执行《会计法》，按照国家的有关规定组织好本单位的会计工作，支持本单位会计机构和会计人员依法独立开展会计工作，依法进行会计核算和实行会计监督，并保障会计人员的职权不受侵犯；另一方面还要保证本单位的会计资料不存在弄虚作假的情况，对本单位的会计工作和会计资料的真实性、完整性负责。

（三）有关会计机构、会计人员依法进行会计核算，实行会计监督的规定

《会计法》明确规定，会计机构、会计人员依法进行会计核算，实行会计监督。任何单位或者个人不得以任何方式授意、指使、强令会计机构、会计人员伪造、变造会计凭证、会计账簿和其他会计资料，提供虚假财务会计报告。任何单位或者个人不得对依法履行职责、抵制违反《会计法》规定行为的会计人员进行打击报复。相反，对于认真执行《会计法》，忠于职守，坚持原则，做出显著成绩的会计人员给予精神或者物质奖励。

（四）有关会计工作管理体制和管理权限的规定

《会计法》第7条规定，国务院财政部门主管全国的会计工作，县级以上地方各级人民政府财政部门管理本行政区域内的会计工作。

国家统一的会计制度由国务院财政部门根据《会计法》拟定并公布。国务院有关部门可以依照《会计法》和国家统一的会计制度，制定对会计核算和会计监督有特殊要求的行业实施国家统一的会计制度的具体办法或者补充规定，报国务院财政部门审核批准。中国人民解放军总后勤部可以依照《会计法》和国家统一的会计制度制定军队实施国家统一的会计制度的具体办法，报国务院财政部门备案。

（五）有关会计核算的规定

《会计法》规定各单位必须根据实际发生的经济业务事项进行会计核算，填制会计凭证，登记会计账簿，编制财务会计报告。任何单位不得以虚假的经济业务事项或者资料进行会计核算。应当办理会计手续，进行会计核算的事项包括款项和有价证券的收付，财物的收发、增减和使用，债权债务的发生和结算，资本、基金的增减，收入、支出、费用、成本的计算，财务成果的计算和处理及需要办理会计手续、进行会计核算的其他事项。

根据《会计法》的规定，我国的会计年度自1月1日起至12月31日止。我国的会计核算以人民币为记账本位币，但业务收支以人民币以外的货币为主的单位，可以选定其中一种货币作为记账本位币，但是编报的财务会计报告应当折算为人民币。

《会计法》规定，各单位的会计凭证、会记账簿、账务会计报告和其他会计资料，必须符合国家统一的会计制度的规定。使用电子计算机进行会计核算的，其软件及其生成的会计凭证、会记账簿、财务会计报告和其他会计资料，也必须符合国家统一的会计制度的规定。任何单位和个人不得伪造、变造会计凭证、会记账簿及其他会计资料，不得提供虚假的财务会计报告。财务会计报告应当由单位负责人和主管会计工作的负责人、会计机构负责人（会计主管人员）签名并盖章；设置总会计师的单位，还必须由总会计师签名并盖章。记账凭证必须根据经过审核的原始凭证及有关资料编制。会记账簿的登记，必须以经过审核的会计凭证为依据，并符合有关法律，行政法规和国家统一的会计制度的规定。会记账簿由总账、明细账、日记账和其他辅助性账簿构成，使用电子计算机进行会计核算的单位，其会记账簿的登记、更正，应当符合国家统一的会计制度的规定。

（六）有关公司、企业会计核算的特别规定

公司、企业必须根据实际发生的经济业务事项，按照国家统一会计制度的规定确认、计量和记录，并且在进行会计核算时不得从事会计制度规定的禁止行为，包括公司、企业进行会计核算不得随意改变资产、负债、所有者权益的确认标准或者计量方法，虚列、多列、不列或者少列资产、负债、所有者权益；不得虚列或者隐瞒收入，推迟或者提前确认收入；不得随意改变费用、成本的确认标准或者计量方法，虚列、多列、不列或者少列费用、成本；不得随意调整利润的计算、分配方法，编造虚假利润或者隐瞒利润等。

（七）有关会计监督的规定

《会计法》对单位内部会计监督和外部监督进行了规定。就内部监督而言，《会计法》规定各单位应当建立、健全本单位内部会计监督制度。单位内部会计监督制度应当做到记账人员与经济业务事项和会计事项的审批人员、经办人员、财物保管人员的职责权限应当明确，并相互分离、相互制约；重大对外投资、资产处理、资金调度和其他重要经济业务事项的决策和执行的相互监督、相互制约程序应当明确；财产清查的范围、期限和组织程序应当明确；对会计资料定期进行内部审计的办法和程序应当明确。

除了各单位会计人员对本单位实施的内部监督外，《会计法》还对财政部门对各单位实施的外部监督进行了规范，包括是否依法设置会记账簿；会计凭证、会记账簿、财务会计报告和其他会计资料是否真实、完整；会计核算是否符合《会计法》和国家统一的会计制度的规定；从事会计工作的人员是否具备从业资格等。

此外，《会计法》还对下列内容进行了规范，具体包括单位负责人、会计机构和会计人员的会计监督职责；对会计违法行为的检举；会计师事务所对会计工作的监督；财政、审计、税务等有关行政部门的监督检查职权和实施监督检查应当遵守的原则和要求等。

（八）有关会计机构的设置和会计人员职责的规定

《会计法》对会计机构的设置和会计人员职责、资格条件等事项作出了规定，包括会计机构的设置；会计人员的配备；会计机构内部稽核制度；会计人员的任职资格；会计人员的教育和培训；会计人员工作调动和离职的交接手续等。

（九）有关法律责任的规定

《会计法》对会计机构、单位负责人、会计人员和其他有关人员违反会计核算和会计监督有关规定应承担的法律责任作出了规定。法律责任主要包括行政责任和刑事责任两种。

三、《企业财务会计报告条例》

2000 年 6 月 21 日，国务院以第 287 号国务院令的形式发布了《企业财务会计报告条例》，自 2001 年 1 月 1 日起实施。《企业财务会计报告条例》是在规范我国资本市场信息披露，减少虚假陈述行为的背景下，为了规范企业财务会计报告，保证财务会计报告的真实、完整，根据《会计法》而制定的，为企业尤其是上市公司信息的规范披露提供了技术标准。

《条例》共 6 章 46 条，分别对企业财务报告的含义及一般规定，财务会计报告的构成、编制、对外提供以及有关法律责任等作出了规定。其主要内容包括以下几个方面：

（一）有关立法宗旨和适用范围的规定

《企业财务会计报告条例》明确规定，该条例的发布是为了规范企业财务会计报告，保证财务会计报告的真实、完整。该条例适用于所有编制和对外提供财务会计报告的企业，包括公司。

（二）有关企业财务报告的含义及一般规定

《企业财务会计报告条例》所称的财务会计报告，是指企业对外提供的反映企业某一特定日期财务状况和某一会计期间经营成果、现金流量的文件。有关企业财务报告的一般规定主要包括企业不得编制和对外提供虚假的或者隐瞒重要事实的财务会计报告；企业负责人对本企业财务会计报告的真实性、完整性负责；任何组织或者个人不得授意、指使、强令企业编制和对外提供虚假的或者隐瞒重要事实的财务会计报告；注册会计师、会计师事务所审计企业财务会计报告，应当依照有关法律、行政法规以及注册会计师执业规则的规定进行，并对所出具的审计报告负责。

（三）有关企业财务报告构成的规定

《企业财务会计报告条例》规定，财务会计报告分为年度、半年度、季度和月度财务会计报告。年度、半年度财务会计报告包括会计报表、会计报表附注、财务情况说明书三部分，其中会计报表由资产负债表、利润表、现金流量表及相关附表构成。

（四）有关企业财务报告编制的规定

《企业财务会计报告条例》规定，企业应当于年度终了编报年度财务会计报告。国家统一的会计制度规定企业应当编报半年度、季度和月度财务会计报告的，从其规定。企业应当根据真实的交易、事项以及完整、准确的账簿记录等资料，并按照国家统一的会计制度规定的编制基础、编制依据、编制原则和方法编制财务会计报告，做到内容完整、数字真实、计算准确，不得漏报或者任意取舍。

（五）有关企业财务报告对外提供的规定

《企业财务会计报告条例》规定，企业应当依照法律、行政法规和国家统一的会计制度有关财务会计报告提供期限的规定，及时对外提供财务会计报告。对外提供的财务会计报告应当依次编定页数，加具封面，装订成册，加盖公章。企业依照本条例规定向有关各方提供的财务会计报告，其编制基础、编制依据、编制原则和方法应当一致，不得提供编制基础、编制依据、编制原则和方法不同的财务会计报告。财务会计报告须经注册会计师审计的，企业应当将注册会计师及其会计师事务所出具的审计报告随同财务会计报告一并对外提供。接受企业财务会计报告的组织或者个人，在企业财务会计报告未正式对外披露前，应当对其内容保密。

（六）有关企业财务报告法律责任的规定

《企业财务会计报告条例》对违反本条例规定，尚不构成犯罪的，设定了相应的行政处罚；对于企业编制、对外提供虚假的或者隐瞒重要事实的财务会计报告，或者授意、指使、强令会计机构、会计人员及其他人员编制、对外提供虚假的或者隐瞒重要事实的财务会计报告，或者隐匿、故意销毁依法应当保存的财务会计报告，构成犯罪的，依法追究刑事责任。

四、企业会计准则

2006年2月15日，我国财政部正式发布了新修订的《企业会计准则》。这是我国自1993年实行"两制"、"两则"以来，为了适应市场经济条件下对会计信息需求多元化的需要，适应经济全球化下会计准则国际趋同的世界潮流，落实科学发展观，推进和谐社会建设而发布实施的新会计准则体系。新会计准则体系由1项基本会计准则和38项具体会计准则构成。新会计准则体系的基本框架是以基本准则为指导原则，以存货、固定资产等一般业务准则为主线，兼顾石油天然气、生物资产等特殊行业中的特定业务准则，按照现金流量表、合并财务报表等报告准则进行列报，涵盖了企业绝大部分经济业务的会计处理和相关信息披露，形成适应我国社会主义市场经济发展进程的、能够独立实施和执行的、与国际会计准则趋同的企业会计准则体系。2006 年 10 月 30 日财政部发布了《企业会计准则——应用指南》，对准则正文作了进一步的解释和说明。新会计准则体系从 2007 年 1 月 1 日起首先在上市公司施行，并鼓励其他企业提前执行。在原有准则体系的基础上，财政部于 2014 年除对部分具体准则进行修订外，又颁布了《企业会计准则第 39 号——公允价值计量》等 3 项具体准则，具体准则数量由 38 项增至 41 项，并对基本会计准则进行修订。新会计准则体系的结构如图 12-1 所示。

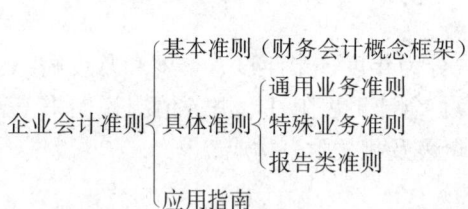

企业会计准则 ｛ 基本准则（财务会计概念框架）／具体准则｛通用业务准则／特殊业务准则／报告类准则｝／应用指南

图 12-1　新会计准则体系的结构

（一）基本准则

在我国，基本准则充当国际会计准则及其他准则体系中概念框架的作用，一方面它是"准则的准则"，指导具体会计准则的制订；另一方面当出现新的业务，具体会计准则暂未涵盖时，应当按照基本准则所确立的原则进行会计处理。

基本准则共 11 章 50 条，对整个准则体系的目的、适用范围、财务会计报告目标、会计假设、会计信息质量要求、会计要素的确认与计量以及财务会计报告的总体要求等内容作了规定。基本准则的主要内容包括以下几个方面：

1. 总则部分的一般规定

该部分对基本准则制定依据、适用范围、财务会计报告目标、会计假设等内容作出了规定，明确了基本准则的制订目的是为了规范企业会计确认、计量和报告行为，保证会计信息质量。

2. 有关会计信息质量要求的规定

会计信息质量要求，是会计核算应遵循的基本原则，包括客观性原则、相关性原则、可比性原则、及时性原则、明晰性原则、稳健性原则、重要性原则和实质重于形式原则，这八条原则从不同的方面对会计核算提出了要求。

3. 有关会计要素确认、计量、报告的规定

该部分明确了我国的会计要素分为资产、负债、所有者权益，收入、费用、利润等六大会计要素，并对会计核算中各会计要素的确认、计量和报告应遵循的基本要求作了规定。

4. 有关财务会计报告基本要求的规定

该部分对财务会计报告的含义、构成和编报的总体要求作了规定，明确财务会计报告包括财务报表及其附注和其他应当在财务会计报告中披露的相关信息和资料。会计报表至少应当包括资产负债表、利润表、现金流量表等报表及其附注。

（二）具体准则

具体准则以基本准则为依据，有针对性对各会计要素项目的确认、计量和报告作了具体规定，并提出了具体要求。2006 年 2 月 15 日财政部发布的新会计准则体系规定了 38 项具体准则，分别是《企业会计准则——基本准则》、《企业会计准则第 1 号——存货》、《企业会计准则第 2 号——长期股权投资》、《企业会计准则第 3 号——投资性房地产》、《企业会计准则第 4 号——固定资产》、《企业会计准则第 5 号——生物资产》、《企业会计准则第 6 号——无形资产》、《企业会计准则第 7 号——非货币性资产交换》、《企业会计准则第 8 号——资产减值》、《企业会计准则第 9 号——职工薪酬》、《企业会计准则第 10 号——企业年金基金》、

《企业会计准则第 11 号——股份支付》、《企业会计准则第 12 号——债务重组》、《企业会计准则第 13 号——或有事项》、《企业会计准则第 14 号——收入》、《企业会计准则第 15 号——建造合同》、《企业会计准则第 16 号——政府补助》、《企业会计准则第 17 号——借款费用》、《企业会计准则第 18 号——所得税》、《企业会计准则第 19 号——外币折算》、《企业会计准则第 20 号——企业合并》、《企业会计准则第 21 号——租赁》、《企业会计准则第 22 号——金融工具确认和计量》、《企业会计准则第 23 号——金融资产转移》、《企业会计准则第 24 号——套期保值》、《企业会计准则第 25 号——原保险合同》、《企业会计准则第 26 号——再保险合同》、《企业会计准则第 27 号——石油天然气开采》、《企业会计准则第 28 号——会计政策、会计估计变更和差错更正》、《企业会计准则第 29 号——资产负债表日后事项》、《企业会计准则第 30 号——财务报表列报》、《企业会计准则第 31 号——现金流量表》、《企业会计准则第 32 号——中期财务报告》、《企业会计准则第 33 号——合并财务报表》、《企业会计准则第 34 号——每股收益》、《企业会计准则第 35 号——分部报告》、《企业会计准则第 36 号——关联方披露》、《企业会计准则第 37 号——金融工具列报》、《企业会计准则第 38 号——首次采用企业会计准则》。2014 年新发布了《企业会计准则第 39 号——公允价值计量》、《企业会计准则第 40 号——合营安排》、《企业会计准则第 41 号——在其他主体中权益的披露》等 3 项准则，并对 2 号、9 号、30 号、33 号和 37 号具体准则进行了修订。

（三）应用指南

2006 年 10 月 30 日财政部发布了《企业会计准则——应用指南》，自 2007 年 1 月 1 日起在上市公司范围内施行，鼓励其他企业执行。《企业会计准则——应用指南》由两部分组成，第一部分为会计准则解释，第二部分为会计科目和主要账务处理。会计准则解释主要针对具体准则中的重点、难点和关键性问题作出了解释性规定，详细讲述了各准则的具体操作方法。会计科目和主要账务处理，主要根据具体准则中涉及确认和计量的要求，规定了 162 个会计科目及其主要账务处理，基本涵盖了所有企业的各类交易或事项。《企业会计准则——应用指南》是对《企业会计准则》的进一步解释、说明，具有很强的可操作性，对于加强会计信息的关联性，提高会计信息的可比性，增强会计信息的真实性，以及全面贯彻新《企业会计准则》具有重要的指导作用。

五、会计基础工作规范

会计基础工作规范，是指从事会计职业的人们在长期的共同交往和会计工作中逐步形成的，并以某种习惯和传统等形式固定下来的会计行为准则，凭借社会评价与个人评价机制对会计行为发挥作用，是一种他律与自律相结合的会计规范。

目前已颁布实施的会计基础工作规范，主要包括《会计基础工作规范》、《会计档案管理办法》、《会计专业职务试行条例》等规范性文件。

第二节　会计工作组织概述

一、会计工作组织的意义

会计工作组织有广义和狭义之分。从广义上讲，会计工作组织是指一切与组织会计工作有关的事情的总和；从狭义上讲，会计工作组织是指会计机构的设置、会计人员的配备与教育、会计规范的制定与执行以及会计档案的保管等工作的总和。科学地组织会计工作，对于实现财务会计报告目标，充分发挥会计在经济管理中的作用具有重要意义。

（一）有利于保证会计工作质量，提高会计工作效率

会计是通过严密的手续和科学的程序，从填制和审核会计凭证开始到设置和登记账簿，再到编制财务会计报告，连续、系统、全面地反映和监督各单位经济活动和财务收支，从而为财务会计报告使用者提供与企业财务状况、经营成果和现金流量等有关的会计信息，反映企业管理层受托责任履行情况，有助于财务会计报告使用者作出决策的经济管理活动过程。在这一过程中，有关会计数据的输入、加工、传递和输出在各个程序和各种手续之间存在密切的联系，任何一个环节出现差错，都会造成会计信息不准确，从而影响整个会计核算工作的质量和效率。科学地组织会计工作，可以最大限度地避免各种错误或程序脱节现象发生，确保会计信息生产过程有条不紊地进行，有利于保证会计核算工作质量，提高会计工作效率。

（二）有利于会计工作与其他经济管理工作相互协调、相互配合，从而提高单位的整体管理水平

会计工作是一项综合性很强的经济管理工作，既有相对独立性，又同其他管理工作存在相互制约、相互促进的关系。科学地组织会计工作，使会计工作同其他经济管理工作在加强科学管理、提高效益的共同目标下，相互协调、相互促进、密切配合，有助于放大生产力系统，提高单位的整体管理水平。

（三）有利于会计法规、制度的执行，从而维护相关者的经济利益和社会主义市场经济秩序

会计工作是一项涉及面很广、政策性强的工作。一方面，表面上看会计工作只是对本单位的经济活动进行反映和监督，实际上会计处理的交易或事项所涉及的经济利益关系已超出本单位的范围，直接或间接地影响到其他有关各方的利益。另一方面，会计工作的开展是在国家的政策、法令等制度环境下进行，任何单位和个人都必须依法从事会计工作，否则将会受到法律的制裁。只有科学地组织会计工作，才能从组织上保证国家的有关政策、法令和制度得到有效地贯彻执行，从而维护国家、投资者、债权人等各方的经济权益和社会主义市场经济秩序。

二、会计工作组织的原则

科学地组织会计工作，应坚持以下基本原则：

（一）统一性原则

各单位必须遵照国家有关的法律、法规和统一会计核算制度的要求，设置会计机构，配备会计人员，组织好本单位的会计工作。

（二）个性原则

企业可在不违背国家有关法律、法规和统一会计核算制度的前提下，结合本单位的生产经营特点和管理要求，因地制宜地组织本单位的会计工作，制定适合本企业特点的会计核算办法。

（三）协调原则

会计工作是一项综合性很强的经济管理工作，因此在会计工作组织中，必须坚持协调原则，保证会计工作与其他经济管理工作协调运行。会计工作只有与其他经济管理工作紧密配合，才能完成对经济活动的有效反映和监督，从而有效地完成财务会计报告的目标。如实际

工作中应做好会计工作与统计工作之间密切配合，有关指标的口径、凭证与账簿的设置应尽可能协调一致，实现资源共享，避免各搞一套、重复劳动。

（四）成本效益原则

会计工作是有成本的，企业在组织会计工作时，应坚持成本效益原则。在保证会计信息质量和确保会计任务完成的前提下，企业应合理设置会计机构和配备会计人员，并建立有效的会计工作程序和办事规则，防止机构重叠、重复劳动和不必要的工作程序和手续，以提高会计工作的效益。

三、会计工作的组织形式

企业会计工作的组织形式，按照部门之间会计工作分工方式的不同，可分为集中核算和非集中核算两种；按照企业与所属内部机构之间管理体制的不同，又可分为独立核算和非独立核算两种。

（一）集中核算和非集中核算

1. 集中核算

集中核算，是指企业的主要会计工作都集中于厂级会计部门，总分类核算、明细分类核算以及财务会计报告的编制等工作都由厂级会计部门集中办理的一种会计工作组织形式。在该组织形式下，企业内部各业务部门，包括生产车间、班组等一般不进行单独核算，只对其发生的经济业务办理原始凭证和某些原始凭证的汇总工作，并定期将其送交厂级会计部门。实行集中核算，厂级会计部门可以掌握比较完整的核算资料，有利于全面了解企业的经营情况，同时减少了核算级次，又可以节约核算成本。但集中核算不利于企业内部各部门、各单位及时了解本部门、本单位的经济业务情况。集中核算会计工作组织方式通常适用于中、小企业。

2. 非集中核算

非集中核算，又称分散核算，是指企业内部各业务部门对本部门所发生的经济业务直接进行较全面的会计核算，厂级会计部门对所属的各级会计工作实行监督和指导，负责汇总各分散核算部门的会计报表，并进行整个企业财务决算的一种会计工作组织形式。实行非集中核算会计组织方式，有利于推行内部经济核算，便于内部各单位及时利用会计核算资料对经济活动进行分析和考核。但这种会计组织方式的核算工作量大，同时对企业会计部门集中掌握和监督内部各部门的经济活动情况有一定的影响。非集中核算会计工作组织适用于大、中型企业和内部单位比较分散的企业。

（二）独立核算和非独立核算

1. 独立核算

独立核算，是指具有一定数额的资本金和独立经营权的法人单位或非法人单位，对本单位的生产经营活动进行全面、系统的会计核算的一种会计工作组织形式。作为独立核算的单位，根据其内部部门之间会计工作分工方式的不同，可以采用集中核算，也可以采用非集中核算的会计工作组织方式。

2. 非独立核算

非独立核算单位，通常是具有一定的经济管理权，计算盈亏，对内报送会计报表，但不具有独立的资本金，不单独开立银行账户的企、事业单位所属的部门或下属单位。非独立核算单位具体又分为半独立核算单位和报账单位，这些单位没有完整的账簿组织，一般只办理原始凭证的填制、整理和汇总，以及原材料、库存商品等实物账、卡的登记，不能自负盈亏，不单独编制会计报表。

第三节 会 计 机 构

一、会计机构的设置

会计机构是由会计人员组成的，直接从事和组织领导会计工作的职能部门。建立健全会计机构，是加强会计工作，保证各单位会计工作顺利进行的前提条件。

《会计法》第 36 条规定，各单位应当根据会计业务的需要，设置会计机构，或者在有关机构中设置会计人员并指定会计主管人员；不具备设置条件的，应当委托经批准设立从事会计代理记账业务的中介机构代理记账。根据这一规定，设置会计机构的单位，必须配备会计机构负责人；在有关机构中配备专职会计人员的单位，应当在专职会计人员中指定会计主管人员；会计机构负责人、会计主管人员的任免，应当符合《会计法》和有关法律、法规的规定。

各单位要合理组织本单位的会计工作，就必须设置相应的会计机构。由于会计工作和财务工作都是综合性经济管理工作，并且相互之间存在非常密切的关系，所以，在实际工作中通常将两者合在一起，设置一个财务会计机构，统一办理会计工作和财务工作，这种机构设置的模式通常称为"财会合一"模式。

（一）业务主管部门的会计机构

国务院和地方各级业务主管部门一般都应设置相应的会计机构，通常称为财务会计司、处、科等，这些会计机构主要任务是负责组织、领导和监督所属单位的会计工作；根据国家的统一规定和要求，制定适用于本行业的统一会计制度；检查和指导所属单位的会计工作，并帮助解决工作中存在的问题等。

（二）基层单位的会计机构

基层单位的会计机构一般称为财务处、科、股、室等，在单位负责人领导下开展会计工作。设置了总会计师的单位，其会计机构由总会计师直接领导，同时接受上级财务会计部门的业务指导和监督。

会计机构是一个综合性的经济管理部门，与单位内部其他职能部门和生产经营业务单位之间存在十分密切的工作联系，会计机构应主动为各职能部门和生产经营业务单位服务，与其密切配合，共同做好本单位的会计工作。同时，会计机构应主动接受上级主管部门、国家财政、税务、审计、监察、纪检等部门的指导和监督，并按规定报送财务会计报告。

二、会计工作岗位责任制

会计工作岗位责任制，是指在会计机构内部按照会计工作的内容和会计人员的配备情况，将会计机构的工作划分为若干个岗位，按岗位规定职责并进行考核的责任制度。

会计工作岗位一般包括会计主管、稽核、总账报表、资金核算、财产物资核算、往来结算、工资核算、收入利润核算、成本费用核算、出纳、会计档案保管等。我国大中型企业的会计机构一般设置以下会计工作岗位，每个岗位的职责和要求如下：

（一）综合核算

负责总账的登记，并与有关的日记账和明细账相核对；进行总账余额的试算平衡，编制资产负债表，并与其他会计报表进行核对；保管会计档案，进行企业财务情况的综合分析，编写财务情况说明书；进行财务预测，制定或参与制定财务计划，参与企业生产经营决策。

（二）财务核算

负责货币资金的出纳、保管和日记账的登记；审核货币资金的收付款凭证；办理企业与供应、购买等单位之间的往来结算；监督企业贯彻执行国家现金管理制度、结算制度和信贷制度的情况；分析货币资金收支计划和银行借款计划的执行情况，制定或参与货币资金收支和银行借款计划。

（三）工资核算

负责计算职工的各种工资和奖金；办理职工工资结算，并进行有关的明细核算，分析工资总额计划的执行情况，控制工资总额支出；参与制定工资总额计划。在各车间、部门的工资员分散计算和发放工资的组织方式下，还应协助企业劳动工资部门指导和监督各车间、部门的工资计算和发放工作。

（四）固定资产核算

负责审核固定资产构建、调拨、内部转移、租赁、清理的凭证；进行固定资产的明细核算；参与固定资产清查；编制有关固定资产增减变动的报表；分析固定资产和固定资金的使用效果；参与制定固定资产重置、更新和修理计划；指导和监督固定资产管理部门和使用部门的固定资产核算工作。

（五）材料核算

负责审核材料采购发票、账单等结算凭证，并进行材料的明细核算；参与原材料清查；分析采购资金使用情况、采购成本超支、节约情况和储备资金占用情况，参与制定材料采购成本和材料资金占用；参与制定材料采购资金计划和材料计划成本；指导和监督供应部门、仓库和车间等部门的材料核算情况。

（六）成本核算

会同有关部门建立健全各项原始记录、消耗定额和计量检验制度；改进成本管理的基础工作；负责审核各项费用开支；参与自制半成品和产成品的清查；核算产品成本，编制成本报表；分析成本计划执行情况；控制产品成本和生产资金占用；进行成本预测，制定成本计划，配合成本归口分级管理将成本指标分解、落实到各部门、车间、班组；指导、监督和组织各部门、车间、班组的成本核算和厂内经济核算工作。

（七）销售和利润核算

负责审核库存商品的收发、销售和营业收支凭证；参与库存商品清查；进行库存商品、销售和利润的明细核算；计算应交税金，进行利润分配，编制利润表；分析成品资金占用情况，销售收入、利润及其分配计划的执行情况；参与市场预测，制定或参与制定销售和利润计划。

（八）资金核算

负责资金的筹集、使用、调度；随时了解、掌握资金市场动态，为企业筹集生产经营所需的资金，不断降低资金成本，提高资金使用的经济效益；负责编制财务状况变动表或现金流量表。

三、内部会计管理制度

为了做好会计工作，保证会计工作的质量，各基层单位的会计机构应建立一套完整的内部会计管理制度，具体包括会计人员岗位责任制度；账务处理程序制度；内部牵制制度；稽核制度；原始记录管理制度；定额管理制度；计量验收制度；财产清查制度；财务收支审批制度；成本核算制度；财务分析制度等。

第四节 会 计 人 员

为了充分发挥会计的职能作用，实现会计的目标，各单位必须从实际情况出发，根据《会计法》及其他有关法律、法规的规定，配备一定数量的符合会计工作岗位要求的会计人员，这是做好会计工作的先决条件之一。所谓会计人员，是指专门从事会计工作的人员，包括会计机构负责人、会计主管人员和其他专门从事具体会计工作的人员。

一、会计从业资格

2005年1月22日财政部发布了《会计从业资格管理办法》，从2005年3月1日起施行。该办法规定在国家机关、社会团体、公司、企业、事业单位和其他组织从事下列会计工作的人员必须取得会计从业资格。

（一）会计机构负责人（会计主管人员）

（二）出纳

（三）稽核

（四）资本、基金核算

（五）收入、支出、债权债务核算

（六）工资、成本费用、财务成果核算

（七）财产物资的收发、增减核算

（八）总账

（九）财务会计报告编制

（十）会计机构内会计档案管理

不具备会计从业资格的人员，不得从事会计工作。对于会计从业资格，国家实行考试制度。申请参加会计从业资格考试的人员，除了应当遵守会计和其他财经法律、法规，具备良好的道德品质，具备会计专业基础知识和技能外，还必须参加会计从业资格考试，依法取得会计从业资格证书。

二、会计人员的职责和权限

1. 会计人员的职责

根据《会计法》的规定，会计人员的职责主要包括以下几个方面：

（1）进行会计核算。进行会计核算是会计人员最基本的职责，会计人员应做好日常的会计核算工作，及时提供反映会计主体财务状况、经营成果和现金流量情况的会计信息，以满足会计信息使用者的决策需要。

（2）实行会计监督。本单位的会计机构、会计人员对本单位的实行会计监督。会计人员对于不真实、不合法的原始凭证，可不予受理；对于记载不准确、不完整的原始凭证，可予以退回或要求更正补充；发现账簿记录与实物、款项不符时，应当按照有关规定进行处理；对于违法收支可不予办理；无权自行处理的，应当立即向本单位行政领导报告，查明原因并作出相应处理。

（3）拟定本单位办理会计事务的具体办法。会计人员应根据国家有关法律、法规的规定，结合本单位的实际情况，制定符合本单位需要的会计工作程序和方法，以满足本单位处理经济业务的需要。

（4）参与拟订本单位的经济计划、业务计划，考核、分析预算、财务计划的执行情况。会计人员应充分利用自己的工作和专业优势，积极参与本单位各项计划的制订和执行情况的考核、分析，最大限度地为增收节支、减少浪费和提高本单位经济效益服务。

（5）办理其他会计事项等。

2. 会计人员的工作权限

为了保障会计人员切实履行职责，国家对会计人员赋予了相应的工作权限，主要包括以下几个方面：

（1）会计人员有权要求本单位有关部门、人员认真执行国家批准的计划、预算，督促本单位有关部门严格遵守国家财经纪律和财务会计制度；如果本单位有关部门有违反国家财经法规的情况，会计人员有权拒绝付款、报销和执行，并及时向本单位领导或上级有关部门报告。

（2）会计人员有权参与本单位计划预算的编制、定额的制订、对外签订经济合同，参加有关的生产、经营管理会议和业务会议，并根据企业的生产经营情况提出自己的建议。

（3）会计人员有权对本单位各部门进行会计监督，即会计人员有权监督、检查本单位有关部门的财务收支、资金使用和财产保管、收发、计量、检验等情况。本单位有关部门应如实提供有关资料，并协助会计人员的工作。

三、会计人员的任职要求

（一）从事会计工作人员的任职要求

（1）会计人员必须取得会计从业资格，持有会计人员从业资格证书。未取得从业资格证书的人员，不得从事会计工作。

（2）会计人员应当具备必要的专业知识和专业技能，熟悉国家有关法律、法规、规章和国家统一会计制度，遵守职业道德。

（二）会计机构负责人、会计主管人员的任职要求

（1）能坚持原则，廉洁奉公。

（2）除取得会计从业资格证书外，还应当具备会计师以上专业技术职务资格或者有三年以上从事会计工作的经历。

（3）熟悉国家财经法律、法规、规章和方针政策，掌握本行业管理的有关知识。

（4）有较强的工作能力。

（三）总会计师的任职要求

总会计师是单位的行政领导成员，直接对本单位的主要行政领导人负责。总会计师应具备以下任职要求：

（1）坚持原则，有较强的组织领导能力。

（2）熟悉本单位和国内外同行业的生产、技术和经营情况，在企业管理、财政金融、经济核算、财务会计和审计等方面具有扎实的专业知识。

（3）具备会计师以上专业技术职务，且取得会计师任职资格后，主管一个单位或单位内一个重要方面的财务会计工作时间不少于3年。

四、会计职业道德

（一）会计职业道德的含义及特征

会计职业道德，是指在会计职业活动中所应遵循的具有会计职业自身特征的道德原则和规范的总和，它是会计人员在会计活动中用来辨别是非的最基本的规则和原则，也是调整会计职业活动利益关系的重要手段。会计职业具有广泛的社会影响性，这一职业特性要求会计人员在会计工作中应当恪守会计职业道德，树立良好的职业品质和严谨的工作作风，严守职业纪律，不断提高专业胜任能力，为单位提供优质的会计服务。会计职业道德具有以下特征：

1. 会计职业道德具有相对稳定性

会计职业道德是会计人员在会计工作中用来辨别是非的最基本的规则和原则，这些规则和原则的形成具有广泛的历史继承性和客观规律性，一经提炼形成，将会对会计人员的行为产生较为长久的影响，在不断改革的历史进程中，保持自己的相对独立性。

2. 会计职业道德具有广泛的社会性

会计职业道德的社会性取决于会计职业本身的社会性。由于财务会计承担着向投资者、债权人、政府有关部门、社会公众以及企业管理当局本身提供决策有用会计信息的重要使命，由此决定了作为会计信息生产者的会计人员所承担的社会责任和会计职业道德本身的社会性。

3. 会计职业道德具有较高程度的强制性

一般职业道德侧重于人们内心信念和行为动机的调整，鼓励人们坚持职业操守，树立良好的职业品质，且通常只对最低限度的要求赋予强制性。与一般职业道德不同的是，我国《会计法》、《注册会计师法》等法律、法规都对会计职业道德的内容和要求作了规定，从而赋予了会计职业道德较高程度的强制性。

（二）会计职业道德的内容

根据我国有关会计法律、法规的规定，会计人员的职业道德具体包括以下内容：

（1）会计人员应当热爱本职工作，努力钻研业务，使自己的知识和技能适应所从事工作的要求。

（2）会计人员应当熟悉财经法律、法规、规章和国家统一会计制度，并结合会计工作进行广泛宣传。

（3）会计人员应当按照会计法律、法规和国家统一会计制度规定的程序和要求进行会计工作，保证所提供的会计信息合法、真实、准确、及时、完整。

（4）会计人员办理会计事务应当实事求是、客观公正。

（5）会计人员应当熟悉本单位的生产经营和业务管理情况，运用掌握的会计信息和会计方法，为改善单位内部管理、提高经济效益服务。

（6）会计人员应当保守本单位的商业秘密，除法律规定和单位领导人同意外，不能私自向外界提供或者泄露本单位的会计信息。

（7）财政部门、业务主管部门和各单位应当定期检查会计人员遵守职业道德的情况，并作为会计人员晋升、晋级、聘任专业职务、表彰奖励的重要考核依据。

会计人员违反职业道德的，应由所在单位给予相应处罚；情节严重的，由财政部门吊销其会计人员从业资格证书。

五、会计人员的培训与教育

财政部 1998 年发布的《会计人员继续教育暂行规定》和 2005 年发布的《会计从业资格管理办法》等部门规章都对会计人员的继续教育问题作了具体规定。根据规定，会计人员每年必须参加继续教育培训，以不断更新知识，适应工作需要。其中，《会计人员继续教育暂行规定》对继续教育的对象、层次、内容、形式、时间、检查与考核等内容作了具体规定；《会计从业资格管理办法》将会计人员是否完成规定的继续教育内容和学时情况作为会计从业资格证书年检的基本条件之一，从会计从业管理的角度对会计人员的培训与教育提出了要求。

第五节 会计档案管理

会计档案，是指会计凭证、会记账簿和会计报表等会计核算专业材料，它是记录和反映经济业务的重要史料和证据。会计档案是会计事项的历史记录，是进行会计监督、经验总结和作出预测、决策的重要资料。各单位必须加强会计档案管理，建立和健全会计档案的立卷、归档、保管、调阅和销毁等管理制度，认真做好会计档案管理工作。

一、会计档案的内容

会计档案包括四个大类，分别是会计凭证类、会记账簿类、财务会计报告类、其他会计核算及相关资料类。

（1）会计凭证类，包括原始凭证、原始凭证汇总表、记账凭证、各种汇总凭证及其他会计凭证等。

（2）会记账簿类，包括总分类账、明细分类账、日记账、固定资产卡片、辅助类账簿及其他会计账簿等。

（3）财务会计报告类，包括月度、季度、年度财务会计报告和其他财务会计报告。其中，财务会计报告由会计报表、附表、附注及文字说明等构成。

（4）其他类，包括银行存款余额调节表、银行对账单、会计档案移交清册、会计档案保管清册及其他应当保存的会计核算资料等。

二、会计档案的归档保管和借阅使用

（一）会计档案的归档保管

会计档案应由会计机构按照归档要求，整理立卷，装订成册并编制会计档案保管清册，妥善归档保管。会计档案的归档保管的具体内容包括以下几个方面：

（1）会计档案管理人员负责全部会计档案的整理、立卷、保管等一系列工作。

（2）当年的会计档案在会计年度终了后，可暂由财务会计部门保管一年，期满后归入档案，并由专人保管。

（3）会计机构变动或会计档案管理人员调动时，应办理交接手续，由原管理人员编制会计档案移交清册，并将全部案卷逐一清点移交，接管人员逐一清点接收。

（二）会计档案的调阅使用

会计档案是企业重要的业务历史资料，企业应妥善保管。保管期间，有关部门或机构需调阅使用的，应按规定办理有关手续。会计档案调阅使用具体包括以下内容：

（1）财务会计部门应建立会计档案清册和调阅登记清册。

（2）凡需调阅会计档案的，须经财务负责人或单位领导人批准，在办理了有关调阅手续后，方可调阅使用。

（3）调阅会计档案的，不得在案卷中标画，不得拆散原卷册，不得抽换有关内容。

（4）调阅会计档案的，不得将会计档案携带出外；特殊情况需要将会计档案携带出外的，须经单位领导人批准。需要复制会计档案的，须经财务负责人或单位领导人批准后方可复制。

三、会计档案的保管期限

财政部和国家档案局 1998 年联合发布了《会计档案管理办法》，该办法自 1999 年 1 月 1 日起施行。根据该办法的规定，会计档案的保管期限，根据其特点分为永久、定期两类。年度财务会计报告（决算）、会计档案保管清册、会计档案销毁清册为永久保管会计档案；其他为定期保管会计档案。定期保管期限分为 3 年、5 年、10 年、15 年、25 年 5 种，见表 12-1。

表 12-1　　　　　　　　　　　　会计档案定期保管期限表

序号	档案名称	保管期限	备注
一	会计凭证类		
1	原始凭证	15 年	
2	记账凭证	15 年	
3	汇总记账凭证	15 年	
二	会计账簿类		
1	总分类账	15 年	包括日记总账
2	明细分类账	15 年	
3	日记账	15 年	现金日记账和银行存款日记账保管 25 年
4	固定资产卡片		固定资产清理后保管 5 年
5	辅助类账簿	15 年	
三	财务会计报告类		
1	月度、季度财务报告	3 年	
四	其他类		
1	会计移交清册	15 年	
2	银行存款余额调节表	5 年	
3	银行对账单	5 年	

如银行存款余额调节表保存 5 年，月份、季度会计报表保存 3 年，企业的原始凭证、记账凭证和汇总凭证及总账、明细账保存 15 年，现金和银行存款日记账保存 25 年。会计档案的保管期限，从会计年度终了后的第一天算起。

四、会计档案的销毁

会计档案保管期满后，需要销毁的，可按一定的程序进行销毁。但保管期满尚未结清的债权债务原始凭证和涉及其他未了事项的原始凭证不得销毁，应当单独抽出立卷，并保管至未了事项完结为止。

会计档案的销毁必须严格执行有关会计档案保管的规定，任何人不得随意销毁。在按规定销毁会计档案时，必须开列销毁清单，报经批准后，由档案部门、财会部门、审计部门共同派人监销，各级主管部门销毁会计档案时还应有同级财政部门、审计部门派人参加监销。各级主管部门销毁会计档案时，还应由同级财政部门、审计部门派人参加监销。各级财政部门销毁会计档案时，应由同级审计部门派人参加监销。

监销人在会计档案销毁前，应当认真进行清点核对；销毁后，应在销毁清册上签名盖章，并将监销情况向本单位领导人报告。

本 章 小 结

本章主要介绍了会计规范体系和会计工作组织的有关内容。首先从会计规范的概念入手，介绍了会计规范体系的构成及我国会计规范体系的具体内容，这些规范构成了我国会计工作的直接法律依据，掌握这部分内容对于依法进行会计反映和监督具有十分重要的作用。接下来对会计工作组织的具体内容，包括会计机构的设置、会计人员及其职业道德等内容进行了介绍。通过这部分内容的学习，使学生对日常会计工作组织有一个完整的了解，并且从认知的角度掌握会计职业道德的含义及其要求。最后介绍了会计档案管理的有关内容，使学生明白会计档案是单位重要的历史资料，必须进行妥善管理。

复习思考题

1. 什么是会计规范？会计规范具有哪些特点？
2. 什么是会计规范体系，会计规范体系由哪些内容构成？具体内容是什么？
3. 什么是会计工作组织？会计工作组织的原则包括哪些？
4. 如何设置会计机构？会计机构的主要职责是什么？
5. 会计工作的组织形式包括哪些？
6. 什么是会计从业资格？会计人员如何才能取得会计从业资格？
7. 会计人员的职责和权限包括哪些？
8. 什么是会计职业道德？会计职业道德包括哪些基本内容？
9. 会计档案管理包括哪些内容？

第十三章　内部会计控制

学习目的和要求：

1. 了解内部控制概念的演变和发展；
2. 熟悉内部控制的目标、原则、方法和局限性；
3. 掌握内部会计控制的概念、目标、内容和方法；
4. 掌握内部会计控制系统设计的原则、程序和方法。

第一节　内部控制基本理论

一、内部控制的概念

（一）内部控制概念的演变和发展

对内部控制的认识，经历了一个逐渐的发展过程，这一过程大致可以分为内部牵制、内部控制制度、内部控制结构和内部控制整体框架四个阶段。

1. 内部牵制阶段（20 世纪 40 年代前）

内部控制思想早已存在，其最初的形式是内部牵制。早在公元前 3600 年的美索不达米亚文化的记载中，就可以找到内部牵制的踪迹。在当时极为粗糙的财务管理活动中，记录人员要核对付款清单，并在付款清单上标上点、钩、圈等微小的标记，表明检查账目的工作已经完成。这表明简单的内部牵制措施已经出现在原始的会计实践中，但这个时期的内部牵制还是人们凭经验进行的最简单最粗糙的内部牵制活动。随着社会生产的发展和技术的进步，人们开始在生产和管理实践中自觉地运用内部牵制，产生了以记账人员和保管人员职责相分离为基础的复式簿记系统，伴随着借贷记账法的出现，人们开始对管理钱、财、物的岗位进行分离，分别由不同的人员进行担任，并利用其勾稽关系进行交互核对。伴随着人们对内部牵制重要性认识的不断提高，以职务分离和交互核对为主要手段的内部牵制机制在组织控制中得到了越来越多的应用。

根据《柯氏会计辞典》的解释，"内部牵制是指以提供有效的组织和经营，并防止错误和其他非法业务发生的业务流程设计"。内部牵制机制的建立基于以下两个基本假设：一是两个或两个以上的人或部门无意识地犯同样错误的机会是很小的；二是两个或两个以上的人或部门有意识地合伙舞弊的可能性大大低于单独一个人或部门舞弊的可能性。以该基本假设为基础建立的内部牵制机制，其主要特征表现为以任何个人或部门不能单独控制任何一项或一部分业务权力的方式进行责任分工，每项业务通过正常发挥其他个人或部门的功能进行交叉检查或交叉控制。实务中，通过设计有效的内部牵制机制，使组织的各项业务活动完整、恰当地经过规定的处理程序，可以有效地防止和减少错误和舞弊的发生，因此，在现代内部控制理论中，内部牵制仍占有重要的地位，它是现代内部控制理论中组织机构控制和职务分离控制的基础。

2. 内部控制制度阶段（20 世纪 40 至 70 年代）

20 世纪 40 年代，由于经济业务的扩大和降低外部审计成本的需要，社会审计完成了从以详细审计为主的账项基础审计向以抽样审计为主的制度基础审计的转变。制度基础审计基于这样一个假设：一个组织如果建立了良好的内部控制，其业务处理的正确性高，出现错误或者舞弊的可能性小；反之，其业务处理的正确性低，出现错误或者舞弊的可能性大。这个时期，以美国社会审计为代表制度基础审计，其测试的范围愈来愈依赖于内部控制的可靠程度，根据控制测试的结果确定实质性测试的范围、性质和时间。正是基于审计测试的需要，推动了内部控制制度的发展。

"内部控制"一词，最早出现在 1936 年美国注册会计师协会发布的《独立公共会计师对会计报表的审查》文告中。1949 年，美国会计师协会的审计程序委员会在《内部控制，一种协调制度要素及其对管理当局和独立注册会计师的重要性》的报告中，首次对内部控制作出了权威性定义："内部控制包括组织机构的设计和企业内部采取的所有相互协调的方法和措施。这些方法和措施目的在于保护企业的财产，检查会计数据的准确性，提高经营效率，促进企业执行既定的管理政策"。这是民间组织第一次正式公布内部控制的定义，该定义为人们理解内部控制作出了重要的贡献。由于上述定义过于宽泛，1958 年 10 月该委员会发布的《审计程序公告第 29 号》对内部控制的定义进行了重新表述，将内部控制划分为内部会计控制和内部管理控制。内部会计控制包括组织规划的所有方法和程序，这些方法和程序与财产安全和财物记录可靠性有直接的联系，包括授权与批准制度、从事财务记录和审核与从事经营或财产保管职务分离的控制、财产的实物控制和内部审计等。内部管理控制包括组织规划的所有方法和程序，这些方法和程序主要与经营效率和贯彻管理方针有关，通常只与财务记录有间接关系，包括业绩报告、员工培训计划和质量控制等。

这一时期内部控制的主要发展是在内部牵制的基础上逐步形成了内部控制的思想，并将内部控制区分为内部会计控制和内部管理控制，前者的目的在于保护企业资产，检查会计数据的准确性和可靠性；后者的目的在于提高经营效率，促使有关人员遵守既定的管理方针。这种划分主要是为了界定注册会计师的审计责任的需要，即注册会计师只负责检查内部会计控制，包括与财产安全和会计信息可靠性相关的授权批准、职务分离、实物保护和内部审计等，并提出审计意见，而内部管理控制则不属于注册会计师审查的范围。

3. 内部控制结构阶段（20 世纪 80 至 90 年代）

20 世纪 80 年代以后，西方会计审计界研究的重点逐步从一般含义向具体内容深化。1988 年，美国注册会计师协会发布了《审计准则公告第 55 号》，从 1990 年 1 月起取代 1972 年发布的《审计准则公告第 1 号》。该公告首次采用了"内部控制结构"的提法，替代了"内部控制"，该公告指出，"企业的内部控制结构包括为提供取得企业特定目标的合理保证而建立的各种政策和程序"。该公告指出内部控制结构由以下三个要素构成：

（1）控制环境。控制环境反映董事会、管理者、业主和其他人员对控制的态度和行为，具体包括管理哲学和经营作风、组织结构、董事会及审计委员会的职能、人事政策和程序、确定职权和责任的方法以及管理者监控和检查工作时所采用的控制方法等。

（2）会计系统。会计系统规定各项经济业务的确认、归集、分类、分析、登记和编报方法。一个有效的会计系统应能做到：确认并记录所有真实的交易；及时且充分详细地描述交易，以便在会计报表上对交易作适当的分类；计量交易的价值，以便在会计报表上记录其适当的货币价值；确定交易发生的期间，以便将交易记录在适当的会计期间；在会计报表中适当地表达交易和披露相关事项。会计系统的核心是处理交易，会计系统应为每笔交易提供一个完整的交易轨迹。

（3）控制程序。控制程序是管理当局所制定的政策和程序，以保证达到一定的目的，具体包括经济业务和活动的授权批准；明确员工的职责分工；凭证与记录控制；资产和记录的接触与使用；业务的独立稽核等。

这一阶段内部控制的主要特点可概括为两个方面，一是正式将控制环境纳入内部控制的范畴，控制环境是由企业全体职工，主要是企业的管理者所造就的，是建立和运行有效内部控制的基础和保证；二是不再将内部控制区分为内部会计控制和内部管理控制，而统一以要素表述内部控制。这主要是因为企业的各项业务都与会计有关，内部会计控制和内部管理控制不可分割、相互联系，严格区分哪些事项的控制是内部会计控制还是内部管理控制，既很困难又无多大实际意义。

4. 内部控制整体框架阶段（20 世纪 90 年代后）

进入 20 世纪 90 年代后，受信息产业和高风险行业迅速发展以及管理学新思想的影响，再加上会计舞弊案件的不断发生，对内部控制的研究进入了一个新的发展阶段。

1985 年，由美国注册会计师协会、美国会计学会、财务经理协会、内部审计师协会以及管理会计师协会共同赞助成立了美国全国舞弊性财务报告委员会，即 Treadway 委员会，该委员会讨论的主要问题之一就是舞弊性财务报告产生的原因，其中包括内部控制不健全的问题。实际上，Treadway 委员会并未对内部控制作出结论，而是建议自己的赞助机构组建一个专门的委员会，专门研究与内部控制有关的问题，这个委员会就是 COSO 委员会（Committee of Sponsoring Organization of the Treadway Commission）。1992 年，COSO 委员会发布了《内部控制——一体化框架》的研究报告，随后又进行了修订。1996 年美国注册会计师协会发布的《审计准则公告第 78 号——财务报表查核下对内部控制结构的考虑》，该公告全面接受了《内部控制——一体化框架》的内容，并从 1997 年 1 月起取代 1988 年发布的《审计准则公告第 55 号》。《内部控制——一体化框架》首次把内部控制从原来的平面结构模式发展为立体框架模式，代表了国际上内部控制方面的最高研究水平，具有广泛的适用性，对各国都产生了深远的影响，世界上许多国家和组织对内部控制的定义都在一定程度上借鉴了该报告的成果。

《内部控制——一体化框架》将内部控制定义为："内部控制是由企业董事会、经理阶层和其他员工实施的，为营运的效率效果、财务报告的可靠性、相关法令的遵循性等目标的实现而提供合理保证的过程"。该报告将内部控制划分为五个一体性的要素：

（1）控制环境。控制环境构成一个单位的控制氛围，是影响内部控制其他成分的基础，具体包括员工的诚实性和道德观、员工的胜任能力、董事会或审计委员会、组织结构、管理当局的管理理念和经营风格、授予权利和责任的方式、人力资源政策和实施等。

（2）风险评估。风险评估是指管理层识别、分析与实现经营、财务报告和符合性目标相关的风险，从而决定如何管理这些风险。风险识别包括对组织外部因素和内部因素的检查。风险分析涉及估计风险的程度、评价风险发生的可能性以及考虑如何进行风险管理等问题。

（3）控制活动。控制活动是指对所确认的风险采取必要措施，以保证管理当局的指令得以执行的政策和程序，具体包括业绩评价、信息处理、实物控制和职责分离等。

（4）信息与沟通。为了确保员工履行职责，组织必须以一定的形式和时间识别、捕捉和交流相关的内部和外部信息。同时要求组织内部上下也必须有广泛意义上的有效沟通，使每一个员工能从主管人员那里获得明确的指令，确保控制职责的切实、全面履行。

（5）监督。监督是评价内部控制质量的程序，包括内部审计和与单位外部人员、组织的交流等。监督通常由内部审计部门或其他部门执行，通过定期或不定期地对内部控制的设计和运行情况进行检查和评价，提出改进意见和建议，确保内部控制目标的实现。

上述五个因素相互联系，构成了一个有机整体。控制环境构成一个单位的控制氛围，是影响其他控制成分的基础；控制活动是实现控制目标的手段；组织在规划控制活动时，必须对可能面临的风险进行细致的分析；风险评估和控制活动必须借助信息与沟通；内部控制的设计和执行必须进行有效的监督。

（二）内部控制的含义

从上述分析可以看出，对内部控制概念的认识是一个不断深入的过程，而且在实务中，不同的内部控制使用者，如企业管理当局、注册会计师和法律制定者等基于不同的立场，对内部控制的观点和要求也是不同的。从企业管理的角度看，内部控制是在完善企业内部治理结构的前提下，企业管理当局（董事会及经理阶层）为了保证受托责任的顺利履行而建立的主要面向次级管理人员和员工控制的内部管理制度。基于这样的认识，将内部控制定义为：内部控制是指企业为了合理保证生产经营活动高效率进行、财产物资安全完整以及财务会计信息相关可靠等目标的实现而建立和实施的一系列相互联系、相互制约的政策、程序和方法的总称。根据管理控制的一般原理，可以从以下几个方面来理解内部控制：

（1）内部控制具有一定的目标导向性，是为了实现某种目标而实施的。

（2）内部控制是一个动态的过程，这一过程与企业的经营活动相互交织，使企业的经营管理活动遵循既定的目标前进。

（3）内部控制受企业内、外部环境的影响，这些环境影响企业内部控制目标的制定和具体控制的实施，并且内部控制要随着时间的推移和环境的变化而不断地进行调整和完善，以确保控制活动的有效性。

（4）所有的内部控制都是针对人而设计和实施的，企业的每一个员工既是控制的主体，又是控制的客体，既要对其所负责的作业实施控制，又要受他人的监督和控制。

（5）在长期的内部控制实践中所形成的有关内部控制的价值观念、思维方式等构成一个企业的控制文化，它会直接影响企业内部控制的效率和效果。

（6）基于内部控制的固有限制和成本效益的考虑，内部控制只能为控制目标的实现提供合理保证。

（三）内部控制的分类

1. 根据控制内容的不同，将内部控制分为生产控制、营销控制、人力资源控制、财务控制、会计控制、审计控制

（1）生产控制。生产控制是指为了合理保证企业生产部门保质保量按时生产出合格的产品，而对产品生产过程实施的控制，具体包括生产工艺和流程控制、质量检验、人员、设备和物资的合理调度等内容。

（2）营销控制。营销控制是指为了合理保证产品销售计划的实现，而对产品销售环节的

员工行为和物流的控制，具体包括客户资源控制、渠道控制和促销控制等内容。

（3）人力资源控制。人力资源是企业最重要的资源，人力资源控制是在人力资源需求预测的基础上，通过人员招聘、培训、考评、晋升、解聘等措施对企业的人力资源的合理使用和流动进行的控制。

（4）财务控制。财务控制是指为了确保企业财务计划的实现，而对企业财务资源及其使用状态所进行的控制，具体包括编制和执行财务预算、定期或不定期进行财务检查等内容。

（5）会计控制。会计控制是对企业财务会计信息生成过程的控制，以合理保证财务会计信息的相关可靠和企业资产的安全完整，具体包括基础控制、纪律控制和实物控制等内容。

（6）审计控制。审计控制是为了合理保证企业财务收支及其他经营管理活动的合法性、合理性和效益性所进行的控制，是对其他控制的再控制，具体包括财务审计、绩效审计、财经法纪审计和管理审计等内容。

2. 根据控制时序的不同，将内部控制分为事前控制、事中控制和事后控制

（1）事前控制。事前控制是企业在一项活动尚未开始之前，通过事先的计划、预算以及其他活动的实施，对资源投入和活动最终产出进行预先控制，重点是防止企业所使用的资源在质上和量上发生偏差。

（2）事中控制。事中控制是对一项活动的实施过程进行实时监控，通过对正在进行的活动给予现场指导和监督，以保证活动按照规定的政策、程序和要求进行。事中控制的特点是实时性，通过监控正在进行的操作，合理保证目标的实现。

（3）事后控制。事后控制是在一项活动结束后，通过对已执行或已完成活动的分析总结，确定其资源利用状况及结果，以便纠正企业未来的行为。事后控制与事前控制和事中控制最大的不同在于它是一种立足过去对未来进行的连续不断的控制。

3. 根据控制性质的不同，将内部控制分为合法性控制和合理性控制

（1）合法性控制。合法性控制是指为了合理保证企业的生产经营活动符合国家法律、法规和企业内部管理制度的要求而进行的控制，如内部审计部门会同其他部门对企业业务招待费开支情况进行定期或不定期的检查，确定企业业务招待费的使用是否符合国家有关规定，有无违法、违纪现象发生。

（2）合理性控制。合理性控制是按照经济有效的要求对企业的生产经营活动进行的控制，如为了合理降低企业的坏账风险，要求销售部门在赊销之前要对购货方进行信用评估等。

4. 根据控制目标的不同，将内部控制分为防弊控制和兴利控制

（1）防弊控制。防弊控制主要是通过一系列相互联系、相互制约的控制政策程序和方法的实施，以达到预防、发现或纠正错误或舞弊的目的。传统意义上的内部控制大多属于防弊控制。

（2）兴利控制。与防弊控制不同，兴利控制更强调内部控制在实现企业目标中的能动作用，最大限度地发挥内部控制的管理职能，合理保证组织目标的实现。

二、内部控制的目标

内部控制的目标，是指内部控制所要达到的预期效果。内部控制的总体目标是实现组织的目标，根据这一总体目标以及内部控制本身的特点，可将内部控制的具体目标概括为以下

几个方面：

（一）保证财务报告真实可靠，防止错误和舞弊现象发生

保证财务报告真实可靠，是组织管理当局的会计责任。管理当局应当建立健全内部控制，通过在经济业务处理过程中采取程序控制、手续控制、凭证编号、复核和核对等措施，使经济业务和会计处理得以相互联系、相互制约，有效地预防和防止错误和舞弊的发生。即使发生了错误和舞弊，内部控制系统也能自动检验、发现和纠正，从而保证会计记录的正确和完整。尽管现代内部控制的目标已不仅仅局限于查错防弊，但通过建立健全内部控制，预防和防止错误和舞弊的发生，合理保证组织按照公认会计原则及有关信息披露规范来编制财务报告，仍是内部控制的一项重要目标。

（二）保证组织资产的安全完整

无论是有形资产，还是无形资产，都可能因盗窃、滥用和管理不善等原因而遭受损失。为了保证组织资产的安全完整，管理当局可以通过不相容职务相互分离、限制没有权限的人接近资产和记录、定期盘点核对和限额领料等控制措施，对资产的保管和实物流转进行控制，从而有效地制止浪费，防止各种贪污舞弊行为的发生。建立完善的内部控制体系是保证组织资产安全完整的重要举措，通过建立健全资产保管和实物流转方面的内部控制，可以有效地堵塞资产管理方面的漏洞、消除隐患，防止资产因不当使用、盗窃等原因遭受损失。

（三）改善组织的经营管理水平，提高组织的经营效率和效果

内部控制是组织管理的重要组成部分，其根本作用在于通过衡量和纠正下属人员的活动，保证组织活动符合计划的要求，最终提高组织的经营效率和效果。合理的内部控制，一方面要求组织机构精简、权责划分明确，使每一个人都清楚自己的责任，不能推诿，并有明确的标准加以考核；另一方面要求的各个部门和环节密切配合，协调一致，充分有效地使用资源，以便发挥资源的潜力，提高企业的经营绩效。通过建立健全内部控制，有效地协调组织内部各部门和人员之间的关系，从而改善组织的经营管理水平，提高组织的经营效率和效果。

（四）遵守国家的法律、法规和组织的内部管理制度

组织的经营管理活动必须在国家法律、法规的约束下进行，同时还必须遵守组织内部的一系列管理制度，以确保组织活动有序地进行。通过严格的授权批准、复核和内部审计等控制措施，可以有效地预防和纠正有关的违法行为，确保组织活动依法有序地进行。

三、内部控制的原则

内部控制的原则是人们在长期的内部控制实践中总结出来的基本法则，对于建立科学的内部控制体系具有普遍性的指导意义。有效的内部控制应遵循以下基本原则：

（一）合法性原则

合法性原则，是指建立的内部控制应当遵守国家法律、法规和组织内部管理制度的要求，保证组织的每一项业务活动都能够在合法、合规的状态下进行。国家法律法规体现了广大人民群众的根本利益，组织的内部管理制度是组织各项业务活动有序进行的基本保证，二者共同构成了内部控制建立的先决条件，组织只有在坚持合法性原则的前提下，才能根据自身业务的特点和具体管理要求制定符合本组织需要的内部控制体系。

（二）目标性原则

内部控制是为实现组织目标服务的，目标性原则要求内部控制的建立必须依据组织的总体目标和有关具体目标来确定经营管理活动应采取的方式、方法、措施和程序。控制的本质在于确保组织活动按计划进行，有效的内部控制应以组织目标为导向，在衡量实绩和界定偏差的基础上，通过采取行之有效的纠偏措施来确保组织活动按计划完成。

（三）全面性原则

全面性原则有两层含义，一是全过程控制，即应对组织的整个经营管理活动过程进行全面控制；二是全员控制，即应对全体员工进行控制。全面性原则强调内部控制应覆盖组织的各项业务、各个部门和各级人员，并渗透到决策、执行、监督和反馈等各个环节。

（四）制衡性原则

制衡性原则要求内部控制应当保证组织内部机构、岗位及其职责权限的合理设置和划分，坚持不相容职务相互分离，确保不同的机构和岗位之间权责明确、相互监督、相互制约。所谓不相容职务，是指由一个人办理既容易发生错误或舞弊，又不容易被发现和纠正的两项或几项职务。通过不相容职务相互分离，可以在组织内部形成一种制衡机制，有效地预防和纠正错误或舞弊的发生。

（五）适宜性原则

实务中，由于不同的组织在性质、行业、规模、组织形式和内部管理体制等方面差别很大，因而具有不同的特点。适宜性原则强调在建立内部控制时应从组织的实际情况和具体管理要求出发，根据组织内部机构、岗位设置和权责划分等具体情况，建立适合本组织特色的内部控制。只有这样，内部控制才能发挥其应有的作用，满足组织内部经营管理的需要。

（六）时效性原则

内部控制具有时效性，即组织在一定条件下建立的内部控制，其有效性会随着组织内、外部环境的变化而改变。因此，组织应当适时地对内部控制的设计是否合理、执行是否有效进行评估，及时发现可能存在的问题，并采取措施予以补救或重新设计。

（七）成本效益原则

作为一种制度安排，内部控制必须符合成本效益原则。只有当一项内部控制给组织带来的收益大于内部控制的成本时，这项内部控制才具有经济性。判断一项内部控制是否符合成本效益原则，应当站在组织整体利益的角度进行综合考虑，尽管一些控制由于采用了较多的控制点会影响工作效率，但对整个组织来讲，如果不采取该项控制，可能会造成更大的损失，则仍应该实施该项内部控制。

四、内部控制的方法

内部控制的方法是实现控制目标，发挥控制功能的技术手段，在内部控制体系中占有重要的地位。内部控制的基本方法可概括为以下几种：

（一）组织规划控制

组织规划控制是对组织内部机构设置和职务分工的合理性和有效性所进行的控制，主要解决不相容职务相互分离的问题。组织内部的不相容职务主要包括：授权批准职务、业务经办职务、财产保管职务、会计记录职务和审核监督职务。对于这些不相容职务，应分别由不同的人来担任，通过相互牵制达到预期的控制目标。

（二）授权批准控制

授权批准控制是对组织各部门或人员处理经济业务权限的控制，有效的内部控制要求经济业务的开展必须经过适当的授权。根据重要性的不同，授权分为一般授权和特殊授权。一般授权是对办理一般经济业务时权力等级和批准条件的规定，通常在组织的规章制度中予以明确。员工可以根据一般授权规定的权限范围和有关职责自行办理或执行各项业务。特殊授权是对办理特别经济业务时权力等级和批准条件的规定，这种授权通常由管理部门根据业务特点采取逐个审批的办法，由于特殊授权的对象是一些例外的经济业务，一般难以预料，因而不能通过规章制度的方式事先规定相应的处理措施。组织应当在内部控制规章中明确授权批准的范围、层次、程序，并建立必要的检查制度。

（三）会计系统控制

会计系统控制是对财务会计信息生成过程的控制。组织应当根据会计法和会计准则等法律、法规，制定适合本组织特点的财务会计制度，明确账务处理程序和相应的会计政策等。会计系统控制具体包括会计人员从业资格控制、财务会计系统责任人及其责任控制、会计记录控制、会计政策和程序控制、财务会计信息质量标准控制等。

（四）预算控制

预算是组织为达到既定目标而编制的数字化的计划，是内部控制的依据。预算控制是指对组织的各项经济业务编制详细的预算，并授权有关部门对预算的执行情况进行控制。通过预算控制，可以合理保证组织的各项活动按照既定的计划如期进行。预算控制包括以下基本环节：预算体系的建立；预算的编制和审定；预算指标的下达和相关责任人或部门的落实；预算执行的授权；预算执行过程的监控；预算差异的分析和调整；预算业绩的考核等。

（五）资产保护控制

资产保护控制的目标是确保组织资产的安全完整，并做到保值增值以实现组织长远发展的战略目标，具体内容包括资产接触控制、定期盘点、记录保护和财产保险等内容。资产接触控制是指严格限制无关人员对实物资产的直接接触，只有经过授权批准的人员才能接触资产；对于贵重资产和可动资产除了接触限制外，还应当限制接触授权使用和处分资产的文件。定期盘点是通过定期对实物资产进行盘点核对，以确保实物资产的实有数和账面数相符，如有不符，应及时查明原因并进行处理。记录保护要求对组织的各种文件资料进行妥善保管，避免记录受损、被盗和被毁等。此外，组织还可以通过财产保险的方式来转移资产受损的风险，以保护资产的安全完整。

（六）人员素质控制

人员素质控制是指采用一定的手段和方法，使组织成员的素质与其承担的工作任务相适应，其目的在于保证执行组织政策和程序的人具有良好的专业胜任能力和道德品行，以保证组织内部控制的有效实施。为了搞好人员素质控制，组织应当建立科学的招聘、录用、培训、考核、轮岗、升迁及奖惩等制度，通过优化用人机制等具体措施，建立一支高素质的员工队伍。

（七）风险控制

由于组织内外部环境的高度不确定性和负债融资，使得组织的生产经营处处面临风险。过高的风险水平会对组织的生存和发展构成威胁，同时也会对组织的形象和声誉带来负面影响。为了有效地防范和降低风险，组织应针对各个风险控制点，建立有效的风险管理系统，通过风险预警、风险识别、风险评估和风险报告等措施，对经营风险和财务风险进行全面的防范和控制。风险控制的具体内容包括筹资风险控制、投资风险控制、信用风险控制和合同风险控制等内容。

（八）内部报告控制

为了有助于管理当局正确地作出决策以及有效地进行内部管理，组织应当建立一个及时、准确的内部报告系统。所谓内部报告控制，就是管理当局根据内部报告反馈的信息，对组织的生产经营及时作出判断和分析，以确保组织目标的实现。内部报告提供的一般是财务数据和管理会计信息，实务中常用的内部报告包括资金分析报告、经营分析报告、资产分析报告、投资分析报告和财务分析报告等。

（九）电算化会计系统控制

计算机在会计管理中的应用，大大地提高了会计信息的处理能力，也减少了差错的发生。但是由于会计信息处理环境和技术的改变，使得传统手工记账方式下的内部牵制机制大大削弱。为了加强对电算化会计系统的控制，必须对会计人员的职责进行重新划分，通过严格系统开发和维护、设定访问权限、复核、文件备份、储存与保管、网络安全等具体措施，强化电算化会计系统的控制。

（十）内部审计控制

内部审计既是内部控制的一种特殊形式，又是对内部控制的再控制。通过内部审计，一方面可以对组织的各种财务收支和资产运用的合法性和经济有效性作出审定和评价，另一方面又可以帮助管理当局监督和评价其他控制政策和程序的有效性，为管理当局改进内部控制提供建设性的意见。为了充分发挥内部审计的控制功能，内部审计部门应当保持与其他部门的相对独立性，在行政隶属关系上应当受本组织的审计委员会领导并向其报告工作。

五、内部控制的局限性

完善的内部控制体系为组织活动符合计划的要求提供了重要保证。然而，任何内部控制都不是绝对有效的，无论内部控制设计和运行多么完善，都无法消除其本身固有的局限性。管理当局在建立和评价内部控制时，应当关注的内部控制的固有局限性表现为以下几个方面：

（一）成本效益的约束

任何活动的开展都要受到成本效益原则的约束，内部控制也不例外。作为一种制度安排，内部控制系统所寻求的保证水平在一定程度上是由制度耗费的成本决定的。一般来说，内部控制的成本不能超过因控制而减少的损失或增加的收益，否则，内部控制将不具有经济性。实务中，管理当局在建立内部控制时，基于成本效益的约束，一些理想的内部控制措施往往因成本过高而不被采用，这样最终建立的内部控制只能为组织目标的实现提供合理保证，而不是绝对保证。

（二）人为错误

内部控制作用的发挥离不开人的参与，然而，由于受生理和心理因素的影响，人们在执行内部控制时不可能始终是准确无误的。即使是设计完美的内部控制，也可能因为执行人身体状况欠佳、粗心大意、精力分散、判断失误以及对指令的误解而失去效能。

（三）串通舞弊

不相容职务相互分离可以有效地预防、发现和纠正单独一个人发生错误或舞弊的情形，但是，如果担任不同职务的人员相互勾结、内外串通就会破坏这种制衡机制，从而使内部控制失效。例如，出纳人员与会计人员相互勾结进行舞弊、财产保管人员与财产核对人员相互串通造假等，都会使相关内部控制失去效力。

（四）管理越权

管理越权一般表现为挪用或错误陈述。挪用主要是指资产的违规转移和隐瞒。低层管理人员对资产的挪用可以通过职责分离、限制接近等措施来预防，而高层管理人员一旦越权挪用，则内部控制的制衡机制就会失去作用。错误陈述是指管理部门，尤其是组织的主要负责人蓄意弄虚作假，粉饰财务状况和经营成果等。内部控制的制衡机制会因错误陈述这种集体串通而瓦解。实务中，大量的会计信息失真和重大舞弊案件的发生都是由管理越权所造成的。

（五）经营环境和业务性质的改变

组织的内外部环境是不断变化的，随着经营环境和业务性质的改变，组织通过会适时地调整自己的经营策略，这样原有的内部控制可能会因此而被削弱或失效。此外，内部控制一般是针对组织经常重复发生的常规业务活动而设计的，对于那些不经常发生的例外事项，这些控制程序和方法可能起不到控制作用。

第二节　内部会计控制及其应用

一、内部会计控制的概念

（一）内部会计控制的含义

内部会计控制这一概念是在 1958 年由美国注册会计师协会下属的审计程序委员会（CAP）首先提出的，在该委员会发布的第 29 号审计程序公报《独立审计人员评价内部控制的范围》中，将内部控制区分为会计控制和管理控制，前者是指与会计工作和会计信息直接相关的控制。内部会计控制概念的提出，旨在划分注册会计师的审计责任，即注册会计师只负责审查内部会计控制，包括与财产安全和会计信息可靠相关的授权批准、职务分离、实物保护等，并发表审计意见。

1963 年，美国注册会计师协会下属的会计原则委员会发布的第 33 号《审计程序说明书》对内部会计控制的概念进行了明确表述，指出会计控制包括组织的计划和主要与保护组织的资产、保证财务记录的可靠性有直接关系的所有协调方法与步骤。它通常指授权和批准制度，即在会计记录和报告、财产保管等方面的职责分工和内部审计，其目的在于保护企业资产，检查会计数据的准确性和可靠性。

1973 年，美国注册会计师协会发布的第 1 号《审计标准》对内部会计控制的概念进行了重新表述，指出会计控制包括组织的计划及与保护该组织的财产和保证财务记录的可信性有关的程序和记录。组织的计划，其作用在于确保经济业务的实施都可以得到管理部门的批准；经济业务都得到完善的记录，目的在于保证根据公认会计原则和其他有关规定编制财务会计报告，且未经管理部门批准，任何人不得随意接近组织的资产，以保证组织资产的安全和完整；有关的程序则主要是指账面记录和实物要定期进行核对，并对差异进行合理处理。

在我国，内部会计控制是伴随着内部控制的产生和发展而形成的。2001 年财政部发布了《内部会计控制规范——基本规范》，标志着我国内部会计控制在理论及法规建设方面取得了重要的阶段性成果。该规范对内部会计控制的概念进行了明确的定义，指出内部会计控制是指单位为了提高会计信息质量，保护资产的安全完整，确保有关法律法规和规章制度的贯彻执行而制定和实施的一系列控制方法、措施和程序的总称。

综观国内外对内部会计控制概念的界定，理解这一概念应把握以下几个方面：

1. 内部会计控制的主体

内部会计控制的主体是指建立和实施内部会计控制的部门和人员。实务中，内部会计控制的主体主要是组织的会计部门，但会计部门在建立和实施内部会计控制时往往需要其他有关部门和人员的配合和协助，如对会计人员素质的控制则需要人力资源管理部门的密切配合。

2. 内部会计控制的客体

内部会计控制的客体是指内部会计控制作用的对象，即组织的资金运动。组织的资金运动通常是与实物资产的运动结合在一起的，二者都离不开人的参与，所以，对资金运动的控制离不开对物的控制，最终也离不开对人的行为的控制。从这个意义上说，内部会计控制是通过对人的行为的控制来实现对资金运动的控制。

3. 内部会计控制的目标

内部会计控制的目标是指建立和实施内部会计控制所要达到的预期成果，它是内部控制目标的重要组成部分。具体讲，内部会计控制的目标包括保证经济业务合规合法；保证会计核算资料真实可靠；保护组织资产的安全完整；确保国家有关法律法规和组织内部规章制度的贯彻执行。

4. 内部会计控制的实质

内部会计控制的实质是对妨碍内部会计控制目标实现的环境约束条件进行协调的活动，以确保内部会计控制目标的实现。

（二）内部会计控制的分类

1. 按控制性质的不同，将内部会计控制分为合法性控制、完整性控制和正确性控制

（1）合法性控制。合法性控制的目的在于保证交易和事项的处理符合国家法律法规和组织内部规章制度的要求，其通常采用的控制方法包括授权、稽核等。

（2）完整性控制。完整性控制的目的在于确保已经发生或者已经完成的交易和事项都已登入账簿，没有发生遗漏，其通常采用的控制方法包括凭证顺序编号、控制合计数等。

（3）正确性控制。正确性控制的目的在于保证交易和事项的处理符合有关技术性要求，及时预防、发现和纠正可能发生的各种错误和舞弊，其通常采用的控制方法包括职务分离、限制接近、双重稽核等。

2. 按控制对象的不同，将内部会计控制分为基础控制、纪律控制和实物控制

（1）基础控制。基础控制是通过基本会计活动和会计程序来保证完整、正确地记录一切合法经济业务，及时发现业务处理和记账过程中的错误或舞弊，它是确保内部会计控制目标实现的首要条件，是其他会计控制的基础。基础控制通常包括凭证控制、账簿控制、报表控制和核对控制等内容。

（2）纪律控制。纪律控制是通过监督和约束会计业务，对会计基础控制的程序和结果进行检查，以保证会计程序和基础控制按照设计要求一贯地发挥作用，从而保证及时发现和纠正错弊。纪律控制具有监督和约束财务会计工作的特征，通常包括内部牵制和内部稽核等内容。

（3）实物控制。实物控制是通过限制非授权人员接近资产、建立严格的出入库制度和保管制度、实行永续盘存制、加强财产清查和档案保管等具体的控制措施，以保证组织实物资产的安全完整。

3. 按控制内容的不同，将内部会计控制分为对财务会计工作本身的控制和对组织生产经营活动的直接和间接控制

（1）对财务会计工作本身的控制。对财务会计工作本身的控制主要指会计基础工作控制，即对会计核算和会计管理服务的基础性工作进行的控制，主要包括会计机构设置、会计人员配备、会计人员岗位和职责分工、会计凭证、账簿和报表的填制以及会计档案的保管等内容。

（2）对企业生产经营活动的直接和间接控制。对组织生产经营活动的直接控制是对不合法的经济业务通过不予受理或退回补办等办法进行的控制。对组织生产经营活动的间接控制主要是通过设计会计控制程序、完善会计控制方法等进行的控制，主要包括货币资金控制、往来款项控制、存货控制、生产费用和产品成本控制、投资控制、固定资产控制、收入控制和利润控制等内容。

二、内部会计控制的内容

内部会计控制的内容是指组织应当构建哪些方面的内部会计控制。不同的组织，由于其经济性质、经营规模和管理基础不同，内部会计控制的内容也不完全相同。一般说来，内部会计控制的内容应包括以下几个方面：

（一）货币资金控制

货币资金由库存现金、银行存款和其他货币资金三部分构成，是组织流动性最强的资产，也是最容易发生错误或舞弊的资产。为了确保货币资金的安全完整，应当对货币资金收支和保管业务建立严格的授权批准制度，办理货币资金业务的不相容岗位应当分离，相关机构和人员应当相互制约，从而形成有效的内部制衡机制，如出纳人员不得兼管收入和费用明细账的登记等。

（二）实物资产控制

实物资产是组织除货币资金以外的具有实物形态的资产，包括各种存货、在建工程和固定资产等。为了防止实物资产发生被盗、毁损和流失，组织应当建立实物资产管理的岗位责任制度，对实物资产的验收入库、领用、发出、盘点、保管及处置等关键环节进行控制，如建立严格的原材料收发和永续盘存制度，指定专人负责材料账的登记和保管，并限制未经授权的人接近原材料等，以确保原材料的安全完整。

（三）对外投资控制

对外投资是组织基于某种需要而对外进行的直接或间接的资金投放，包括交易性证券投资、持有到期投资和权益性投资等内容。对外投资的金额一般较大，而且都不同程度地存在风险。为了提高投资收益，合理控制投资风险，组织应当建立规范的对外投资决策机制和程序，通过实行重大投资决策集体审议联签等责任制度，加强投资项立项、评估、决策、实

施、投资处置等环节的会计控制。

（四）工程项目控制

一项工程从项目发起开始，依次要经过可行性研究、规划与设计、施工、移交和投入使用各个阶段，为确保证工程项目顺利实施，组织应当建立规范的工程项目决策程序，明确相关机构和人员的职责权限，建立工程项目投资决策的责任制度，加强工程项目的预算、招投标、质量管理等环节的会计控制，有效地防范决策失误及工程发包、承包、施工、验收等过程中的舞弊行为。

（五）采购与付款控制

采购与付款是组织的一项重要业务循环，为了提高采购工作的效率和效益，堵塞采购环节的漏洞，降低采购风险，组织应当合理设置采购与付款业务的机构和岗位，建立和完善采购与付款的会计控制程序，加强请购、审批、合同订立、采购、验收、付款等环节的会计控制。

（六）筹资控制

筹资是组织为了满足投资需要，运用一定的筹资方式从一定的筹资渠道筹措资金的活动过程。为了提高筹资收益，降低财务风险，组织应当加强对筹资活动的会计控制，合理确定筹资规模、筹资结构和筹资方式，确保筹集资金的合理、有效使用。

（七）销售与收款控制

销售与收款是继采购与付款之后，组织的又一个重要业务循环，一方面为了增加收益，组织要尽量扩大销售，另一方面又要加强信用管理，加速收款。为此，组织在制定商品或劳务的定价原则、信用标准、信用条件和收款方式等与销售有关的政策时，应充分发挥会计机构和人员的作用，加强合同订立、商品发出和应收账款回收的会计控制，尽量避免或减少坏账损失。

（八）成本费用控制

成本费用水平的高低不仅影响组织的经济效益，而且对组织战略的实施也构成重大影响。为了加强成本费用管理，组织应当建立成本费用控制系统，做好成本费用管理的各项基础工作，制定成本费用开支标准，分解成本费用指标，控制成本费用差异，考核成本费用指标的完成情况，落实奖罚措施，以有效地降低成本费用，提高经济效益。

（九）担保业务的控制

为其他组织或个人提供担保意味着本组织要对主合同的债务承担连带责任，因而担保是具有风险的，并且可能会给组织造成损失。为此，组织应当加强对担保业务的控制，严格控制担保行为，建立担保决策程序和责任制度，明确担保原则、担保标准、担保条件、担保责任等相关内容，加强对担保合同订立的管理，及时了解和掌握被担保人的经营和财务状况，有效地防范担保风险，避免或减少可能发生的损失。

三、内部会计控制的方法

内部会计控制的方法是指组织为了实现内部会计控制的目标，针对其内容而设计的具体控制措施和手段的总称。具体讲，内部会计控制的方法包括以下几种：

（一）不相容职务相互分离控制

组织的不相容职务主要包括授权批准、业务经办、会计记录、财产保管、稽核检查等职务。不相容职务相互分离控制就是按照不相容职务分离的原则，合理设置会计及相关工作岗位，明确职责权限，形成相互制衡机制，以有效地预防、发现和纠正各种错误或舞弊，确保组织目标的实现。

（二）授权批准控制

为了确保组织的各项业务活动合理、有效地进行，必须对各项业务活动的执行进行授权批准控制。授权批准控制就是明确规定涉及会计相关工作的授权批准的范围、权限、程序、责任等内容，要求组织内部的各级管理层必须在授权范围内行使职权和承担责任，经办人员也必须在授权范围内办理业务，以确保组织的各项业务活动合理、有效地进行。

（三）会计系统控制

会计系统控制是指组织应依据《会计法》和国家统一会计制度的规定，制定适合本单位实际的会计制度，明确会计凭证、会计账簿和财务会计报告的处理程序，建立和完善会计档案保管和会计工作交接办法，实行会计人员岗位责任制，充分发挥会计的监督职能。

（四）预算控制

预算控制就是通过加强预算的编制、执行、分析、考核等环节的管理，明确预算项目，建立预算标准，规范预算的编制、审定、下达和执行程序，及时分析和控制预算差异，采取改进措施，确保预算的执行。对于预算限额内的资金实行责任人限额审批制度，限额以上的资金实行集体审批，严格控制无预算的资金支出。

（五）财产保全控制

为了确保组织资产的安全完整，组织应加强财产保全控制。所谓财产保全控制，就是通过限制未经授权的人员直接接触财产，定期盘点、财产记录、账实核对、财产保险等措施，确保组织各种财产的安全完整。

（六）风险控制

风险是指收益和损失的不确定性。由于受组织内外部环境高度不确定性的影响，组织总是面临一定的风险，主要是指经营风险和财务风险。风险控制就是要求组织要树立风险意识，针对各个风险控制点，建立有效的风险管理系统，通过风险预警、风险识别、风险评估、风险分析、风险报告等措施，对财务风险和经营风险进行全面防范和控制，以确保组织目标的实现。

（七）内部报告控制

内部报告控制就是通过建立和完善内部报告制度，全面反映经济活动情况，及时提供业务活动的重要信息，以增强内部管理的时效性和针对性。

（八）电子信息技术控制

电子信息技术控制就是通过运用电子信息技术手段建立内部会计控制系统，以减少和消除人为操纵因素，确保内部会计控制的有效实施。加强电子信息技术控制，同时还要求加强对财务会计电子信息系统的开发与维护、数据输入与输出、文件储存与保管、网络安全等方面的控制，以确保基于电子信息技术手段的内部会计控制系统的有效运行。

四、内部会计控制的设计

（一）内部会计控制设计的原则

为了确保内部会计控制体系合理、有效，组织在设计内部会计控制体系时应遵循以下基本原则：

（1）内部会计控制应当符合国家有关法律法规以及单位的实际情况。

（2）内部会计控制应当约束单位内部涉及会计工作的所有人员，任何个人都不得拥有超越内部会计控制的权力。

（3）内部会计控制应当涵盖组织内部涉及会计工作的各项经济业务及相关岗位，并应针对业务处理过程中的关键控制点，将具体的控制程序和方法落实到决策、执行、监督、反馈等各个环节。

（4）内部会计控制应当保证组织内部涉及会计工作的机构、岗位的合理设置及其职责权限的合理划分，坚持不相容职务相互分离，确保不同机构和岗位之间权责分明、相互制约、相互监督。

（5）内部会计控制应当遵循成本效益原则，以合理的控制成本达到最佳的控制效果。

（6）内部会计控制应随组织外部环境的变化、内部业务职能的调整以及管理要求的变化而不断地修订和完善。

（二）内部会计控制设计的程序

1. 了解和评估内部会计控制环境

所谓内部会计控制环境是指影响组织内部会计控制效果的因素的总和。组织在设计内部会计控制时，首先应对内部会计控制环境进行了解和评估。

（1）内部环境的了解和评估。内部会计控制虽然有共同的原则和相近的内容，但各个组织对这些原则的使用和内容的融合是存在差异的，组织应根据自身的情况建立具体的控制制度。组织在设计内部会计控制时，对组织内部环境的了解和评估主要围绕经营情况和资源状况展开。前者主要是对组织的经营性质、经营规模、经营范围和经营方式等进行的考察和评估；后者主要是对组织的业务人员、材料、设备、厂房、资金、技术和管理等资源进行的考察和评估，以便从组织实际出发针对不同的资源采取的不同的控制程序和措施。

（2）外部环境的了解和评估。随着组织生产经营活动的日益外部化，市场、供应商、顾客、法律法规等外部环境因素对组织内部会计控制的设计也具有重要的影响。在设计内部会计控制时，应全面考虑客户的需要和市场对组织管理的要求，以及对供应商选择的控制，同时也要熟悉与建立内部会计控制有关的法律、法规，对外部环境的了解和评估构成内部会计控制设计的重要步骤。

2. 按照控制论和系统论的要求建立内部会计控制结构

根据系统论的原理，企业在建立内部会计控制时，应注意各个控制环节与组织机构的联系，充分发挥各个部分的协同效应。控制论则要求内部会计控制能够有效地监督组织的生产经营过程，一方面能够有效在预防、发现和纠正各种错误和舞弊，另一方面通过纠正计划执行过程中的偏差和采取纠偏措施，以确保组织目标的实现。组织在建立内部会计控制时，应根据控制论和系统论的要求，结合每个业务部门的机构设置情况，建立相应的内部会计控制结构。

3. 确定各个业务循环的流程

根据内部会计控制的内容可将企业的主要业务循环划分为货币资金控制、实物资产控制、采购与付款控制、销售与收款控制、对外投资控制、工程项目控制、筹资控制、成本费用控制、担保控制等。由于业务性质的不同，这些业务循环具有各不相同的业务流程。在设计内部会计控制时，应明确企业各个业务循环的流程及各个业务流程的起点和终点，找到业务流程之间的逻辑联系、财务或资金联系以及管理联系。

4. 找到关键的风险控制点

内部会计控制的设计由于受到成本效益原则的制约，不可能面面俱到，因此只能抓住关键的风险控制环节来建立内部会计控制。所谓关键的风险控制点，是指业务流程和企业经营中那些容易发生错误或舞弊，以及对组织计划完成起关键作用的环节或步骤。确定关键风险控制点，首先应对各个业务流程进行风险评估，经风险排队后最终确定下来。

5. 形成内部会计控制制度的文件资料

组织设计的内部会计控制最终要形成组织内部具有普遍约束力的文字性规范，从而使其成为企业内部各部门和人员的行为规范和业务操作指南，也是各部门和人员进行相互监督的依据。组织在制定内部会计控制制度文件时，应当坚持实事求是的原则，动员内部各部门参与制度的制定，保证制度的可理解性和可执行性，同时要注重对制度执行情况的监督。

（三）内部会计控制设计的方法

组织在设计内部会计控制时，通常采取以下一些方法：

（1）组织系统图设计。组织系统图主要用于描述组织内部各阶层的组织机构，明确每一个职位在组织中的地位及其上下隶属与纵横的关系。现代组织规模庞大、部门众多、层次不一且关系繁杂，只有以组织系统图的方法将其描述出来，才能使人一目了然。

（2）职责划分设计。现代组织是由很多部门和岗位构成的复杂系统，各个部门和岗位的职责应当明确地划分，以便使每一事项的发生都有相应的部门负责办理，做到不重复也不遗漏。如果一项业务需要两个或两个以上的部门共同完成时，应对各自负责的范围予以明确的规定。

（3）工作说明书设计。工作说明书是描述工作性质的文件，是职位工作的说明。其表示方法是将组织的每个工作岗位，编制一份详细的说明，用来反映相应职位应承担的责任。

（4）政策和程序手册设计。政策和程序手册主要是以书面形式来表达管理当局的指令和同类业务处理方法的方式。通过政策和程序手册，可以书面形式详细地描绘业务处理的方针、政策和程序。

（5）业务流程图设计。业务流程图是利用框图的形式来描述经济业务各环节业务处理程序的方式。通过业务流程图，可以将凭证和记录资料的产生、传递、处理、保存及其相互关系表现出来，从而直观地表达组织内部会计控制的实际情况。对于无法在图中表示的问题，可用简要的文字进行说明，作为流程图的附件。

本 章 小 结

本章主要对内部会计控制的相关内容进行了介绍。内部会计控制是内部控制的重要组成部分，本章首先从内部控制理论产生和发展的历史沿革入手，介绍了内部控制的含义、目标、原则、方法以及局限性。通过对这部分内容的介绍，使学生了解内部控制作为现代组织管理的重要手段，在有效地预防、防止和纠正错误或舞弊，以及促进组织事业发展方面具有重要的作用。在此基础上，对内部会计控制的概念、目标、内容和方法，以及内部会计控制系统设计的原则、程序、方法等内容进行了介绍。通过这部分内容的学习，使学生进一步明确作为内部控制重要组成部分的内部会计控制，又是会计管理的重要内容。建立健全内部会计控制，对于合理保证财务会计报告的真实可靠，防止错误和舞弊现象发生，保证组织资产的安全完整，改善组织的经营管理水平，提高组织的经营效率和效果，以及促进遵守国家法律、法规和组织内部管理制度等具有十分重要的作用。

复习思考题

1. 什么是内部控制？内容控制理论的产生和发展经历了几个阶段？具体内容如何？
2. 如何评价 COSO 委员会提出的《内部控制——一体化框架》？
3. 内部控制的目标、原则、方法是什么？
4. 如何理解内部控制的局限性？
5. 什么是内部会计控制？内部会计控制与内部控制的关系如何？
6. 内部会计控制的目标、内容和方法是什么？
7. 建立内部会计控制需要考虑哪些因素？它们之间的关系如何？
8. 如何进行内部会计控制系统的设计？

附录一

中华人民共和国会计法

（1985 年 1 月 21 日第六届全国人民代表大会常务委员会第九次会议通过，根据 1993 年 12 月 29 日第八届全国人民代表大会常务委员会第五次会议《关于修改〈中华人民共和国会计法〉的决定》修正，1999 年 10 月 31 日第九届全国人民代表大会常务委员会第十二次会议修订）

第一章　总　　则

第一条　为了规范会计行为，保证会计资料真实、完整，加强经济管理和财务管理，提高经济效益，维护社会主义市场经济秩序，制定本法。

第二条　国家机关、社会团体、公司、企业、事业单位和其他组织（以下统称单位）必须依照本法办理会计事务。

第三条　各单位必须依法设置会计账簿，并保证其真实、完整。

第四条　单位负责人对本单位的会计工作和会计资料的真实性、完整性负责。

第五条　会计机构、会计人员依照本法规定进行会计核算，实行会计监督。

任何单位或者个人不得以任何方式授意、指使、强令会计机构、会计人员伪造、变造会计凭证、会计账簿和其他会计资料，提供虚假财务会计报告。

任何单位或者个人不得对依法履行职责、抵制违反本法规定行为的会计人员实行打击报复。

第六条　对认真执行本法，忠于职守，坚持原则，做出显著成绩的会计人员，给予精神的或者物质的奖励。

第七条　国务院财政部门主管全国的会计工作。

县级以上地方各级人民政府财政部门管理本行政区域内的会计工作。

第八条　国家实行统一的会计制度。国家统一的会计制度由国务院财政部门根据本法制定并公布。

国务院有关部门可以依照本法和国家统一的会计制度制定对会计核算和会计监督有特殊要求的行业实施国家统一的会计制度的具体办法或者补充规定，报国务院财政部门审核批准。

中国人民解放军总后勤部可以依照本法和国家统一的会计制度制定军队实施国家统一的会计制度的具体办法，报国务院财政部门备案。

第二章　会　计　核　算

第九条　各单位必须根据实际发生的经济业务事项进行会计核算，填制会计凭证，登记会计账簿，编制财务会计报告。

任何单位不得以虚假的经济业务事项或者资料进行会计核算。

第十条　下列经济业务事项，应当办理会计手续，进行会计核算：

（一）款项和有价证券的收付；

（二）财物的收发、增减和使用；

（三）债权债务的发生和结算；

（四）资本、基金的增减；

（五）收入、支出、费用、成本的计算；

（六）财务成果的计算和处理；

（七）需要办理会计手续、进行会计核算的其他事项。

第十一条　会计年度自公历 1 月 1 日起至 12 月 31 日止。

第十二条　会计核算以人民币为记账本位币。

业务收支以人民币以外的货币为主的单位，可以选定其中一种货币作为记账本位币，但是编报的财务会计报告应当折算为人民币。

第十三条　会计凭证、会计账簿、财务会计报告和其他会计资料，必须符合国家统一的会计制度的规定。

使用电子计算机进行会计核算的，其软件及其生成的会计凭证、会计账簿、财务会计报告和其他会计资料，也必须符合国家统一的会计制度的规定。

任何单位和个人不得伪造、变造会计凭证、会计账簿及其他会计资料，不得提供虚假的财务会计报告。

第十四条　会计凭证包括原始凭证和记账凭证。

办理本法第十条所列的经济业务事项，必须填制或者取得原始凭证并及时送交会计机构。

会计机构、会计人员必须按照国家统一的会计制度的规定对原始凭证进行审核，对不真实、不合法的原始凭证有权不予接受，并向单位负责人报告；对记载不准确、不完整的原始凭证予以退回，并要求按照国家统一的会计制度的规定更正、补充。

原始凭证记载的各项内容均不得涂改；原始凭证有错误的，应当由出具单位重开或者更正，更正处应当加盖出具单位印章。原始凭证金额有错误的，应当由出具单位重开，不得在原始凭证上更正。

记账凭证应当根据经过审核的原始凭证及有关资料编制。

第十五条　会计账簿登记，必须以经过审核的会计凭证为依据，并符合有关法律、行政法规和国家统一的会计制度的规定。会计账簿包括总账、明细账、日记账和其他辅助性账簿。

会计账簿应当按照连续编号的页码顺序登记。会计账簿记录发生错误或者隔页、缺号、跳行的，应当按照国家统一的会计制度规定的方法更正，并由会计人员和会计机构负责人（会计主管人员）在更正处盖章。

使用电子计算机进行会计核算的，其会计账簿的登记、更正，应当符合国家统一的会计制度的规定。

第十六条　各单位发生的各项经济业务事项应当在依法设置的会计账簿上统一登记、核算，不得违反本法和国家统一的会计制度的规定私设会计账簿登记、核算。

第十七条　各单位应当定期将会计账簿记录与实物、款项及有关资料相互核对，保证会计账簿记录与实物及款项的实有数额相符、会计账簿记录与会计凭证的有关内容相符、会计账簿之间相对应的记录相符、会计账簿记录与会计报表的有关内容相符。

第十八条　各单位采用的会计处理方法，前后各期应当一致，不得随意变更；确有必要变更的，应当按照国家统一的会计制度的规定变更，并将变更的原因、情况及影响在财务会计报告中说明。

第十九条　单位提供的担保、未决诉讼等或有事项，应当按照国家统一的会计制度的规定，在财务会计报告中予以说明。

第二十条　财务会计报告应当根据经过审核的会计账簿记录和有关资料编制，并符合本法和国家统一的会计制度关于财务会计报告的编制要求、提供对象和提供期限的规定；其他法律、行政法规另有规定的，从其规定。

财务会计报告由会计报表、会计报表附注和财务情况说明书组成。向不同的会计资料使用者提供的财务会计报告，其编制依据应当一致。有关法律、行政法规规定会计报表、会计报表附注和财务情况说明书须经注册会计师审计的，注册会计师及其所在的会计师事务所出具的审计报告应当随同财务会计报告一并提供。

第二十一条　财务会计报告应当由单位负责人和主管会计工作的负责人、会计机构负责人（会计主管人员）签名并盖章；设置总会计师的单位，还须由总会计师签名并盖章。

单位负责人应当保证财务会计报告真实、完整。

第二十二条　会计记录的文字应当使用中文。在民族自治地方，会计记录可以同时使用当地通用的一种民族文字。在中华人民共和国境内的外商投资企业、外国企业和其他外国组织的会计记录可以同时使用一种外国文字。

第二十三条　各单位对会计凭证、会计账簿、财务会计报告和其他会计资料应当建立档案，妥善保管。会计档案的保管期限和销毁办法，由国务院财政部门会同有关部门制定。

第三章　公司、企业会计核算的特别规定

第二十四条　公司、企业进行会计核算，除应当遵守本法第二章的规定外，还应当遵守本章规定。

第二十五条　公司、企业必须根据实际发生的经济业务事项，按照国家统一的会计制度的规定确认、计量和记录资产、负债、所有者权益、收入、费用、成本和利润。

第二十六条　公司、企业进行会计核算不得有下列行为：

（一）随意改变资产、负债、所有者权益的确认标准或者计量方法，虚列、多列、不列或者少列资产、负债、所有者权益；

（二）虚列或者隐瞒收入，推迟或者提前确认收入；

（三）随意改变费用、成本的确认标准或者计量方法，虚列、多列、不列或者少列费用、成本；

（四）随意调整利润的计算、分配方法，编造虚假利润或者隐瞒利润；

（五）违反国家统一的会计制度规定的其他行为。

第四章　会　计　监　督

第二十七条　各单位应当建立、健全本单位内部会计监督制度。单位内部会计监督制度应当符合下列要求：

（一）记账人员与经济业务事项和会计事项的审批人员、经办人员、财物保管人员的职

责权限应当明确，并相互分离、相互制约；

（二）重大对外投资、资产处置、资金调度和其他重要经济业务事项的决策和执行的相互监督、相互制约程序应当明确；

（三）财产清查的范围、期限和组织程序应当明确；

（四）对会计资料定期进行内部审计的办法和程序应当明确。

第二十八条　单位负责人应当保证会计机构、会计人员依法履行职责，不得授意、指使、强令会计机构、会计人员违法办理会计事项。

会计机构、会计人员对违反本法和国家统一的会计制度规定的会计事项，有权拒绝办理或者按照职权予以纠正。

第二十九条　会计机构、会计人员发现会计账簿记录与实物、款项及有关资料不相符的，按照国家统一的会计制度的规定有权自行处理的，应当及时处理；无权处理的，应当立即向单位负责人报告，请求查明原因，作出处理。

第三十条　任何单位和个人对违反本法和国家统一的会计制度规定的行为，有权检举。收到检举的部门有权处理的，应当依法按照职责分工及时处理；无权处理的，应当及时移送有权处理的部门处理。收到检举的部门、负责处理的部门应当为检举人保密，不得将检举人姓名和检举材料转给被检举单位和被检举人个人。

第三十一条　有关法律、行政法规规定，须经注册会计师进行审计的单位，应当向受委托的会计师事务所如实提供会计凭证、会计账簿、财务会计报告和其他会计资料以及有关情况。

任何单位或者个人不得以任何方式要求或者示意注册会计师及其所在的会计师事务所出具不实或者不当的审计报告。

财政部门有权对会计师事务所出具审计报告的程序和内容进行监督。

第三十二条　财政部门对各单位的下列情况实施监督：

（一）是否依法设置会计账簿；

（二）会计凭证、会计账簿、财务会计报告和其他会计资料是否真实、完整；

（三）会计核算是否符合本法和国家统一的会计制度的规定；

（四）从事会计工作的人员是否具备从业资格。

在对前款第（二）项所列事项实施监督，发现重大违法嫌疑时，国务院财政部门及其派出机构可以向与被监督单位有经济业务往来的单位和被监督单位开立账户的金融机构查询有关情况，有关单位和金融机构应当给予支持。

第三十三条　财政、审计、税务、人民银行、证券监管、保险监管等部门应当依照有关法律、行政法规规定的职责，对有关单位的会计资料实施监督检查。

前款所列监督检查部门对有关单位的会计资料依法实施监督检查后，应当出具检查结论。有关监督检查部门已经作出的检查结论能够满足其他监督检查部门履行本部门职责需要的，其他监督检查部门应当加以利用，避免重复查账。

第三十四条　依法对有关单位的会计资料实施监督检查的部门及其工作人员对在监督检查中知悉的国家秘密和商业秘密负有保密义务。

第三十五条　各单位必须依照有关法律、行政法规的规定，接受有关监督检查部门依法实施的监督检查，如实提供会计凭证、会计账簿、财务会计报告和其他会计资料以及有关情况，不得拒绝、隐匿、谎报。

第五章　会计机构和会计人员

第三十六条　各单位应当根据会计业务的需要，设置会计机构，或者在有关机构中设置会计人员并指定会计主管人员；不具备设置条件的，应当委托经批准设立从事会计代理记账业务的中介机构代理记账。

国有的和国有资产占控股地位或者主导地位的大、中型企业必须设置总会计师。总会计师的任职资格、任免程序、职责权限由国务院规定。

第三十七条　会计机构内部应当建立稽核制度。

出纳人员不得兼任稽核、会计档案保管和收入、支出、费用、债权债务账目的登记工作。

第三十八条　从事会计工作的人员，必须取得会计从业资格证书。

担任单位会计机构负责人（会计主管人员）的，除取得会计从业资格证书外，还应当具备会计师以上专业技术职务资格或者从事会计工作三年以上经历。

会计人员从业资格管理办法由国务院财政部门规定。

第三十九条　会计人员应当遵守职业道德，提高业务素质。对会计人员的教育和培训工作应当加强。

第四十条　因有提供虚假财务会计报告，做假账，隐匿或者故意销毁会计凭证、会计账簿、财务会计报告，贪污，挪用公款，职务侵占等与会计职务有关的违法行为被依法追究刑事责任的人员，不得取得或者重新取得会计从业资格证书。

除前款规定的人员外，因违法违纪行为被吊销会计从业资格证书的人员，自被吊销会计从业资格证书之日起五年内，不得重新取得会计从业资格证书。

第四十一条　会计人员调动工作或者离职，必须与接管人员办清交接手续。

一般会计人员办理交接手续，由会计机构负责人（会计主管人员）监交；会计机构负责人（会计主管人员）办理交接手续，由单位负责人监交，必要时主管单位可以派人会同监交。

第六章　法　律　责　任

第四十二条　违反本法规定，有下列行为之一的，由县级以上人民政府财政部门责令限期改正，可以对单位并处三千元以上五万元以下的罚款；对其直接负责的主管人员和其他直接责任人员，可以处二千元以上二万元以下的罚款；属于国家工作人员的，还应当由其所在单位或者有关单位依法给予行政处分：

（一）不依法设置会计账簿的；

（二）私设会计账簿的；

（三）未按照规定填制、取得原始凭证或者填制、取得的原始凭证不符合规定的；

（四）以未经审核的会计凭证为依据登记会计账簿或者登记会计账簿不符合规定的；

（五）随意变更会计处理方法的；

（六）向不同的会计资料使用者提供的财务会计报告编制依据不一致的；

（七）未按照规定使用会计记录文字或者记账本位币的；

（八）未按照规定保管会计资料，致使会计资料毁损、灭失的；

（九）未按照规定建立并实施单位内部会计监督制度或者拒绝依法实施的监督或者不如实提供有关会计资料及有关情况的；

（十）任用会计人员不符合本法规定的。

有前款所列行为之一，构成犯罪的，依法追究刑事责任。

会计人员有第一款所列行为之一，情节严重的，由县级以上人民政府财政部门吊销会计从业资格证书。

有关法律对第一款所列行为的处罚另有规定的，依照有关法律的规定办理。

第四十三条　伪造、变造会计凭证、会计账簿，编制虚假财务会计报告，构成犯罪的，依法追究刑事责任。

有前款行为，尚不构成犯罪的，由县级以上人民政府财政部门予以通报，可以对单位并处五千元以上十万元以下的罚款；对其直接负责的主管人员和其他直接责任人员，可以处三千元以上五万元以下的罚款；属于国家工作人员的，还应当由其所在单位或者有关单位依法给予撤职直至开除的行政处分；对其中的会计人员，并由县级以上人民政府财政部门吊销会计从业资格证书。

第四十四条　隐匿或者故意销毁依法应当保存的会计凭证、会计账簿、财务会计报告，构成犯罪的，依法追究刑事责任。

有前款行为，尚不构成犯罪的，由县级以上人民政府财政部门予以通报，可以对单位并处五千元以上十万元以下的罚款；对其直接负责的主管人员和其他直接责任人员，可以处三千元以上五万元以下的罚款；属于国家工作人员的，还应当由其所在单位或者有关单位依法给予撤职直至开除的行政处分；对其中的会计人员，并由县级以上人民政府财政部门吊销会计从业资格证书。

第四十五条　授意、指使、强令会计机构、会计人员及其他人员伪造、变造会计凭证、会计账簿，编制虚假财务会计报告或者隐匿、故意销毁依法应当保存的会计凭证、会计账簿、财务会计报告，构成犯罪的，依法追究刑事责任；尚不构成犯罪的，可以处五千元以上五万元以下的罚款；属于国家工作人员的，还应当由其所在单位或者有关单位依法给予降级、撤职、开除的行政处分。

第四十六条　单位负责人对依法履行职责、抵制违反本法规定行为的会计人员以降级、撤职、调离工作岗位、解聘或者开除等方式实行打击报复，构成犯罪的，依法追究刑事责任；尚不构成犯罪的，由其所在单位或者有关单位依法给予行政处分。对受打击报复的会计人员，应当恢复其名誉和原有职务、级别。

第四十七条　财政部门及有关行政部门的工作人员在实施监督管理中滥用职权、玩忽职守、徇私舞弊或者泄露国家秘密、商业秘密，构成犯罪的，依法追究刑事责任；尚不构成犯罪的，依法给予行政处分。

第四十八条　违反本法第三十条规定，将检举人姓名和检举材料转给被检举单位和被检举人个人的，由所在单位或者有关单位依法给予行政处分。

第四十九条　违反本法规定，同时违反其他法律规定的，由有关部门在各自职权范围内依法进行处罚。

第七章 附 则

第五十条 本法下列用语的含义：

单位负责人，是指单位法定代表人或者法律、行政法规规定代表单位行使职权的主要负责人。

国家统一的会计制度，是指国务院财政部门根据本法制定的关于会计核算、会计监督、会计机构和会计人员以及会计工作管理的制度。

第五十一条 个体工商户会计管理的具体办法，由国务院财政部门根据本法的原则另行规定。

第五十二条 本法自 2000 年 7 月 1 日起施行。

附录二

企业财务会计报告条例

（2000 年 6 月 21 日中华人民共和国国务院令第 287 号公布）

第一章　总　　则

第一条　为了规范企业财务会计报告，保证财务会计报告的真实、完整，根据《中华人民共和国会计法》，制定本条例。

第二条　企业（包括公司，下同）编制和对外提供财务会计报告，应当遵守本条例。

本条例所称财务会计报告，是指企业对外提供的反映企业某一特定日期财务状况和某一会计期间经营成果、现金流量的文件。

第三条　企业不得编制和对外提供虚假的或者隐瞒重要事实的财务会计报告。

企业负责人对本企业财务会计报告的真实性、完整性负责。

第四条　任何组织或者个人不得授意、指使、强令企业编制和对外提供虚假的或者隐瞒重要事实的财务会计报告。

第五条　注册会计师、会计师事务所审计企业财务会计报告，应当依照有关法律、行政法规以及注册会计师执业规则的规定进行，并对所出具的审计报告负责。

第二章　财务会计报告的构成

第六条　财务会计报告分为年度、半年度、季度和月度财务会计报告。

第七条　年度、半年度财务会计报告应当包括：

（一）会计报表；

（二）会计报表附注；

（三）财务情况说明书。

会计报表应当包括资产负债表、利润表、现金流量表及相关附表。

第八条　季度、月度财务会计报告通常仅指会计报表，会计报表至少应当包括资产负债表和利润表。国家统一的会计制度规定季度、月度财务会计报告需要编制会计报表附注的，从其规定。

第九条　资产负债表是反映企业在某一特定日期财务状况的报表。资产负债表应当按照资产、负债和所有者权益（或者股东权益，下同）分类分项列示。其中，资产、负债和所有者权益的定义及列示应当遵循下列规定：

（一）资产，是指过去的交易、事项形成并由企业拥有或者控制的资源，该资源预期会给企业带来经济利益。在资产负债表上，资产应当按照其流动性分类分项列示，包括流动资产、长期投资、固定资产、无形资产及其他资产。银行、保险公司和非银行金融机构的各项资产有特殊性的，按照其性质分类分项列示。

（二）负债，是指过去的交易、事项形成的现时义务，履行该义务预期会导致经济利益流出企业。在资产负债表上，负债应当按照其流动性分类分项列示，包括流动负债、长期负债等。银行、保险公司和非银行金融机构的各项负债有特殊性的，按照其性质分类分项列示。

（三）所有者权益，是指所有者在企业资产中享有的经济利益，其金额为资产减去负债后的余额。在资产负债表上，所有者权益应当按照实收资本（或者股本）、资本公积、盈余公积、未分配利润等项目分项列示。

第十条 利润表是反映企业在一定会计期间经营成果的报表。利润表应当按照各项收入、费用以及构成利润的各个项目分类分项列示。其中，收入、费用和利润的定义及列示应当遵循下列规定：

（一）收入，是指企业在销售商品、提供劳务及让渡资产使用权等日常活动中所形成的经济利益的总流入。收入不包括为第三方或者客户代收的款项。在利润表上，收入应当按照其重要性分项列示。

（二）费用，是指企业为销售商品、提供劳务等日常活动所发生的经济利益的流出。在利润表上，费用应当按照其性质分项列示。

（三）利润，是指企业在一定会计期间的经营成果。在利润表上，利润应当按照营业利润、利润总额和净利润等利润的构成分类分项列示。

第十一条 现金流量表是反映企业一定会计期间现金和现金等价物（以下简称现金）流入和流出的报表。现金流量表应当按照经营活动、投资活动和筹资活动的现金流量分类分项列示。其中，经营活动、投资活动和筹资活动的定义及列示应当遵循下列规定：

（一）经营活动，是指企业投资活动和筹资活动以外的所有交易和事项。在现金流量表上，经营活动的现金流量应当按照其经营活动的现金流入和流出的性质分项列示；银行、保险公司和非银行金融机构的经营活动按照其经营活动特点分项列示。

（二）投资活动，是指企业长期资产的构建和不包括在现金等价物范围内的投资及其处置活动。在现金流量表上，投资活动的现金流量应当按照其投资活动的现金流入和流出的性质分项列示。

（三）筹资活动，是指导致企业资本及债务规模和构成发生变化的活动。在现金流量表上，筹资活动的现金流量应当按照其筹资活动的现金流入和流出的性质分项列示。

第十二条 相关附表是反映企业财务状况、经营成果和现金流量的补充报表，主要包括利润分配表以及国家统一的会计制度规定的其他附表。

利润分配表是反映企业一定会计期间对实现净利润以及以前年度未分配利润的分配或者亏损弥补的报表。利润分配表应当按照利润分配各个项目分类分项列示。

第十三条 年度、半年度会计报表至少应当反映两个年度或者相关两个期间的比较数据。

第十四条 会计报表附注是为便于会计报表使用者理解会计报表的内容而对会计报表的编制基础、编制依据、编制原则和方法及主要项目等所作的解释。会计报表附注至少应当包括下列内容：

（一）不符合基本会计假设的说明；

（二）重要会计政策和会计估计及其变更情况、变更原因及其对财务状况和经营成果的影响；

（三）或有事项和资产负债表日后事项的说明；

（四）关联方关系及其交易的说明；

（五）重要资产转让及其出售情况；

（六）企业合并、分立；

（七）重大投资、融资活动；

（八）会计报表中重要项目的明细资料；

（九）有助于理解和分析会计报表需要说明的其他事项。

第十五条　财务情况说明书至少应当对下列情况作出说明：

（一）企业生产经营的基本情况；

（二）利润实现和分配情况；

（三）资金增减和周转情况；

（四）对企业财务状况、经营成果和现金流量有重大影响的其他事项。

第三章　财务会计报告的编制

第十六条　企业应当于年度终了编报年度财务会计报告。国家统一的会计制度规定企业应当编报半年度、季度和月度财务会计报告的，从其规定。

第十七条　企业编制财务会计报告，应当根据真实的交易、事项以及完整、准确的账簿记录等资料，并按照国家统一的会计制度规定的编制基础、编制依据、编制原则和方法。

企业不得违反本条例和国家统一的会计制度规定，随意改变财务会计报告的编制基础、编制依据、编制原则和方法。

任何组织或者个人不得授意、指使、强令企业违反本条例和国家统一的会计制度规定，改变财务会计报告的编制基础、编制依据、编制原则和方法。

第十八条　企业应当依照本条例和国家统一的会计制度规定，对会计报表中各项会计要素进行合理的确认和计量，不得随意改变会计要素的确认和计量标准。

第十九条　企业应当依照有关法律、行政法规和本条例规定的结账日进行结账，不得提前或者延迟。年度结账日为公历年度每年的 12 月 31 日；半年度、季度、月度结账日分别为公历年度每半年、每季、每月的最后一天。

第二十条　企业在编制年度财务会计报告前，应当按照下列规定，全面清查资产、核实债务：

（一）结算款项，包括应收款项、应付款项、应交税金等是否存在，与债务、债权单位的相应债务、债权金额是否一致；

（二）原材料、在产品、自制半成品、库存商品等各项存货的实存数量与账面数量是否一致，是否有报废损失和积压物资等；

（三）各项投资是否存在，投资收益是否按照国家统一的会计制度规定进行确认和计量；

（四）房屋建筑物、机器设备、运输工具等各项固定资产的实存数量与账面数量是否一致；

（五）在建工程的实际发生额与账面记录是否一致；

（六）需要清查、核实的其他内容。

企业通过前款规定的清查、核实，查明财产物资的实存数量与账面数量是否一致、各项结算款项的拖欠情况及其原因、材料物资的实际储备情况、各项投资是否达到预期目的、固定资产的使用情况及其完好程度等。企业清查、核实后，应当将清查、核实的结果及其处理办法向企业的董事会或者相应机构报告，并根据国家统一的会计制度的规定进行相应的会计处理。

企业应当在年度中间根据具体情况，对各项财产物资和结算款项进行重点抽查、轮流清查或者定期清查。

第二十一条　企业在编制财务会计报告前，除应当全面清查资产、核实债务外，还应当完成下列工作：

（一）核对各会计账簿记录与会计凭证的内容、金额等是否一致，记账方向是否相符；

（二）依照本条例规定的结账日进行结账，结出有关会计账簿的余额和发生额，并核对各会计账簿之间的余额；

（三）检查相关的会计核算是否按照国家统一的会计制度的规定进行；

（四）对于国家统一的会计制度没有规定统一核算方法的交易、事项，检查其是否按照会计核算的一般原则进行确认和计量以及相关账务处理是否合理；

（五）检查是否存在因会计差错、会计政策变更等原因需要调整前期或者本期相关项目。

在前款规定工作中发现问题的，应当按照国家统一的会计制度的规定进行处理。

第二十二条　企业编制年度和半年度财务会计报告时，对经查实后的资产、负债有变动的，应当按照资产、负债的确认和计量标准进行确认和计量，并按照国家统一的会计制度的规定进行相应的会计处理。

第二十三条　企业应当按照国家统一的会计制度规定的会计报表格式和内容，根据登记完整、核对无误的会计账簿记录和其他有关资料编制会计报表，做到内容完整、数字真实、计算准确，不得漏报或者任意取舍。

第二十四条　会计报表之间、会计报表各项目之间，凡有对应关系的数字，应当相互一致；会计报表中本期与上期的有关数字应当相互衔接。

第二十五条　会计报表附注和财务情况说明书应当按照本条例和国家统一的会计制度的规定，对会计报表中需要说明的事项作出真实、完整、清楚的说明。

第二十六条　企业发生合并、分立情形的，应当按照国家统一的会计制度的规定编制相应的财务会计报告。

第二十七条　企业终止营业的，应当在终止营业时按照编制年度财务会计报告的要求全面清查资产、核实债务、进行结账，并编制财务会计报告；在清算期间，应当按照国家统一的会计制度的规定编制清算期间的财务会计报告。

第二十八条　按照国家统一的会计制度的规定，需要编制合并会计报表的企业集团，母公司除编制其个别会计报表外，还应当编制企业集团的合并会计报表。

企业集团合并会计报表，是指反映企业集团整体财务状况、经营成果和现金流量的会计报表。

第四章　财务会计报告的对外提供

第二十九条　对外提供的财务会计报告反映的会计信息应当真实、完整。

第三十条　企业应当依照法律、行政法规和国家统一的会计制度有关财务会计报告提供期限的规定，及时对外提供财务会计报告。

第三十一条　企业对外提供的财务会计报告应当依次编定页数，加具封面，装订成册，加盖公章。封面上应当注明：企业名称、企业统一代码、组织形式、地址、报表所属年度或者月份、报出日期，并由企业负责人和主管会计工作的负责人、会计机构负责人（会计主管人员）签名并盖章；设置总会计师的企业，还应当由总会计师签名并盖章。

第三十二条　企业应当依照企业章程的规定，向投资者提供财务会计报告。

国务院派出监事会的国有重点大型企业、国有重点金融机构和省、自治区、直辖市人民政府派出监事会的国有企业，应当依法定期向监事会提供财务会计报告。

第三十三条　有关部门或者机构依照法律、行政法规或者国务院的规定，要求企业提供部分或者全部财务会计报告及其有关数据的，应当向企业出示依据，并不得要求企业改变财务会计报告有关数据的会计口径。

第三十四条　非依照法律、行政法规或者国务院的规定，任何组织或者个人不得要求企业提供部分或者全部财务会计报告及其有关数据。

违反本条例规定，要求企业提供部分或者全部财务会计报告及其有关数据的，企业有权拒绝。

第三十五条　国有企业、国有控股的或者占主导地位的企业，应当至少每年一次向本企业的职工代表大会公布财务会计报告，并重点说明下列事项：

（一）反映与职工利益密切相关的信息，包括：管理费用的构成情况，企业管理人员工资、福利和职工工资、福利费用的发放、使用和结余情况，公益金的提取及使用情况，利润分配的情况以及其他与职工利益相关的信息；

（二）内部审计发现的问题及纠正情况；

（三）注册会计师审计的情况；

（四）国家审计机关发现的问题及纠正情况；

（五）重大的投资、融资和资产处置决策及其原因的说明；

（六）需要说明的其他重要事项。

第三十六条　企业依照本条例规定向有关各方提供的财务会计报告，其编制基础、编制依据、编制原则和方法应当一致，不得提供编制基础、编制依据、编制原则和方法不同的财务会计报告。

第三十七条　财务会计报告须经注册会计师审计的，企业应当将注册会计师及其会计师事务所出具的审计报告随同财务会计报告一并对外提供。

第三十八条　接受企业财务会计报告的组织或者个人，在企业财务会计报告未正式对外披露前，应当对其内容保密。

第五章　法 律 责 任

第三十九条　违反本条例规定，有下列行为之一的，由县级以上人民政府财政部门责令限期改正，对企业可以处 3 000 元以上 5 万元以下的罚款；对直接负责的主管人员和其他直接责任人员，可以处 2 000 元以上 2 万元以下的罚款；属于国家工作人员的，并依法给予行政处分或者纪律处分：

（一）随意改变会计要素的确认和计量标准的；

（二）随意改变财务会计报告的编制基础、编制依据、编制原则和方法的；

（三）提前或者延迟结账日结账的；

（四）在编制年度财务会计报告前，未按照本条例规定全面清查资产、核实债务的；

（五）拒绝财政部门和其他有关部门对财务会计报告依法进行的监督检查，或者不如实提供有关情况的。

会计人员有前款所列行为之一，情节严重的，由县级以上人民政府财政部门吊销会计从业资格证书。

第四十条　企业编制、对外提供虚假的或者隐瞒重要事实的财务会计报告，构成犯罪的，依法追究刑事责任。

有前款行为，尚不构成犯罪的，由县级以上人民政府财政部门予以通报，对企业可以处5 000元以上10万元以下的罚款；对直接负责的主管人员和其他直接责任人员，可以处3 000元以上5万元以下的罚款；属于国家工作人员的，并依法给予撤职直至开除的行政处分或者纪律处分；对其中的会计人员，情节严重的，并由县级以上人民政府财政部门吊销会计从业资格证书。

第四十一条　授意、指使、强令会计机构、会计人员及其他人员编制、对外提供虚假的或者隐瞒重要事实的财务会计报告，或者隐匿、故意销毁依法应当保存的财务会计报告，构成犯罪的，依法追究刑事责任；尚不构成犯罪的，可以处5 000元以上5万元以下的罚款；属于国家工作人员的，并依法给予降级、撤职、开除的行政处分或者纪律处分。

第四十二条　违反本条例的规定，要求企业向其提供部分或者全部财务会计报告及其有关数据的，由县级以上人民政府责令改正。

第四十三条　违反本条例规定，同时违反其他法律、行政法规规定的，由有关部门在各自的职权范围内依法给予处罚。

第六章　附　　　则

第四十四条　国务院财政部门可以根据本条例的规定，制定财务会计报告的具体编报办法。

第四十五条　不对外筹集资金、经营规模较小的企业编制和对外提供财务会计报告的办法，由国务院财政部门根据本条例的原则另行规定。

第四十六条　本条例自2001年1月1日起施行。

附录三

企业会计准则——基本准则

（根据《国务院关于〈企业财务通则〉，〈企业会计准则〉的批复》（国函〔1992〕178号）的规定，财政部对《企业会计准则》财政部令第 5 号进行了修订。修订后的《企业会计准则——基本准则》由部务会议讨论通过，2006 年 2 月 15 日中华人民共和国财政部第 33 号令公布，2014 年 7 月 23 日根据《财政部关于修改〈企业会计准则——基本准则〉的决定》修改）。

第一章　总　　则

第一条　为了规范企业会计确认、计量和报告行为，保证会计信息质量，根据《中华人民共和国会计法》和其他有关法律、行政法规，制定本准则。

第二条　本准则适用于在中华人民共和国境内设立的企业（包括公司，下同）。

第三条　企业会计准则包括基本准则和具体准则，具体准则的制定应当遵循本准则。

第四条　企业应当编制财务会计报告（又称财务报告，下同）。财务会计报告的目标是向财务会计报告使用者提供与企业财务状况、经营成果和现金流量等有关的会计信息，反映企业管理层受托责任履行情况，有助于财务会计报告使用者作出经济决策。

财务会计报告使用者包括投资者、债权人、政府及其有关部门和社会公众等。

第五条　企业应当对其本身发生的交易或者事项进行会计确认、计量和报告。

第六条　企业会计确认、计量和报告应当以持续经营为前提。

第七条　企业应当划分会计期间，分期结算账目和编制财务会计报告。

会计期间分为年度和中期。中期是指短于一个完整的会计年度的报告期间。

第八条　企业会计应当以货币计量。

第九条　企业应当以权责发生制为基础进行会计确认、计量和报告。

第十条　企业应当按照交易或者事项的经济特征确定会计要素。会计要素包括资产、负债、所有者权益、收入、费用和利润。

第十一条　企业应当采用借贷记账法记账。

第二章　会计信息质量要求

第十二条　企业应当以实际发生的交易或者事项为依据进行会计确认、计量和报告，如实反映符合确认和计量要求的各项会计要素及其他相关信息，保证会计信息真实可靠、内容完整。

第十三条　企业提供的会计信息应当与财务会计报告使用者的经济决策需要相关，有助于财务会计报告使用者对企业过去、现在或者未来的情况作出评价或者预测。

第十四条　企业提供的会计信息应当清晰明了，便于财务会计报告使用者理解和使用。

第十五条　企业提供的会计信息应当具有可比性。

同一企业不同时期发生的相同或者相似的交易或者事项，应当采用一致的会计政策，不得随意变更。确需变更的，应当在附注中说明。

不同企业发生的相同或者相似的交易或者事项，应当采用规定的会计政策，确保会计信息口径一致、相互可比。

第十六条　企业应当按照交易或者事项的经济实质进行会计确认、计量和报告，不应仅以交易或者事项的法律形式为依据。

第十七条　企业提供的会计信息应当反映与企业财务状况、经营成果和现金流量等有关的所有重要交易或者事项。

第十八条　企业对交易或者事项进行会计确认、计量和报告应当保持应有的谨慎，不应高估资产或者收益、低估负债或者费用。

第十九条　企业对于已经发生的交易或者事项，应当及时进行会计确认、计量和报告，不得提前或者延后。

第三章　资　　产

第二十条　资产是指企业过去的交易或者事项形成的、由企业拥有或者控制的、预期会给企业带来经济利益的资源。

前款所指的企业过去的交易或者事项包括购买、生产、建造行为或其他交易或者事项。预期在未来发生的交易或者事项不形成资产。

由企业拥有或者控制，是指企业享有某项资源的所有权，或者虽然不享有某项资源的所有权，但该资源能被企业所控制。

预期会给企业带来经济利益，是指直接或者间接导致现金和现金等价物流入企业的潜力。

第二十一条　符合本准则第二十条规定的资产定义的资源，在同时满足以下条件时，确认为资产：

（一）与该资源有关的经济利益很可能流入企业；

（二）该资源的成本或者价值能够可靠地计量。

第二十二条　符合资产定义和资产确认条件的项目，应当列入资产负债表；符合资产定义、但不符合资产确认条件的项目，不应当列入资产负债表。

第四章　负　　债

第二十三条　负债是指企业过去的交易或者事项形成的、预期会导致经济利益流出企业的现时义务。

现时义务是指企业在现行条件下已承担的义务。未来发生的交易或者事项形成的义务，不属于现时义务，不应当确认为负债。

第二十四条　符合本准则第二十三条规定的负债定义的义务，在同时满足以下条件时，确认为负债：

（一）与该义务有关的经济利益很可能流出企业；

（二）未来流出的经济利益的金额能够可靠地计量。

第二十五条　符合负债定义和负债确认条件的项目，应当列入资产负债表；符合负债定义、但不符合负债确认条件的项目，不应当列入资产负债表。

第五章　所　有　者　权　益

第二十六条　所有者权益是指企业资产扣除负债后由所有者享有的剩余权益。

公司的所有者权益又称为股东权益。

第二十七条　所有者权益的来源包括所有者投入的资本、直接计入所有者权益的利得和损失、留存收益等。

直接计入所有者权益的利得和损失，是指不应计入当期损益、会导致所有者权益发生增减变动的、与所有者投入资本或者向所有者分配利润无关的利得或者损失。

利得是指由企业非日常活动所形成的、会导致所有者权益增加的、与所有者投入资本无关的经济利益的流入。

损失是指由企业非日常活动所发生的、会导致所有者权益减少的、与向所有者分配利润无关的经济利益的流出。

第二十八条　所有者权益金额取决于资产和负债的计量。

第二十九条　所有者权益项目应当列入资产负债表。

第六章　收　　　入

第三十条　收入是指企业在日常活动中形成的、会导致所有者权益增加的、与所有者投入资本无关的经济利益的总流入。

第三十一条　收入只有在经济利益很可能流入从而导致企业资产增加或者负债减少、且经济利益的流入额能够可靠计量时才能予以确认。

第三十二条　符合收入定义和收入确认条件的项目，应当列入利润表。

第七章　费　　　用

第三十三条　费用是指企业在日常活动中发生的、会导致所有者权益减少的、与向所有者分配利润无关的经济利益的总流出。

第三十四条　费用只有在经济利益很可能流出从而导致企业资产减少或者负债增加、且经济利益的流出额能够可靠计量时才能予以确认。

第三十五条　企业为生产产品、提供劳务等发生的可归属于产品成本、劳务成本等的费用，应当在确认产品销售收入、劳务收入等时，将已销售产品、已提供劳务的成本等计入当期损益。

企业发生的支出不产生经济利益的，或者即使能够产生经济利益但不符合或者不再符合资产确认条件的，应当在发生时确认为费用，计入当期损益。

企业发生的交易或者事项导致其承担了一项负债而又不确认为一项资产的，应当在发生时确认为费用，计入当期损益。

第三十六条　符合费用定义和费用确认条件的项目，应当列入利润表。

第八章　利　　　润

第三十七条　利润是指企业在一定会计期间的经营成果。利润包括收入减去费用后的净额、直接计入当期利润的利得和损失等。

第三十八条　直接计入当期利润的利得和损失，是指应当计入当期损益、会导致所有者权益发生增减变动的、与所有者投入资本或者向所有者分配利润无关的利得或者损失。

第三十九条　利润金额取决于收入和费用、直接计入当期利润的利得和损失金额的计量。

第四十条　利润项目应当列入利润表。

第九章　会　计　计　量

第四十一条　企业在将符合确认条件的会计要素登记入账并列报于会计报表及其附注（又称财务报表，下同）时，应当按照规定的会计计量属性进行计量，确定其金额。

第四十二条　会计计量属性主要包括：

（一）历史成本。在历史成本计量下，资产按照购置时支付的现金或者现金等价物的金额，或者按照购置资产时所付出的对价的公允价值计量。负债按照因承担现时义务而实际收到的款项或者资产的金额，或者承担现时义务的合同金额，或者按照日常活动中为偿还负债预期需要支付的现金或者现金等价物的金额计量。

（二）重置成本。在重置成本计量下，资产按照现在购买相同或者相似资产所需支付的现金或者现金等价物的金额计量。负债按照现在偿付该项债务所需支付的现金或者现金等价物的金额计量。

（三）可变现净值。在可变现净值计量下，资产按照其正常对外销售所能收到现金或者现金等价物的金额扣减该资产至完工时估计将要发生的成本、估计的销售费用以及相关税费后的金额计量。

（四）现值。在现值计量下，资产按照预计从其持续使用和最终处置中所产生的未来净现金流入量的折现金额计量。负债按照预计期限内需要偿还的未来净现金流出量的折现金额计量。

（五）公允价值。在公允价值计量下，资产和负债按照市场参与者在计量日发生的有序交易中，出售资产所能收到或转移负债所需支付的价格计量。

第四十三条　企业在对会计要素进行计量时，一般应当采用历史成本，采用重置成本、可变现净值、现值、公允价值计量的，应当保证所确定的会计要素金额能够取得并可靠计量。

第十章　财　务　会　计　报　告

第四十四条　财务会计报告是指企业对外提供的反映企业某一特定日期的财务状况和某一会计期间的经营成果、现金流量等会计信息的文件。

财务会计报告包括会计报表及其附注和其他应当在财务会计报告中披露的相关信息和资料。会计报表至少应当包括资产负债表、利润表、现金流量表等报表。

小企业编制的会计报表可以不包括现金流量表。

第四十五条　资产负债表是指反映企业在某一特定日期的财务状况的会计报表。

第四十六条　利润表是指反映企业在一定会计期间的经营成果的会计报表。

第四十七条　现金流量表是指反映企业在一定会计期间的现金和现金等价物流入和流出的会计报表。

第四十八条　附注是指对在会计报表中列示项目所作的进一步说明，以及对未能在这些报表中列示项目的说明等。

第十一章　附　　则

第四十九条　本准则由财政部负责解释。

第五十条　本准则自 2007 年 1 月 1 日起施行。

参 考 文 献

[1] 汤谷良. 企业财务管理. 杭州：浙江人民出版社，2001.

[2] 赵德武. 财务管理. 2 版. 北京：高等教育出版社，2007.

[3] 吴之明，卢有杰. 项目管理引论. 北京：清华大学出版社，2000.

[4] 王化成. 财务管理教学案例. 北京：中国人民大学出版社，2001.

[5] 荆新，王化成，刘俊彦. 财务管理学. 7 版. 北京：中国人民大学出版社，2015.

[6] 刘学华. 新编财务管理习题与解答. 上海：立信会计出版社，2002.

[7] 林秀香. 企业财务管理. 北京：中国财政经济出版社，2008.

[8] 薛玉莲，李全中. 财务管理学. 修订第 3 版. 北京：首都经济贸易大学出版社，2012.

[9] 刘迪，李强，王静. 财务管理学. 北京：中国电力出版社，2004.

[10] 陈勇等. 财务管理案例教程. 北京：北京大学出版社，2004.

[11] 王化成. 财务管理理论结构. 北京：中国人民大学出版社，2006.

[12] 姚海鑫. 财务管理. 2 版. 北京：清华大学出版社，2013.

[13] 李晓妮，祝建军. 财务管理. 北京：中国经济出版社，2007.

[14] 贺武. 财务管理. 2 版. 北京：机械工业出版社，2012.

[15] 丁万星，等. 经济法. 2 版. 北京：中国电力出版社，2016.

[16] 中国证券业协会. 证券投资基金. 北京：中国财政经济出版社，2011.

[17] 财政部会计司.《企业产品成本核算制度(试行)》讲解. 北京：中国财政经济出版社，2014.

[18] 陈国辉，陈文铭，傅丹. 基础会计实训教程. 4 版. 大连：东北财经大学出版社，2015.

[19] 朱小平，徐泓，周华. 初级会计学. 7 版. 北京：中国人民大学出版社，2015.

[20] 财政部会计资格评价中心. 初级会计实务. 北京：中国财政经济出版社，经济科学出版社，2016.

[21] 企业会计准则编审委员会. 企业会计准则(2017 版). 上海：立信会计出版社，2017.

[22] 企业会计准则编审委员会. 企业会计准则应用指南 2017 年版(含企业会计准则及会计科目). 上海：立信会计出版社，2017.